国家"双一流"建设学科
辽宁大学应用经济学系列丛书
===== 青年学者系列 =====
总主编◎林木西

中国养老服务评估与提升路径研究

Research on the Evaluation
and Promotion Path of Elderly Care Services in China

周晓蒙 著

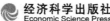
中国财经出版传媒集团
经济科学出版社
Economic Science Press

图书在版编目（CIP）数据

中国养老服务评估与提升路径研究/周晓蒙著．--
北京：经济科学出版社，2022.11
（辽宁大学应用经济学系列丛书．青年学者系列）
ISBN 978 - 7 - 5218 - 4186 - 2

Ⅰ．①中… Ⅱ．①周… Ⅲ．①养老 - 社会服务 - 评估
- 研究 - 中国 Ⅳ．①D669.6

中国版本图书馆 CIP 数据核字（2022）第 205632 号

责任编辑：陈赫男
责任校对：刘 昕
责任印制：范 艳

中国养老服务评估与提升路径研究

周晓蒙 著

经济科学出版社出版、发行 新华书店经销
社址：北京市海淀区阜成路甲 28 号 邮编：100142
总编部电话：010 - 88191217 发行部电话：010 - 88191522
网址：www. esp. com. cn
电子邮箱：esp@ esp. com. cn
天猫网店：经济科学出版社旗舰店
网址：http：//jjkxcbs. tmall. com
北京季蜂印刷有限公司印装
710 × 1000 16 开 18.25 印张 270000 字
2022 年 11 月第 1 版 2022 年 11 月第 1 次印刷
ISBN 978 - 7 - 5218 - 4186 - 2 定价：85.00 元
（图书出现印装问题，本社负责调换。电话：010 - 88191510）
（版权所有 侵权必究 打击盗版 举报热线：010 - 88191661
QQ：2242791300 营销中心电话：010 - 88191537
电子邮箱：dbts@ esp. com. cn）

总　序

本丛书为国家"双一流"建设学科"辽宁大学应用经济学"系列丛书，也是我主编的第三套系列丛书。前两套系列丛书出版后，总体看效果还可以：第一套是《国民经济学系列丛书》（2005年至今已出版13部），2011年被列入"十二五"国家重点出版物出版规划项目；第二套是《东北老工业基地全面振兴系列丛书》（共10部），在列入"十二五"国家重点出版物出版规划项目的同时，还被确定为2011年"十二五"规划400种精品项目（社科与人文科学155种），围绕这两套系列丛书取得了一系列成果，获得了一些奖项。

主编系列丛书从某种意义上说是"打造概念"。比如说第一套系列丛书也是全国第一套国民经济学系列丛书，主要为辽宁大学国民经济学国家重点学科"树立形象"；第二套则是在辽宁大学连续主持国家社会科学基金"八五"至"十一五"重大（点）项目，围绕东北（辽宁）老工业基地调整改造和全面振兴进行系统研究和滚动研究的基础上持续进行探索的结果，为促进我校区域经济学学科建设、服务地方经济社会发展做出贡献。在这一过程中，既出成果也带队伍、建平台、组团队，使得我校应用经济学学科建设不断跃上新台阶。

主编这套系列丛书旨在使辽宁大学应用经济学学科建设有一个更大的发展。辽宁大学应用经济学学科的历史说长不长、说短不短。早在1958年建校伊始，便设立了经济系、财税系、计统系等9个系，其中经济系由原东北财经学院的工业经济、农业经济、贸易经济三系合成，财税系和计统系即原东北财经学院的财信系、计统系。1959年院系调整，将经济系留在沈阳的辽宁大学，将财税系、计统系迁到大连组建辽宁财经学院（即现东北财经大学前身），将工业经济、农业经济、贸易经济三个专业的学生培养到毕业为止。由此形成了辽宁大学重点发展理论经济学（主要是政治经济学）、辽宁财经学院重点发展应用经济学的大体格局。实际上，后来辽宁大学也发展了应用经济学，东北财经大学也发展了理论经济学，发展得都不错。1978 年，辽宁大学恢复招收工业经济本科生，1980 年受人民银行总行委托、经教育部批准开始招收国际金融本科生，1984 年辽宁大学在全国第一批成立了经济管理学院，增设计划统计、会计、保险、投资经济、国际贸易等本科专业。到 20世纪 90 年代中期，辽宁大学已有西方经济学、世界经济、国民经济计划与管理、国际金融、工业经济 5 个二级学科博士点，当时在全国同类院校似不多见。1998 年，建立国家重点教学基地"辽宁大学国家经济学基础人才培养基地"。2000 年，获批建设第二批教育部人文社会科学重点研究基地"辽宁大学比较经济体制研究中心"（2010 年经教育部社会科学司批准更名为"转型国家经济政治研究中心"）；同年，在理论经济学一级学科博士点评审中名列全国第一。2003 年，在应用经济学一级学科博士点评审中并列全国第一。2010 年，新增金融、应用统计、税务、国际商务、保险等全国首批应用经济学类专业学位硕士点；2011年，获全国第一批统计学一级学科博士点，从而实现经济学、统计学一级学科博士点"大满贯"。

在二级学科重点学科建设方面，1984 年，外国经济思想史（即后来的西方经济学）和政治经济学被评为省级重点学科；1995 年，西方经济学被评为省级重点学科，国民经济管理被确定为省级重点扶持学科；1997 年，西方经济学、国际经济学、国民经济管理被评为省级重点学科和重点扶持学科；2002 年、2007 年国民经济学、世界经济连续两届被评为国家重点学科；2007 年，金融学被评为国家重点学科。

在应用经济学一级学科重点学科建设方面，2017 年 9 月被教育部、财政部、国家发展和改革委员会确定为国家"双一流"建设学科，成为东北地区唯一一个经济学科国家"双一流"建设学科。这是我校继

1997 年成为"211"工程重点建设高校 20 年之后学科建设的又一次重大跨越，也是辽宁大学经济学科三代人共同努力的结果。此前，2008 年被评为第一批一级学科省级重点学科，2009 年被确定为辽宁省"提升高等学校核心竞争力特色学科建设工程"高水平重点学科，2014 年被确定为辽宁省一流特色学科第一层次学科，2016 年被辽宁省人民政府确定为省一流学科。

在"211"工程建设方面，在"九五"立项的重点学科建设项目是"国民经济学与城市发展"和"世界经济与金融"，"十五"立项的重点学科建设项目是"辽宁城市经济"，"211"工程三期立项的重点学科建设项目是"东北老工业基地全面振兴"和"金融可持续协调发展理论与政策"，基本上是围绕国家重点学科和省级重点学科而展开的。

经过多年的积淀与发展，辽宁大学应用经济学、理论经济学、统计学"三箭齐发"，国民经济学、世界经济、金融学国家重点学科"率先突破"，由"万人计划"领军人才、长江学者特聘教授领衔，中青年学术骨干梯次跟进，形成了一大批高水平的学术成果，培养出一批又一批优秀人才，多次获得国家级教学和科研奖励，在服务东北老工业基地全面振兴等方面做出了积极贡献。

编写这套《辽宁大学应用经济学系列丛书》主要有三个目的：

一是促进应用经济学一流学科全面发展。以往辽宁大学应用经济学主要依托国民经济学和金融学国家重点学科和省级重点学科进行建设，取得了重要进展。这个"特色发展"的总体思路无疑是正确的。进入"十三五"时期，根据"双一流"建设需要，本学科确定了"区域经济学、产业经济学与东北振兴""世界经济、国际贸易学与东北亚合作""国民经济学与地方政府创新""金融学、财政学与区域发展""政治经济学与理论创新"五个学科方向。其目标是到 2020 年，努力将本学科建设成为立足于东北经济社会发展、为东北振兴和东北亚区域合作做出应有贡献的一流学科。因此，本套丛书旨在为实现这一目标提供更大的平台支持。

二是加快培养中青年骨干教师茁壮成长。目前，本学科已形成包括长江学者特聘教授、国家高层次人才特殊支持计划领军人才、全国先进工作者、"万人计划"教学名师、"万人计划"哲学社会科学领军人才、国务院学位委员会学科评议组成员、全国专业学位研究生教育指导委员会委员、文化名家暨"四个一批"人才、国家"百千万"人才工程入选者、国家级教学名师、全国模范教师、教育部新世纪优秀人才、教育部高等学校教学指导委员会主任委员和委员、国家社会科学基金重大项目首席专家等在内的学科团队。本丛书设学术、青年学者、教材、智库四个子系列，重点出版中青年教师的学术著作，带动他们尽快脱颖而出，力争早日担纲学科建设。

三是在新时代东北全面振兴、全方位振兴中做出更大贡献。面对新形势、新任务、新考验，我们力争提供更多具有原创性的科研成果、具有较大影响的教学改革成果、具有更高决策咨询价值的智库成果。丛书的部分成果为中国智库索引来源智库"辽宁大学东北振兴研究中心"和"辽宁省东北地区面向东北亚区域开放协同创新中心"及省级重点新型智库研究成果，部分成果为国家社会科学基金项目、国家自然科学基金项目、教育部人文社会科学研究项目和其他省部级重点科研项目阶段研究成果，部分成果为财政部"十三五"规划教材，这些为东北振兴提供了有力的理论支撑和智力支持。

这套系列丛书的出版，得到了辽宁大学党委书记周浩波、校长潘一山和中国财经出版传媒集团副总经理吕萍的大力支持。在丛书出版之际，谨向所有关心支持辽宁大学应用经济学建设与发展的各界朋友，向辛勤付出的学科团队成员表示衷心感谢！

林木西

2019 年 10 月

前　言

　　在少子老龄化进程加速与传统家庭养老模式日渐式微的背景下，本书旨在对我国的养老服务进行全面评估，在养老服务需求预测层面，既对全国整体层面进行区域比较分析，也对主要目标群体和典型省份进行考察；在养老服务供给评价方面，研究地方养老服务的供给效率和财政补贴效果；此外，还从微观视角分析了老年人的居住安排抉择及其对自身生活质量与生活满意度的影响。据此，本书试图找到我国社会化养老服务的提升路径，从而提高老年人的福祉，为构建尊老、爱老、敬老、助老的和谐社会贡献绵薄之力。

　　本书内容分为上下两篇，上篇主要研究养老服务需求与供给，由第一章至第六章组成；下篇研究养老模式选择与评价，由第七章至第十章组成。其中，第一章至第三章分别对区域养老服务需求进行测算和比较分析，针对养老服务的主要目标群体（失能老人）以及少子老龄化的典型省份（辽宁省）进行养老服务需求评估；第四章考察了老年人养老服务需求的影响因素；第五章和第六章分别就地方政府养老服务供给效率与财政补贴效果进行评价；第七章研究了子女数量与质量对老年人居住安排的影响；第八章考察了高龄老年人的经济状况对其居住安排的影响；第九章比较了机构养老与非机构养老的老年人生活质量的差异；第十章进一步研究了居住安排对高龄鳏寡老年人生活满意度的影响。

　　本书是国家社会科学基金青年项目"中国城乡养老服务评估与提升机制研究"（19CRK012）的阶段性研究成果，也是笔者后续进行深入研究的重要支撑。感谢辽宁大学经济学院王璐老师的宝贵建议，也感谢经济科学出版社各位编辑老师以及在各章节写作过程中贡献力量的学生们。

目 录

上篇 养老服务需求与供给

下篇　养老模式选择与评价

养老服务需求与供给

第一章

区域养老服务需求测算

本章使用中国老年人健康长寿影响因素调查（CLHLS）2011 年、2014 年以及 2017～2018 年数据并结合 2010 年、2015 年及 2020 年统计年鉴公布的人口年龄结构数据，以老年人对各种照护模式的需求意愿预测我国的社会化养老服务需求以及区域差异。结果发现：第一，2010～2020 年我国社会化养老服务需求水平逐年增大且社区养老服务需求均远高于机构养老服务需求，其中机构养老需求由 1789264 人增至 2384571 人，年复合增长率为 2.91%；社区养老需求由 94548702 人增至 134666071 人，年复合增长率为 3.60%。第二，区域差异明显，东部的社会化养老服务需求最大，中部次之，西部最低。2010～2020 年东部地区的机构养老需求由 815762 人增至 1451324 人，年复合增长率为 5.93%；社区养老需求由 43122771 人增至 66157394 人，年复合增长率为 4.37%；中部地区的机构养老需求由 704282 人增至 1350581 人，年复合增长率为 6.73%；社区养老需求由 33495594 人增至 45760429 人，年复合增长率为 3.17%；西部地区的机构养老需求由 276081 人增至 325947 人，年复合增长率为 1.67%；社区养老需求由 17849251 人增至 22657634 人，年复合增长率为 2.41%。

第一节 引 言

新中国成立之初，在鼓励生育政策的背景下，出现了第一次"婴儿潮"。当初的"婴儿潮"变成了现在的"银发潮"，由于老年人口具有基数大、增速快的特点，加上长寿时代的到来，我国人口老龄化及高龄化呈现加速发展的态势。在2000年我国进入了老龄化社会行列，第七次全国人口普查数据显示，60岁及以上和65岁及以上老年人口占比分别为18.70%和13.50%，与2010年相比分别增加了5.44个和4.63个百分点①，说明我国老龄化进程在持续加快，呈现出未富先老和未备先老的特点。

社会化养老服务在老龄化速度加快的大背景下被提出，并确立了其在养老体系中的重要地位。社会化养老服务是当今经济发展水平下，社会发展成果惠及于民的一种具体体现，也是国家积极应对人口老龄化的重大举措。养老和医疗在我国当前社会发展中起到基础性的保障作用。自2000年以来，国家积极倡导社会养老服务体系的建设，到2011年逐步确立了以居家养老为基础、社区养老为依托、机构养老为支撑的社会养老服务体系，同时明确了以政府为导向、市场为主体的供给主体定位。但是在国家出台社会养老服务系列政策的同时，也出现了一些问题，行政命令式的盲目扩大养老服务机构设施覆盖面，照搬、照抄试点地区的实践成果，缺少对本地区养老服务实际需求的具体考察，使很多地区由于没有基于老年人养老服务需求提供服务，导致政策效果不够显著甚至搁浅。因此，掌握老年人的养老服务需求，是我国社会化养老服务持续发展的基础。

当前国内外的相关文献鲜有对社会化养老服务需求的测算进行研

---

① 中华人民共和国民政部. 第七次全国人口普查结果公布 这些数据事关"老"话题 [EB/OL]. https://www.mca.gov.cn/article/xw/mtbd/202105/20210500033740.shtml.

究，张文娟等（2015）、吴帆（2016）的研究中仅呈现了一段时间内个别年份的老年人口规模与结构分布情况，但均没有将老年人与其养老需求相对应。基于此，本章的研究内容是社会化养老服务需求测算与区域比较，使用中国老年人健康长寿影响因素调查（CLHLS）2011年、2014年以及2018年数据，以老年人对各种照护模式的需求意愿作为其对社会化养老服务需求的变量进行需求预测，并结合我国省级层面数据，得到各区域老年人的社会化养老服务需求数量。

第二节　理　论　阐　述

每一套完善的养老保障体系都需要特定的养老保障理论作为支撑，本书用到的理论主要包括需求层次理论、生命周期理论以及区域非均衡发展理论。

一、需求层次理论

马斯洛需求层次理论是1943年马斯洛（Maslow）在《人类激励理论》一书中提出的，也被称为基本需求层次理论。

该理论将人的需求划分为五个层次，分别为：生理需要、安全需要、社会需要、尊重需要以及自我实现的需要。其中，生理、安全及社会的需要属于比较低一级的需要，达到一定外部条件就可以得到满足；而尊重和自我实现的需要属于比较高层次的需要，只有通过内部条件才能实现。马斯洛认为，当人类的低层次需求得到满足之后，将会有更高层次的需求，追求的需求层次依次上升，是推动高层次需求的强大动力。这五种不同层次的需要存在于每个人当中，不同时期、不同阶段呈现出来的层次需求会有差别，鼓励和激励人们行为动作的最大动力往往是这一时期最需要的需求。人的需求是内外部满足不断转化的，激励作用会随着低层次需求得到满足而减弱，此时高层次需求将会取代低层次需求的功能和地位。每一层次的需求是不会随着更高层次需求出现而消失的,只是当时的行为作用变弱了而已。

马斯洛认为,一国大多数人的需要层次构造与该国的经济发展水平、文化及受教育程度密切相关。在西方发达国家,尊重和自我实现的需要占主导地位的人居多;而发展中国家,生理上、安全及社会的需要占主导地位的人较多。老年人是一个特殊的群体,随着年龄增长,身体状况越来越不好,社会作用地位也开始下降,他们的独立性也开始逐渐消失,对家人和社会的依赖性逐渐增强,由此,他们对于精神方面和医疗卫生服务保障方面的需求更加凸显。伴随社会经济的发展,人们的生活质量也相应提高,老年人的经济条件也得到改善,物质需求得到满足。根据马斯洛需要层次理论,在老年人物质需要得到满足以后,就会追求更高层次的需要。因此,我们不能单纯靠某一具体养老模式就能满足他们多层次更高需要,应该构建多渠道的养老模式组合。

二、生命周期理论

生命周期理论由美国经济学家莫迪利亚尼和布隆伯格(Modigliani and Bromberg,1954)共同提出,又称消费与储蓄的生命周期假说。该假说将消费和收入与消费者的生命周期紧密联系起来,个人的当期消费最终由未来一生的预计总收入决定,理性的消费者以效用最大化为目标,将个人的消费与储蓄合理地安排在不同的年龄阶段,使一生中的收入与消费保持大体均衡状态。生命周期理论把人的一生分为三个时期:青年、中年和老年,每个人在不同的年龄期间都有不同的收入、消费和储蓄能力,并且会选择一个相对平稳、接近他们预期的消费水平。青年期消费需求较为旺盛,储蓄水平较低甚至出现赤字;中年期消费需求相对减弱,收入水平不断提升,储蓄能力不断增强;老年时期逐渐退出社会活动,收入减少,但由于身体功能逐渐衰退引发疾病或需要照顾等原因,消费支出的数额不会减少,这时就需要储蓄资金来弥补,因而老年时期的储蓄可能处于负数。

生命周期理论使我们认识到老年群体拥有相对旺盛的消费和购买需求，而市场化的养老服务作为养老需求的发展趋势，应多元化发展，以满足老年群体多样化的娱乐、服务等消费需求。因此，构建并完善我国的养老服务体系是应有的题中之义。

三、区域非均衡发展理论

区域非均衡发展理论主要包括增长极理论、梯度转移理论、倒"U"型理论，以及循环累积因果论。

（一）增长极理论

增长极理论在 20 世纪中叶由法国经济学家佩鲁（Francois Perroux，1950）提出，是以"不均衡动力"或"支配关系"为基础，以"增长极"作为标志不均衡的增长理论。经济要素在实际环境中发生作用的条件是不均衡的，于是，佩鲁提出不同地区发生增长是不同步的，增长点或增长极开始出现的强度不同，然后以不同的渠道往外发展，最终对整个经济造成不同影响。这一理论的核心是，在经济增长方面，某些重要部门或有创新能力的行业在一些地方聚集起来，从而形成一种高度集中的资本、技术、规模经济效益，并对附近区域形成腐蚀作用的"增长极"。基于以上分析，佩鲁认为，经济增长存在极化效应，并不是均衡扩散的。增长极理论在西方非均衡发展理论体系中影响广泛，对发展中国家区域的发展研究采用结构主义和动态非均衡分析，揭露区域差异形成的必然性，以及欠发达地区与发达地区之间出现极化与分散的相互作用，并突出政府在经济均衡发展中的干预作用。

（二）梯度转移理论

梯度转移理论是由弗农（Raymond Vernon，1966）提出的，该理论强调，工业部门的各种产品存在于生命周期的不同时期，要经历四个阶段：创新、发展、成熟和衰退。20 世纪 70 年代，赫希（Hirsh）、威尔斯（Wales）等通过验证分析，充实并延伸了该理论，并且将其引向区域经济学领域，发展为区域发展梯度转移理论。该理论认为，产业结构对区域经济影响明显，它的作用取决于地区经济部门，尤其是核心产业所处的生命周期阶段。假如核心产业部门存在于创新时期，表明这一区域发展良好，可以把它划为高梯度区域。高梯度区域为创新活动提供了良好环境，创新活动产生的概率大，并且决定区域发展梯度的层次。伴着时间的延伸，生命周期发生改变，生产活动慢慢从高梯度区域转向低梯度区域，这种梯度转移依靠多层次城市系统分散。因此，梯度转移理论的核心思想是，发达地区产业和要素发展能够带动其他地区发展，最终带动整个经济的发展。

（三）倒"U"型理论

倒"U"型理论，是由美国威廉姆森（Jeffery G. Willamson，1965）提出的。伴着收入水平、经济增长的提升，区域之间的不平等出现了倒"U"型变化，即先扩大后缩小。虽然经济发展开始时期表现出增长不稳定，但是一段时期以后，区域人均收入和经济增长是平稳的。威廉姆森认为，当经济处于特定发展水平后，缩小区域发展差异必然会导致经济增长。

（四）循环累积因果论

循环累积因果论，是缪尔达尔（Gunnar Myrdal）在1957年出版的《经济理论和不发达地区》一书中提出的。该理论认为，经济发展从较发达地区开始，发达地区和滞后地区在空间上互相影响，产生两个效应：回流效应和扩散效应。基于市场机制的影响，回流效应占主导地位，根据这种情况，缪尔达尔提出了区域经济发展的建议。在经济发展早期，国家必当首先发展条件良好的地区，目的是用高投资率和增长率以扩散效应拉动其他地区经济发展。然而，经济发展到特定水平时，政府需要制定相关政策促进落后地区经济发展，以缩小因累积循环因果造成贫富差距扩大的影响。

这四种理论都认为区域差异的存在是经济发展的必然结果，根据区域非均衡发展理论，经济发展较慢的地区更贫穷且人口净迁出，人口老龄化更严重以及空巢老人更多，老年人的需求层次可能更低。因此，在发展社会化养老服务时主要集中于满足和保障老年人的基本需求，注重财政对这些地区的转移支付功能。而经济发展较快的地区更富裕，老年人的需求层次可能更高。因此，在发展这些地区的社会化养老服务时，更加依赖市场提供多样化服务，以满足不同层次的养老服务需求，最终实现养老服务的统筹发展。

第三节　养老服务需求现状

一、数据来源

本章所使用的数据均来源于中国老年人健康长寿影响因素调查（CLHLS），该调查由北京大学国家发展研究院健康老龄与发展研究中心主持，调查范围覆盖了我国 31 个省份中的 22 个。调查对象为 65 岁及以上老年人的养老服务需求，调查问卷的内容包括老年人的基本信息、性格特征、经济状况、健康状况及养老服务需求等。由此可见，该调查契合本书的研究主题，调查历时长、范围广、内容全且数据来源真实可靠。本章使用 2011 年、2014 年和 2018 年三年的调研样本数据，对老年人的养老居住意愿、社区养老服务需求以及机构养老服务需求现状三个方面进行深入分析。

二、老年人居住意愿分析

根据 2011 年、2014 年及 2018 年 CLHLS 问卷问题 F16 "您更愿意选择哪种居住方式？"的调查结果得出，有 92.20% 的老年人更愿意选择在家中养老。其中，有48.95%的老年人倾向于与子女一起居住，有43.25%的老年人更愿意独居或与配偶居住，这其中，有30.80%的老年人希望自己的子女居住在附近，有12.45%的老年人认为子女是否在附近居住无所谓。此外，仅有2.23%的老年人愿意入住养老院、老年公寓和福利院等养老机构（见图1-1）。可以看出，老年人的养老观念仍然较为传统，更希望在自己熟悉的场所度过老年生活。但是需要注意的是，已出现一部分老年人不愿意与子女一起居住，这表明传统的养儿防老观念有所改变。在这种情况下，社会化养老服务的提供尤为必要。

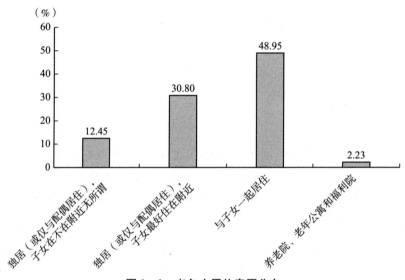

图1-1 老年人居住意愿分布

三、社区养老服务需求分布

CLHLS（2011年、2014年及2018年数据）问卷提出八项社区养老服务需求，分别为：日常生活照料、日常购物、上门看病送药、提供保健知识、精神慰藉、组织社会娱乐活动、提供法律援助、处理邻里纠纷。老年人对各项社区养老服务项目的具体需求情况如图1-2所示。

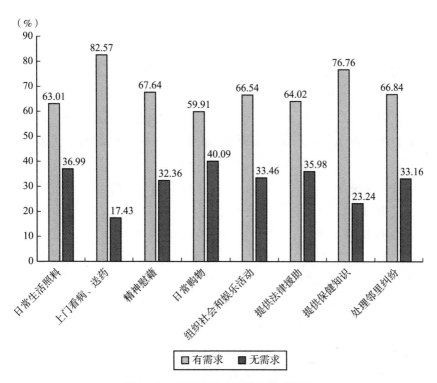

图1-2　各项社区养老服务需求现状

从具体的单项需求上来看，老年人最希望社区提供的前三项社区养老服务项目分别为：上门看病送药（82.57%）、提供保健知识（76.76%）以及提供精神慰藉服务（67.64%）。由此可见，老年人关注的重点在自身身体健康和心理健康两个方面。

从身体健康这一角度来看，通过对问卷问题"您是否患有以下慢性病"的分析发现，有30%老年人患有不同程度的慢性疾病，且有20%的老年人认为，患病会对其日常生活造成影响；请受访者对自己目前的健康状况进行自评，统计发现，除去6.7%无法做出回答的老年人，有41.5%的老年人认为自己身体状况很好或较好，其余51.8%的老年人认为自己目前的健康状况一般、较差甚至很糟糕，这一部分老年人占据了调查总人口的50%以上。同时，对受访老年人一年来的健康变化情况做出询问，结果显示，除去 7.2% 无法做出回答的老年人，仅有 9.1% 的老年人认为自己一年来的健康状况有所改善，有 45.9% 的老年人认为自己的健康状况没有变化，其余 37.8% 的老年人认为自己的健康状况有不同程度的恶化，这一部分老年人占据了总调查人口的 30% 以上。以上因素均表明，随着年龄的增长，身体各项机能衰退，老年人会面临越来越多的疾病困扰，因此，对社区的医疗照护服务需求不断增多。

从心理健康这一角度来看，问卷通过对老年人的性格状况进行调查，发现有 60.4% 的老年人会有害怕、焦虑的情绪，有 61.2% 的老年人会有孤独感和被孤立的感觉，有 76.7% 的老年人会认为自己"越老越无用"。随着年龄的增加，劳动能力的衰退，社会人际交往的减少，越来越多的老年人感觉到自己与社会脱节，随之而来的是不可避免的孤独、失落和自我否定感。因此，老年人对精神慰藉服务的需求较强烈，他们希望有人陪伴聊天，以慰藉内心空虚，帮助他们走出负面情绪。

需要注意的是，虽然老年人的关注点更多地放在了自身的身心健康上，但是他们对其余各项社区养老服务需求仍不可忽视。因为从总体来看，老年人对社区养老服务的需求普遍较高，除排名前三的项目之外，老年人对其余各项目的需求也均处于 50% 之上。这一方面说明我们除了要重点关注老年人的身心健康，还要尽可能地满足他们对于日常生活照料、社会娱乐活动以及法律援助等方面的需求，另一方面也体现出社区养老在我国还有非常广阔的发展空间。

四、机构养老服务需求分布

通过 2011 年、2014 年及 2018 年 CLHLS 样本数据得出，有机构养老服务需求的老年人口仅占 2.23%，可见我国老年人对机构养老的认可度普遍较低，笔者猜想其中的原因可能包括以下几点。

（1）我国属于保守观念较深的国家，有些老人觉得只有跟后代住在一起，四世同堂，共享天伦之乐才是快乐的养老方式；也有老人是对家庭有所留恋，舍不得离开自己家。几十年的家庭生活，让老人们对自己的家有了太多的情结，一旦进入养老机构，就意味着要和家人分开，这就是这些老人为什么喜欢在家养老的重要原因。

（2）对养老机构的护理和设施质量有较大的担心，许多老年人对养老机构持有怀疑态度，例如，养老机构的质量真的过关吗？护理人员的服务态度好吗？由于心中的这些顾虑，很多老年人会坚持选择传统的家庭养老。

（3）住在养老机构不自在，不想过和其他许多人在一起的集体生活。老人各有各的个性，看起来一起生活，多了许多玩伴，但也增加了冲突，有人群的场合自然就有纠纷。

（4）目前养老市场两极分化：一种是高端养老项目，价钱太高不符合多数人群需要；另一种是当前大部分的养老机构交通不便，服务质量不高，养老需求得不到满足。

面对老年人的种种担忧以及消费升级的变化和健康需求的转型，更需要多样化、专业化、针对性的市场开发，机构养老无论在数量上还是质量上都有很大的发展空间，而这一切需要包括政府、机构、企业及社会组织在内的社会各界共同努力。

第四节　养老服务需求测算

一、数据与变量

由于我国社会化养老服务行业发展尚处于起步阶段，行业供给远不能满足需求，因此，老年人的实际养老模式并不能真正反映其对社会化养老服务的需求。本章以老年人对各种照护模式的需求意愿作为其对社会化养老服务需求变量进行需求预测。

采用全国老年健康影响因素跟踪调查（CLHLS）65 岁及以上老人问卷中 F15 和 F16 两个问题提炼老年人的机构照护需求和社区照护需求。两个问题的设置与备选答案如表 1 - 1 所示。

表 1 - 1　　　　　CLHLS 调查问卷中 F15 和 F16 两个问题

问题	备选答案
F15：您是否希望社区为老年人提供下列社会服务？	
F15 - 1 起居照料	1 - 是，2 - 否
F15 - 2 上门看病、送药	1 - 是，2 - 否
F15 - 3 精神慰藉	1 - 是，2 - 否
F15 - 4 日常购物	1 - 是，2 - 否
F15 - 5 组织社会和娱乐活动	1 - 是，2 - 否
F15 - 6 提供法律援助（维权）	1 - 是，2 - 否
F15 - 7 提供保健知识	1 - 是，2 - 否
F15 - 8 处理家庭邻里纠纷	1 - 是，2 - 否
F16：您希望哪一种居住方式？	1 - 独居（或仅与配偶居住），子女在不在附近无所谓； 2 - 独居（或仅与配偶居住），子女最好住在附近； 3 - 与子女一起居住； 4 - 敬老院、老年公寓和福利院； 8 - 不知道

将 F16 中选择"4 - 敬老院、老年公寓和福利院"的样本视为有"机构养老需求"；将 F15 中涉及的 8 项社会服务中至少有 1 项选择"1 - 是"的样本视为有"社区养老需求"；将既没有机构养老需求也没有社区养老需求的样本视为有"家庭养老需求"。

二、老年人社会化养老服务需求的年龄结构分布

本章采用三大区域的划分方法，将全国各省份划分为东部区域、中部区域和西部区域，使用 CLHLS 调查数据分别计算各区域 2011～2018 年各年龄段上老年人的社会化养老服务需求占比。其中东部区域包括北京、天津、河北、辽宁、上海、江苏、浙江、福建、山东、广东、海南；中部区域包括山西、吉林、黑龙江、安徽、江西、河南、湖北、湖南；西部区域包括广西、重庆、四川、陕西。由表 1-2 可以看出，老年人普遍对机构养老的认可度不高，而社区养老备受青睐，原因可能在于相比到一个陌生的环境，老年人更愿意在一个自己熟悉且长期生活的地方度过晚年。

表 1-2　　　　　　　　2011～2018 年各年龄段上老年人的
社会化养老服务需求占比　　　　　　单位：%

区域	年龄	2011 年		2014 年		2018 年	
		机构养老	社区养老	机构养老	社区养老	机构养老	社区养老
东部	65～69 岁	1.23	88.65	3.13	90.63	1.20	88.98
	70～74 岁	1.15	86.70	1.39	82.91	1.23	85.85
	75～79 岁	1.91	86.98	2.30	85.51	2.73	90.65
	80～84 岁	2.90	87.20	2.05	87.15	3.86	86.73
	85～89 岁	2.62	85.52	3.60	86.51	4.37	86.34
	≥90 岁	2.26	87.22	2.63	87.71	3.89	85.45
中部	65～69 岁	2.29	92.20	1.14	92.05	0.78	88.51
	70～74 岁	1.33	89.92	1.63	90.23	1.58	86.91
	75～79 岁	2.03	87.5	1.17	88.60	0.91	88.16
	80～84 岁	1.98	91.53	1.03	88.01	1.54	85.59
	85～89 岁	1.28	85.62	0.67	87.96	1.49	89.60
	≥90 岁	2.75	88.44	2.82	85.21	1.31	86.38

续表

区域	年龄	2011 年		2014 年		2018 年	
		机构养老	社区养老	机构养老	社区养老	机构养老	社区养老
西部	65～69 岁	0.93	88.89	0.10	99.00	1.02	89.34
	70～74 岁	1.39	93.06	0.95	83.33	1.29	88.92
	75～79 岁	2.33	91.36	1.05	84.91	1.75	88.74
	80～84 岁	0.64	91.08	1.21	83.40	1.58	87.92
	85～89 岁	3.13	92.61	1.81	88.41	1.14	89.24
	≥90 岁	2.04	91.65	1.76	84.68	1.38	88.89
全国	65～69 岁	1.53	89.88	2.21	91.59	1.05	88.95
	70～74 岁	1.26	89.09	1.37	85.37	1.33	86.77
	75～79 岁	2.05	88.21	1.68	86.25	1.98	89.48
	80～84 岁	2.11	89.27	1.58	86.52	2.72	86.70
	85～89 岁	2.44	87.44	2.39	87.36	2.83	87.90
	≥90 岁	2.34	88.68	2.49	86.33	2.59	86.57

三、区域养老服务需求测算

由于 CLHLS 调查数据的调查范围涉及全国 22 个省份的大约 50％的县、县级市与区，对高寿老人、男性老人、城镇老人进行了超比例抽样，使样本中各年龄段上老年人口数量大致相同，保证了高龄老年人的规模和比重。

因此，本书对三大区域老年人的社会化养老服务需求测算步骤为：首先，使用各区域老年人在各年龄段上的数量乘以 CLHLS 中每一个年龄段相对应的社会化养老服务需求比值，得到各区域每一个年龄段上老年人养老服务需求数量；其次，将计算得到的各年龄段的社会化养老服务需求加总，最终得到各区域老年人的社会化养老服务需求数量。

采取就近匹配原则，将 2011 年 CLHLS 数据与 2010 年《中国统计年鉴》中人口年龄结构数据匹配，将 2014 年 CLHLS 数据与 2015 年《中国统计年鉴》中人口年龄结构数据进行匹配，将 2018 年 CLHLS 数据与 2020 年《中国统计年鉴》中人口年龄结构数据进行匹配。

各区域社会化养老服务需求的测算结果如表 1 - 3 所示。从地域来看，东部地区对社会化养老服务的需求最高，西部最低，这可能与地区总体人数差异、经济发展水平及文化观念等因素有关；从时间上看，整体上老年人对社会化养老服务的需求越来越多，接受程度也越来越高，可能是两方面原因导致：一方面是不断增加的家庭养老压力迫使更多老年人不得不选择社会化养老服务；另一方面是随着社会的进步，老年人的观念也在发生转变，他们更愿意接受新事物，且近年来我国社会养老服务体系也在逐步发展完善，让老年人感受到了社会养老服务的高效与便捷，也促使更多老年人愿意选择社会化养老服务。

表 1 - 3　　　2010 ~ 2020 年各区域社会化养老服务需求　　　单位：人

区域	2010 年		2015 年		2020 年	
	机构养老	社区养老	机构养老	社区养老	机构养老	社区养老
东部	815762	43122771	1480502	53034165	1451324	66157394
中部	704282	33495594	556968	38361871	1350581	45760429
西部	276081	17849251	150897	18048883	325947	22657634
全国	1789264	94548702	2317509	110777595	2384571	134666071

第五节　养老服务需求的比较分析

一、养老服务需求时序分析

由图 1 - 3 可以看出，2010 ~ 2020 年我国社会化养老服务需求水平逐年增大，其中机构养老需求由 1789264 人增至 2384571 人，年复合增长率为 2.91%；社区养老需求由 94548702 人增至 134666071 人，年复合增长率为 3.60%。

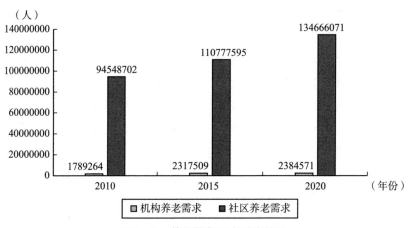

图 1 - 3　养老服务需求时序差异

资料来源：笔者根据表 1 - 3 中的 2010 ~ 2020 年全国数据绘制。

社会化养老服务需求不断上涨的原因可能有以下两点：一是我国正快速进入老龄化社会，传统的家庭养老模式在不断增长的养老需求与有限的家庭养老功能的矛盾下难以为继，这时社会化养老服务就成为有效应对养老问题、保障老年人晚年生活的重要养老方式。二是随着社会的进步，老年人的观念也在发生转变，他们更愿意接受新事物，也更积极乐观地享受晚年生活。加上近年来我国社会养老服务体系也在逐步发展完善，建成了以政府为主导，社区、机构和企业共同参与的养老服务体系，让老年人感受到了社会养老服务的高效与便捷，也促使更多老年人愿意选择社会化养老服务。

二、养老服务需求区域差异

历史、自然、社会等综合因素的长期作用，使得我国东中西部的经济梯度不断扩大，这在一定程度上影响着老年人的社会化养老服务需求，形成区域差异。2010～2020年，东部地区的机构养老需求由815762人增至1451324人，年复合增长率为5.93%；社区养老需求由43122771人增至66157394人，年复合增长率为4.37%。中部地区的机构养老需求由704282人增至1350581人，年复合增长率为6.73%；社区养老需求由33495594人增至45760429人，年复合增长率为3.17%。西部地区的机构养老需求由276081人增至325947人，年复合增长率为1.67%；社区养老需求由17849251人增至22657634人，年复合增长率为2.41%。[①] 总体来看，三个地区的社区养老服务需求均远高于机构养老服务需求，且无论是机构养老服务需求还是社区养老服务需求都是东部最大，中部次之，西部最低。

据此，本书认为原因可能在于以下几个方面：

第一，人口基数的差异导致了不同地区间社会化养老服务的差异。由表1-3可知，2020年东部、中部和西部地区65岁及以上老年人口数分别为147939640人、52154550人和25466460人。需求的产生来自人的"欲望"，有人的地方才有需求产生的可能，因此对社会化养老服务的需求也随区域人口基数的增加而增多。

第二，经济发展水平不同也是东中西部老年人社会化养老服务需求产生差异的重要原因。我国的经济发展有着明显的区域非均衡性，东部发展最快，西部最慢，而经济发展水平会直接影响人们的收入水平，进而影响包括社会化养老服务在内的一系列购买需求。

第三，不同地区老年人的观念、思想等文化因素也会对社会化养老服务需求产生影响。随着社会的不断进步，越先进的地区人们的观念和思想也会随之改变，会更愿意尝试和接受新鲜事物，如东部地区；而对于无论经济还是思想发展都相对落后的西部地区老年人而言，崇尚节约和为子女着想等传统文化观念已经根深蒂固，无法在短期内发生变化，这就导致了西部地区的社会化养老服务需求水平较低。

---

① 笔者根据表1-3中2010～2020年的区域数据计算得到。

第六节 结论与政策建议

本章通过社会化养老服务需求测算结果发现，我国社会化养老服务需求呈现东部最大、中部次之、西部最低的规律。可见，区域间经济发展不平衡、资源配置不均衡会直接导致老年人的社会化养老服务需求产生差异。因此，政府应合理统筹各区域发展，有效调配各区域资源，从而适应不同区域老年人的社会化养老服务需求。一是合理统筹经济资源，在财政补贴上向经济发展不发达地区倾斜，着力提高中西部老年人享受社会化养老服务的经济承受能力；二是合理统筹政策资源，根据各区域的实际发展水平，制定有针对性、适应性的养老政策，使各区域老年人都能享其所需；三是合理统筹服务资源，面对当前东中西部之间供给水平与需求水平的错位，应引导养老服务资源向需求尚未得到满足的中西部地区汇集，除了要加强硬件设施的建设，还应鼓励社会工作人员、大学生志愿者等加入老年服务队伍中，满足老年人的养老服务需求。

第二章

失能老人的养老服务需求预测

本章基于 CLHLS 调查与 2010 年第六次人口普查数据，采用简单比例法预测 2015 ~ 2075 年我国 65 岁及以上失能老人的社会化养老服务需求，结果表明：到 2055 年，具有机构照护和社区照护需求的失能老人规模将分别达到 366.60 万人和 13185.73 万人，护理人员需求数量将在 84.79 万 ~ 107.27 万人和 2907.44 万 ~ 3645.25 万人之间，较 2015 年增幅达 1 倍以上，处于历史峰值。mlogit 模型的回归结果表明：失能老人对社区养老服务的需求主要受居住地类型、经济来源的充足性以及代际经济支持与情感支持的影响，对机构养老服务的需求主要受代际情感支持与代际照护支持的影响。

第一节 引 言

我国自 2015 年以来，20 世纪五六十年代婴儿潮时期出生的大量新增人口步入老龄阶段，使得在未来很长一段时间内老年人口规模将迅速增大，加之 70 年代末开始实施的长达 30 余年的计划生育政策使得以独生子女为主的家庭结构成为主流，整个社会面临着日益严重的人口老龄化与少子化困局。由于老年人面临着衰老和各种退行性疾病的困扰，使得老年人身体机能不断下降，各项器官、组织的功能逐步衰退（张文娟等，2015a)。可以预见，未来丧失独立生活能力的老年人数量将日益增多，失能老人的照料负担将日渐沉重。同时，随着现代社会竞争加剧和生活节奏加快，中青年一代正面临着工作和生活的双重压力，传统的家庭养老模式日渐式微，因此，迫切需要发展一套专业化、产业化的社会养老服务体系来取代传统的家庭照护，解决失能老人的养老问题。在此背景下，我国于"十二五"开局之年便提出将致力于构建"以居家养老为基础、社区照料为依托、机构养老为补充"为基本原则的社会养老服务体系框架，为未来老年人长期照护市场的发展指明方向。

老年人长期照护行业的发展与社会化养老服务体系的构建迫切需要对老年照护服务需求进行评估和预测，而失能老人作为照护服务需求的主要群体，对其规模与结构分布测算是评估老年人长期照料服务需求的关键指标。同时，对失能老人照护需求影响因素的分析是把握老年人口的照料服务需求、规划未来社会养老服务发展的重要依据。本章的研究目的是预测 2015～2075 年我国失能老人的社会化养老服务需求，并构建其影响因素的分析模型，为我国老年人长期照护市场的发展提供数理支持。

本章的研究贡献在于：第一，提出了老年人生活自理能力的评定标准。当前关于老年人生活自理能力的评定标准尚不统一，从评定方法来看主要有量表评定法、提问法和观察法，评定基础也主要分为 3 个方面：①单纯依据老年人对老年人的日常生活能力标准（ADLs）的完成情况作为判断老年人生活自理能力的基础，如 Barthel 指数、Katz 指数、曾毅等（2012）、中国老龄科学研究中心课题组（2011）等；②采用 ADLs 和器械辅助日常生活能力标准（IADLs）相结合的方法来判定老年人是否失能及其失能程度，如美国国家长期护理调查（NLTCS）[①]、胡宏伟等（2015）；③在 ADLs 和 IADLs 的基础上，考虑老年人的认知功能，如黄匡时等（2014）、黄飒等（2012）。通过对现有文献进行回

---

① 美国国家长期护理调查（NLTCS）是一项专门研究美国 65 岁及以上长期护理状况和老年人健康的一项纵向调查。

归与评述，提出了老年人生活自理能力的评定标准。第二，对失能老人的社会化养老服务需求进行量化。黄枫等（2012）运用连续时间齐性马尔科夫（Markov）过程考察老年人的长期护理发生率及其健康状态转移运动，预测需要护理的老年人口规模和老人处于护理状态的时间长度。胡宏伟等（2015）在使用马尔科夫（Markov）过程估算老年人失能规模及其变动的基础上，结合全国老年服务调查数据，估算老年人的护理服务需求。张文娟（2015b）使用苏利文（Sullivan）法计算2010年老年人的生活照料需求。黄匡时等（2014）运用苏利文（Sullivan）法和多状态生命表法编制中国老年人日常生活照料生命表，在此基础上分析老年人日常生活照料的平均预期时间及其占余寿的比重。吴帆（2016）通过构建"老年人照料负担比"指数从宏观角度分析老年人照料资源供求关系及其变化的趋势，并在国际比较的基础上探讨中国老年人照料负担的特点。这些方法均没有将失能老人与其照护需求相对应，也没有考虑到不同失能程度的老人与照护人员的配置比例，本章综合考虑这些因素，为我国发展老年人长期照护行业提供客观的数据支持。

第二节 失能老人的评定及其照护模式

一、失能老人的评定

失能老人通常是指老年人失去独立生活的能力，其生活部分依赖和完全依赖他人帮助的老年人群体。国际上普遍以 ADLs 和 IADLs 为基础来评定老年人的生活自理能力。ADLs 反映了个人所需照护最基本的方面，国际上普遍使用6个核心指标来描述与区分老年人日常生活能力，分别为：洗澡、穿衣、如厕、控制大小便、室内活动和吃饭。如果老年人不具备最基本的日常生活自理能力，那么他们对照护的依赖将非常大。IADLs 是在 ADLs 基础上发展起来的，包括购买个人所需物品、理财、使用电话、做饭、药物管理、做轻重家务事等，衡量了老年人在走路、爬（楼、坡）等方面的体力能力和管理钱财等方面的自理能力，反映了老年人能否独立生活。与 ADLs 相比，完成 IADLs 需要更多技巧和个人判断，绝大多数完成 ADLs 有困难的人，对履行 IADLs 也有困难；而能够独立完成 ADLs 的老年人也未必能独立完成 IADLs。

目前学术界对于失能老人的评价标准尚未形成一致意见。基于 ADLs 与 IADLs 的老年人生活自理能力的评定方法主要有量表评定法以及提问法和观察法。其中，量表评定法中常见的 Barthel 指数和 Katz 指数依据 ADLs 设定，功能活动问卷（FAQ）依据 IADLs 设定；提问法和观察法是单纯按照 ADLs 或 IADLs 失能项数评定老年人生活自理能力相对简单的划分方法。量表评定法经过标准化设计，具有内容统一、评定标准统一的特点，而在学术研究中，囿于数据的限制，与量表分析法相比，在学术研究中提问法和观察法更受青睐。

美国国家长期护理调查（NLTCS）依据 ADLs 和 IADLs，将 65 岁及以上老年人的生活自理能力划分为 6 个等级（见表 2-1），胡宏伟等（2015）进一步在 NLTCS 的基础上将老年人的健康状态分为 5 个等级（见表 2-2）。

表 2-1　　　　　　　　　NLTCS 对老年人健康状态的划分

状态	状态描述
1	健康，无 IADLs 障碍和 ADLs 障碍
2	仅 IADLs 失能，无 ADLs 障碍
3	1~2 项 ADLs 障碍
4	3~4 项 ADLs 障碍
5	5~6 项 ADLs 障碍
6	死亡

表 2 – 2   胡宏伟等（2015）对老年人健康状态的划分

状态	状态描述
1 健康	无 IADLs 障碍和 ADLs 障碍
2 轻度失能	有 1 项及以上 IADLs 障碍，无 ADLs 障碍
3 中度失能	1～3 项 ADLs 障碍
4 重度失能	4 项及以上 ADLs 障碍
5 死亡	死亡

　　蒋承等（2009）、曾毅等（2012）依据 ADLs 标准，将老年人的健康状况划分为两类："健康"——6 项 ADLs 都能独立完成；"伤残"——1 项及以上 ADLs 需要他人帮助。中国老龄科学研究中心课题组（2011）基于 ADLs 作为老年人失能的判定标准（见表 2 – 3），杜本峰等（2013）、景跃军等（2014）、张文娟等（2015b）使用这种方法研究我国失能老人的规模、结构及健康状态的转移情况。

表 2 – 3   中国老龄科学研究中心课题组对老年人健康状态的划分

状态	状态描述
完全自理	完成 6 项 ADLs 不费力
部分自理	6 项 ADLs 中有 1 项或多项存在困难
不能自理	6 项 ADLs 中有 1 项或多项做不了
其中：轻度失能	1～2 项 ADLs 做不了
中度失能	3～4 项 ADLs 做不了
重度失能	5～6 项 ADLs 做不了

　　除 ADLs 和 IADLs 之外，也有学者考虑将老年人的认知功能、精神状况和疾病等方面是否出现障碍以及程度轻重作为老年人失能与照料需求的划分标准，如黄匡时等（2014）、黄枫等（2012）。但是具有认知障碍、精神状况不佳以及疾病困扰导致老年人丧失最基本的日常生活能

力以及独立生活能力而产生的照护需求，将这些因素与 ADLs 和 IADLs 并行作为判定老年人失能的标准不符合逻辑且存在重复计算。

单纯依据老年人对 ADLs 的完成情况作为判断其生活自理能力与照护需求的标准并不妥帖，老年人是否具有照护需求取决于其能否独立生活，而 ADLs 仅反映了老年人在吃饭、穿衣、如厕、洗澡等最基本的日常生活自理能力。实际上，存在着相当一部分老年人（尤其是高龄老人），其 ADLs 各项指标良好，但不能完成"能否独自外出买东西""做饭"等 IADLs 活动，也就决定了其无法独立生活。因此，应采用 ADLs 和 IADLs 相结合的方法来判定老年人是否失能及其失能程度。

依据 CLHLS 调查数据，按照所需照护时间长短及强度大小将老年人的失能程度划分为：轻度失能、中度失能和重度失能。具体划分标准如下：第一，CLHLS 调查中 6 项 ADLs 分别为洗澡、穿衣、如厕、控制大小便、室内活动和吃饭，各项问题设定、备选答案及自理能力划分如表 2 - 4 所示；第二，CLHLS 调查中 8 项 IADLs 分别为"能否独自到邻居家串门""能否独自外出买东西""是否能独自做饭""是否能独自洗衣服""能否连续走 2 里路""能否提起大约 10 斤重的东西""能否连续蹲下站起三次""能否独自乘坐交通工具出行"，备选项分别为：1 能、2 有一定困难、3 不能，将选项 1 视为能自理，选项 2 和选项 3 视为不能自理，属于轻度失能。

表 2 - 4   CLHLS 中 6 项 ADLs 指标设置、备选答案与自理能力划分

问题	备选答案	自理能力
洗澡时是否需要他人帮助？	1 不需要任何帮助； 某一部位需要帮助； 3 两个部位以上需要帮助	1 能自理； 2 和 3 不能自理，轻度失能
穿衣时是否需要他人帮助？	1 自己能找到并穿上衣服，无须任何帮助； 2 能找到并穿上衣服，但自己不能穿鞋； 3 需要他人帮助找衣或穿衣	1 能自理； 2 和 3 不能自理，中度失能

续表

问题	备选答案	自理能力
上厕所大小便时是否需要他人帮助?	1 完全能独立，无须他人帮助； 2 能自己料理，但需要他人帮助； 3 卧床不起，只能在床上由他人帮助使用便盆	1 能自理； 2 不能自理，中度失能； 3 不能自理，重度失能
能否控制大小便?	1 能控制大小便； 2 偶尔/有时失禁； 3 使用导管等协助控制或不能控制	1 能自理； 2 不能自理，中度失能； 3 不能自理，重度失能
室内活动是否需要他人帮助?	1 无须帮助，可用辅助设施； 2 需要帮助； 3 卧床不起	1 能自理； 2 不能自理，中度失能； 3 不能自理，重度失能
吃饭时是否需要他人帮助?	1 吃饭无须帮助； 2 能自己吃饭，但需要一些帮助； 3 完全由他人喂食	1 能自理； 2 不能自理，轻度失能； 3 不能自理，中度失能

　　基于以上老年人对各项 ADLs 和 IADLs 指标完成情况的划分，本章将 65 岁及以上存活老人生活自理能力的评定划分如下（见表 2-5）：ADLs 和 IADLs 中各项活动均能独立完成，无须他人帮助，则判定为能自理；ADLs 和 IADLs 中至少有 1 项轻度失能，而不存在中度和重度失能的情况，则判定为轻度失能，有照护需求但强度较小。对于轻度失能的老年人而言，他们可以通过预约钟点家政服务实现独立生活；ADLs 和 IADLs 中至少有 1 项中度失能，而不存在重度失能的情况，则判定为中度失能，有照护需求且强度居中。对于中度失能老年人而言，他们无法独立生活，至少需要日间照护服务；ADLs 和 IADLs 中至少有 1 项重度失能判定为重度失能，有照护需求且强度较大，需 24 小时全天照护。

表 2 – 5　　　　　　　　　　本书对失能老年人的评定

状态	状态描述	照护需求强度
能自理	ADLs 和 IADLs 中各项活动均能独立完成，无须他人帮助	无
轻度失能	ADLs 和 IADLs 中至少有 1 项轻度失能，而不存在中度和重度失能的情况	较小
中度失能	ADLs 和 IADLs 中至少有 1 项中度失能，而不存在重度失能的情况	居中
重度失能	ADLs 和 IADLs 中至少有 1 项重度失能	较大

二、养老服务体系及其在我国的确立

老年人照护模式主要包括家庭照护、社区照护和机构照护三种形式，各种形式下老年人的居住方式、照护内容与照护人员等方面存在较大差异。家庭照护主要指由家庭成员或亲属等在家庭中为老年人提供照料的服务模式，该模式中老年人的居住方式有独居、与配偶共同居住、与子女共同居住等形式，长期以来我国老年人照护模式以家庭照护为主，依靠家庭内部成员为老年人提供照料；机构照护是指由专业人员对老年人进行集中照护的模式，照护场所主要有护理院和养老院等，机构照护能够为老年人提供专业化的服务、符合老人独立生活的尊严感，但是需要老人适应新的环境、养老成本高并缺少精神慰藉；社区照护是指老年人在家中居住，由社区养老机构为居住在家的失能、独居等生活无人照料的老年人提供社区养老服务，包括居家养老服务和日间照料两种形式。其中，居家养老服务是由经过专业训练的服务人员到老年人家中进行生活照料、家政服务、康复护理、医疗保健、精神慰藉等上门服务，日间照料是社区养老机构提供的日托服务，这种照护模式保证老年人居住在自己家中，避免适应新环境而产生的身体和心理的不适，同时，方便子女照料且收费相对便宜。

计划生育政策实施 30 多年，使得家庭结构中"四二一"模式凸显，即一对成年夫妇要赡养 4 个老年人、抚养 1 个子女，我国正面临着愈发严重的老龄化与少子化困局，未来我国的养老负担尤其是失能老人的照料负担十分沉重。另外，由于现代社会竞争激烈和生活节奏加快，中青年一代正面临着工作和生活的双重压力，使传统家庭养老的模式日渐式微，迫切需要发展一套社会化养老服务体系来解决失能老人的养老问题。由于我国具有子女孝敬、赡养老年父母的数千年文化传统，绝大多数老年人及其子女更愿意选择让老人居住在家中，而不是住在养老机构。同时，考虑到我国的人口老龄化是在"未富先老"的情境下发生的，社会保障制度尚不完善，照料资源十分有限，在此背景下，我国于"十二五"开局之年便提出将致力于构建"以居家养老为基础、社区照料为依托、机构养老为补充"的社会养老服务体系，确立了未来老年人长期照护市场的发展方向，《社会养老服务体系建设规划（2011—2015年)》《中国老龄事业发展"十二五"规划》中对居家养老、社区养老、机构养老的功能与发展目标做出了明确要求，《"十三五"国家老龄事业发展和养老体系建设规划》中继续坚持构建这一养老服务体系。而《"十四五"国家老龄事业发展和养老体系建设规划》中将积极应对人口老龄化上升为国家战略，体现了建设与人口老龄化进程相适应的老龄事业和养老服务体系的重要性和紧迫性。

2011 年，《社会养老服务体系建设规划（2011—2025 年)》一经提出便得到各地的积极响应，其中，上海市的反映最为迅速，打造"9073"养老格局，即 90% 的老年人在社会化服务协助下通过家庭照料养老，7% 的老年人购买社区养老服务，3% 的老年人入住养老机构集中养老。而后，四川、广东、福建、甘肃、陕西等省份也纷纷发力打造"9073"格局。部分城市如北京、杭州、深圳等根据自身的老年人口年龄特征、健康状况和经济收入水平等各方因素综合考虑提出"9064"发展目标。

"9064"和"9073"格局符合我国国情与文化传统，其倡导的社区居家养老具有成本较低、覆盖面广、服务方式灵活等优点，在适应老年人习惯和心理的基础上，可用较小成本满足老年人的服务需求，减轻社会养老负担，是应对空巢现象和"未富先老"问题的有效手段。在老龄化加速发展与家庭照料日渐式微的现实背景下，将养老事业发展的方向从传统的家庭养老逐步转变为以专业化、人性化、产业化为特点的社会化养老。

三、老年人失能程度、照护模式与护理人员配置

本书结合国家和各级地方政府部门对护理人员与失能老人的人员配置规定①以及本书对老年人生活自理能力的划分，将失能老人所需照护模式（见图 2 - 1）及其与护理人员的配置比例（见表 2 - 6）设定如下：①能够自理实现独立生活的老年人没有照护需求。②轻度失能老年人所需的照护强度较小，主要涉及家政服务、精神慰藉、助餐、助浴以及 IADLs 器械辅助等方面的帮助。适合家庭养老与居家养老，也可以选择日间照料服务，机构养老的必要性不大。护理人员与轻度失能的老年人的配置比例设定为 1∶4 ~ 1∶5。③中度失能老年人所需的照护强度居中，除 IADLs 器械辅助能力需要他人帮助外，部分 ADLs 活动也需要在他人的帮助下才能完成。家庭养老与日间照料服务较为合适，也可以进行机构养老。护理人员与中度失能的老年人的配置比例为 1∶2 ~ 1∶2.5。④重度老年人长期卧床不起或无法控制大小便，身体状况较差，所需的照护强度较大，部分甚至全部 ADLs 活动完全依赖他人帮助，家庭养老

---

① 《国家福利院评定标准》与《国家二级福利院评定标准实施细则》中规定：护理人员与正常老人的比例为 1∶4，与生活不能自理老人的比例为 1∶1.5；2011 年卫生部颁布的《护理院基本标准（2011 版）》指出，为长期卧床患者、晚期姑息治疗患者、慢性病患者、生活不能自理的老年患者提供医疗护理、康复促进、临终关怀等服务的老年护理院中，每张床至少配备 0.8 名护理人员，其中注册护士与护理员之比为 1∶2 ~ 2.5；《上海市养老机构管理和服务基本标准》（暂行）（2001）中规定：护理员与自理老人的比例为 1∶5 ~ 1∶10，护理员与半自理老人比例为 1∶3.5 ~ 1∶5，护理员与不能自理老人比例为 1∶2.5 ~ 1∶3.5，护理员与完全不能自理和瘫痪老人比例为 1∶1.5 ~ 1∶2.5；《济南市养老服务机构管理规定》中规定：养老服务机构中需要特殊照顾的老人，要 24 小时有专人护理，且护理人员与老人的比例为 1∶1。

与机构养老较为适宜，护理人员与重度失能的老年人的配置比例为 1:1 ~
1:1.5。

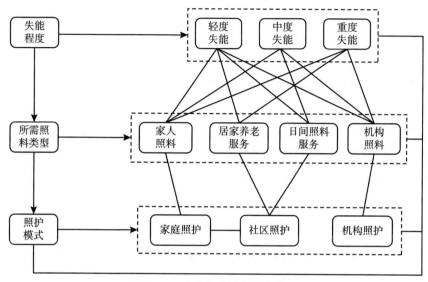

图 2-1　失能老人照料服务体系

表 2-6　　　护理人员与不同失能程度老年人的配置比例

失能程度	状态描述	照护需求强度	护理人员配置
自理	ADLs 和 IADLs 中各项活动均能独立完成，无须他人帮助	无	0
轻度	ADLs 和 IADLs 中至少有 1 项轻度失能，而不存在中度和重度失能的情况	较小	1:4 ~ 1:5
中度	ADLs 和 IADLs 中至少有 1 项中度失能，而不存在重度失能的情况	居中	1:2 ~ 1:2.5
重度	ADLs 和 IADLs 中至少有 1 项重度失能	较大	1:1 ~ 1:1.5

第三节 失能老人的社会化养老 服务需求预测

一、失能老人的规模与结构分布

借鉴梅休（Mayhew，2000）的方法，采用简单比例分布法测算我国失能老人的总量与结构。基于第六次人口普查数据中得到的各年龄段上人口数量及其死亡率便可以推算出 2015～2075 年 65 岁及以上[①]老年人口数量，再乘以与之对应的自理能力比例便可得到预测期内失能老人的规模与结构分布变动情况。

（一）老年人生活自理能力分布

本书选取 2002 年、2005 年、2008 年和 2011 年 CLHLS 调查数据来研究老年人生活自理能力的分布，CLHLS 的调查范围涉及全国 22 个省份大约 50% 的县、县级市与区，对高寿老人、男性老人、城镇老人进行了超比例抽样，使样本中各年龄段上老年人口数量大致相同，保证了高龄老年人的规模和比重，有利于全面而准确地反映高龄老年人的生活自理能力。表 2－7 和表 2－8 列示了 2002～2011 年各年龄段上的男性和女性老人的生活自理能力的分布及其变动情况。

[①] 预测期间为 2015～2075 年是因为从 2015 年开始 20 世纪 90 年代婴儿潮时期出生的人口开始步入老龄阶段，在 2010 年第六次人口普查时期出生的婴儿，到 2075 年时正好为 65 岁，步入老年时期。

表2-7　2002~2011年中低龄老人生活自理能力分布

年龄	性别	自理能力	2011年		2008年		2005年		2002年		均值(%)
			频数	频率(%)	频数	频率(%)	频数	频率(%)	频数	频率(%)	
65～69岁	男	自理	312	85.95	639	85.62	713	84.98	699	85.56	85.53
		轻度失能	47	12.95	66	13.26	109	12.99	105	12.85	13.01
		中度失能	3	0.83	6	0.84	15	1.79	10	1.22	1.17
		重度失能	1	0.28	2	0.28	2	0.24	3	0.37	0.29
	女	自理	202	74.54	539	75.04	621	74.82	570	72.06	74.12
		轻度失能	65	23.99	110	23.74	202	24.34	209	26.42	24.62
		中度失能	3	1.11	5	0.76	5	0.60	11	1.39	0.97
		重度失能	1	0.37	3	0.46	2	0.24	1	0.13	0.30
70～74岁	男	自理	505	75.04	624	78.29	600	71.68	639	76.07	75.27
		轻度失能	135	20.06	154	19.32	214	25.57	179	21.31	21.57
		中度失能	26	3.86	14	1.76	17	2.03	19	2.26	2.48
		重度失能	7	1.04	5	0.63	6	0.72	3	0.36	0.69
	女	自理	341	59.72	467	67.68	469	58.41	463	55.92	60.43
		轻度失能	210	36.78	199	28.84	319	39.73	343	41.43	36.70
		中度失能	12	2.10	8	1.16	10	1.25	20	2.42	1.73
		重度失能	8	1.40	16	2.32	5	0.62	2	0.24	1.15

续表

年龄	性别	自理能力	2011年 频数	2011年 频率(%)	2008年 频数	2008年 频率(%)	2005年 频数	2005年 频率(%)	2002年 频数	2002年 频率(%)	均值(%)
75～79岁	男	自理	412	65.92	450	65.31	504	60.87	470	60.26	63.09
		轻度失能	178	28.48	209	30.33	281	33.94	271	34.74	31.87
		中度失能	24	3.84	23	3.34	29	3.50	29	3.72	3.60
		重度失能	11	1.76	7	1.02	14	1.69	10	1.28	1.44
	女	自理	253	45.50	314	48.23	359	44.16	346	44.08	45.49
		轻度失能	270	48.56	318	48.85	422	51.91	399	50.83	50.04
		中度失能	27	4.86	11	1.69	19	2.34	34	4.33	3.31
		重度失能	6	1.08	8	1.23	13	1.60	6	0.76	1.17

表 2-8 2002～2011 年 80 岁及以上高龄老人生活自理能力分布

年龄	性别	自理能力	2011 年		2008 年		2005 年		2002 年		均值（%）
			频数	频率（%）	频数	频率（%）	频数	频率（%）	频数	频率（%）	
80～84 岁	男	自理	286	44.20	481	48.73	300	44.58	452	41.24	44.69
		轻度失能	294	45.44	453	45.90	319	47.40	535	48.81	46.89
		中度失能	39	6.03	37	3.75	37	5.50	87	7.94	5.81
		重度失能	28	4.33	16	1.62	17	2.53	22	2.01	2.62
	女	自理	176	27.46	275	29.54	202	30.10	219	21.68	27.20
		轻度失能	405	63.18	607	65.20	423	63.04	676	66.93	64.59
		中度失能	42	6.55	30	3.22	31	4.62	81	8.02	5.60
		重度失能	18	2.81	19	2.04	15	2.24	34	3.37	2.62
85～89 岁	男	自理	196	30.72	345	31.00	367	29.17	277	27.13	29.51
		轻度失能	350	54.86	687	61.73	752	59.78	603	59.06	58.86
		中度失能	65	10.19	55	4.94	98	7.79	103	10.09	8.25
		重度失能	27	4.23	26	2.34	41	3.26	38	3.72	3.39
	女	自理	105	16.83	171	14.92	228	17.47	149	13.64	15.72
		轻度失能	432	69.23	859	74.96	898	68.81	737	67.49	70.12
		中度失能	55	8.81	75	6.54	119	9.12	151	13.83	9.58
		重度失能	32	5.13	41	3.58	60	4.60	55	5.04	4.59

续表

年龄	性别	自理能力	2011 年		2008 年		2005 年		2002 年		均值（%）
			频数	频率（%）	频数	频率（%）	频数	频率（%）	频数	频率（%）	
90 岁及以上	男	自理	175	13.93	328	12.94	320	14.29	272	12.09	13.31
		轻度失能	758	60.35	1710	67.48	1465	65.40	1394	61.96	63.80
		中度失能	210	16.72	341	13.46	311	13.88	445	19.78	15.96
		重度失能	113	9.00	155	6.12	144	6.43	139	6.18	6.93
	女	自理	121	4.87	219	4.14	172	3.82	142	3.05	3.97
		轻度失能	1466	58.95	3510	66.35	2871	63.72	2719	58.39	61.85
		中度失能	583	23.44	1034	19.55	962	21.35	1307	28.07	23.10
		重度失能	317	12.75	527	9.96	501	11.12	489	10.50	11.08

1. 中低龄老人生活自理能力分布

中低龄老年人的生活自理能力随年龄增长而减弱，女性老年人的生活自理能力不如男性老年人。65～69 岁男性和女性老年人中能够自理的比重分别在85%和72%以上，中重度失能占比合计不足2%；70～74 岁男性和女性老年人中能够自理的比重分别在71%和55%以上，中重度失能占比合计不足5%；75～79 岁老年人的生活自理能力则主要表现为能够自理和轻度失能，男性和女性老年人能够自理的占比分别在60%和44%以上，轻度失能分别占1/3 和1/2 左右。

老年人的生活自理能力没有表现出明显的线性变化趋势，基本围绕均值上下浮动。65～69 岁男性老年人中能够自理、轻度失能、中度失能和重度失能所占比重基本围绕在均值85.53%、13.01%、1.17%和0.29%上下波动，女性老年人这一数值分别为74.11%、24.62%、0.96%和0.3%；70～74 岁男性老年人中能够自理、轻度失能、中度失能和重度失能所占比重基本围绕在均值75.27%、21.57%、2.48%和0.69%上下波动，女性老年人这一数值分别为60.43%、36.70%、1.73%和1.15%；75～79 岁男性老年人中能够自理、轻度失能、中度失能和重度失能所占比重基本围绕在均值63.09%、31.87%、3.60%和1.44%上下波动，女性老年人这一数值分别为45.49%、50.04%、3.31%和1.17%。

2. 高龄老人生活自理能力分布

80 岁及以上高龄老年人中生活能够自理的比重较低，对他人照护的依赖较高，也表现出生活自理能力随年龄增长而减弱，女性老年人的生活自理能力不如男性老年人的趋势。80～84 岁男性和女性高龄老年人生活不能自理的比重分别在50%和70%以上，85～89 岁生活不能自理的男性和女性老年人分别达到69%和82%以上，90 岁及以上生活不能自理的男性和女性老年人分别高达85%和95%以上。

老年人的生活自理能力没有表现出明显的线性变化趋势，基本围绕均值上下浮动。80～84 岁男性老年人中能够自理、轻度失能、中度失能和重度失能所占比重基本围绕在均值44.69%、46.89%、5.81%和

2.62%上下波动,女性老年人这一数值分别为 27.20%、64.59%、5.60%和2.62%;85~89 岁男性老年人中能够自理、轻度失能、中度失能和重度失能所占比重基本围绕在均值29.51%、58.86%、8.25%和3.39%上下波动,女性老年人这一数值分别为 15.72%、70.12%、9.58%和4.59%;90 岁及以上男性老年人中能够自理、轻度失能、中度失能和重度失能所占比重基本围绕在均值 13.31%、63.80%、15.96%和 6.93%上下波动,女性老年人这一数值分别为 3.97%、61.85%、23.10%和11.08%。

(二) 失能老人的规模与结构

通过对 2002 年、2005 年、2008 年及 2011 年 CLHLS 调查数据进行分析发现,2002~2011 年间我国老年人生活自理能力的性别年龄分布并没有表现出明显的增减趋势,本书取 4 次调查数据的平均值来预测未来各年龄段上老年人的失能情况。同时,假设 2015~2075 年 65 岁及以上老年人的死亡率不变且等于 2010 年第六次人口普查时的水平,便可以推算出各年份 65 岁及以上老年人人口的数量。由此,在已知 2015~2075 年 65 岁及以上老年人口数量与生活自理能力的分布,采用简单比例分布法就能测算出失能老年人口的总量与结构分布情况。

1. 2015~2075 年失能老人的总量及其占比

2015~2075 年 65 岁及以上失能老人规模及其占老年人口的比重如图 2-2 所示。预测结果显示,在最近几十年内失能老年人口规模将迅速增大,2015 年我国 65 岁及以上失能老年人数为5606 万人,而后一路上涨,2031 年开始超过 10000 万人,到2055 年增长至最大值15233 万人,年复合增长率高达2.53%。从2056 年开始失能老年人口规模不断减少,到2075 年失能老年人口规模将降至12226 万人。

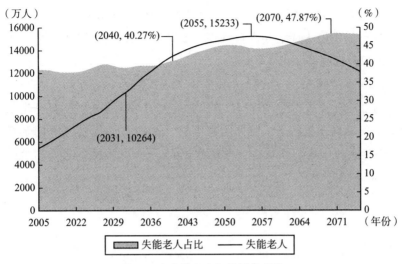

图 2-2 失能老人规模及其占比

2015~2075 年 65 岁及以上老年人中失能老人占比大致呈不断上涨的趋势。2015 年 65 岁及以上老年人口中失能老人占比 37.88%，意味着每 3 个老年人中便有 1 个老年人不能独立生活，有照护需求；2016 年开始该数值逐渐增大，到 2040 年超过 40%，2070 年达到最大值 47.87%；而后有所减少，到 2075 年失能老人占比为 57.55%，这意味着每 2 个老年人中约有 1 人的日常生活要依赖照护服务。

2. 2015~2075 年轻度、中度和重度失能老人规模及占比

2015~2075 年轻度、中度和重度失能老人规模的变动情况如图 2-3 所示。预测结果显示，未来几十年内我国的失能老年人口规模将迅速增大，至 21 世纪中叶达到峰值。

2015 年我国 65 岁及以上轻度失能老年人数为 4947 万人，而后一路上涨，2034 年开始超过 10000 万人，到 2055 年增长至最大值 13172 万人，年复合增长率达 2.48%。从 2056 年开始轻度失能老年人口规模不断减少，预计到 2075 年轻度失能老年人口规模将降至 10433 万人。

2015 年我国 65 岁及以上中度失能老年人数为 465 万人，而后迅速增加，自 2035 年开始超过 1000 万人，到 2058 年达到峰值 1447 万人，

年复合增长率为 2.67%，高于失能老人整体增速 0.14 个百分点。从 2059 年开始中度失能老年人口规模不断减少，预计到 2075 年中度失能老年人口规模将降至 1247 万人。

2015 年我国 65 岁及以上重度失能老年人数为 194 万人，从 2034 年开始超过 400 万人，至 2060 年增长至最大值 630 万人，年复合增长率达 2.66%，高于失能老人整体增速 0.13 个百分点。从 2061 年开始重度失能老年人口规模不断减少，预计到 2075 年重度失能老年人口规模将达到 547 万人。

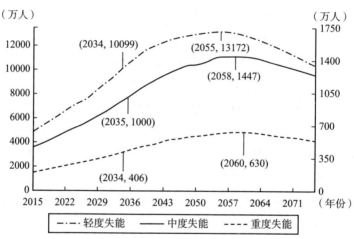

图 2-3　2015～2075 年轻度、中度、重度失能老人规模变动

图 2-4 显示了 2015～2075 年失能老人中轻度、中度以及重度失能所占比重情况，由该图可以看出失能老人中轻度失能占比较高、中度失能次之、重度失能占比最小；从变动趋势来看，预测期内老年人的失能程度将逐渐加深，表现为轻度失能比重不断减小、中度失能和重度失能的比重有所增大。

2015 年失能老人中轻度失能占比为 88.25%，此后该指标逐年缓慢减小，到 2075 年降至 85.33%，减少了 2.08 个百分点；2015 年中度失能老人占失能老人的比重为 8.30%，此后该指标逐年缓慢增大，到

2075 年增至 10.20%，增大了 1.90 个百分点；重度失能老年人数占失能老年人比重的变动趋势与中度失能老年人一致，2015 年重度失能老人占失能老人比重为 3.45%，而后缓慢增加，到 2075 年增至 4.47%，增加了 1.02 个百分点。

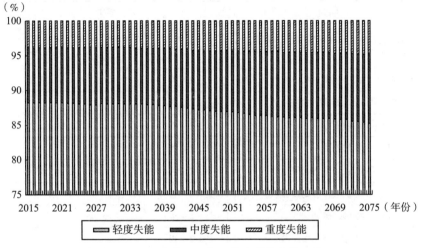

图 2 - 4　2015 ~ 2075 年失能老人的结构分布

二、失能老人的社会化养老服务需求

(一) 数据、变量与方法

对失能老人长期照护需求的准确测算是构建社会化养老服务体系的基本前提，也是验证当前我国各地区奋力打造的"9073"或"9064"模式是否合理的重要依据。由于我国老年人长期照护市场尚处于起步阶段，养老服务供给远不能满足行业需求，因此，失能老人的实际养老模式并不能真正反映其对社会化养老服务的需求。本书以失能老人对各种照护模式的需求意愿作为其对长期照护的需求变量进而进行需求预测。

本书研究使用的数据来自北京大学健康老龄与发展研究中心组织管

理的中国老年健康影响因素跟踪调查（CLHLS），采用 2011 年 CLHLS 中 F15 和 F16 两个问题提炼老年人的机构照护需求和社区照护需求。两个问题的设置与备选答案如表 2-9 所示。

表 2-9　　　　2011 年 CLHLS 调查问卷中 F15 和 F16 两个问题

问题	备选答案
F15：您是否希望社区为老年人提供下列社会服务？	
F15-1 起居照料	1-是，2-否
F15-2 上门看病、送药	1-是，2-否
F15-3 精神慰藉	1-是，2-否
F15-4 日常购物	1-是，2-否
F15-5 组织社会和娱乐活动	1-是，2-否
F15-6 提供法律援助（维权）	1-是，2-否
F15-7 提供保健知识	1-是，2-否
F15-8 处理家庭邻里纠纷	1-是，2-否
F16：您希望哪一种居住方式？	1-独居（或仅与配偶居住），子女在不在附近无所谓； 2-独居（或仅与配偶居住），子女最好住在附近； 3-与子女一起居住； 4-敬老院、老年公寓和福利院； 8-不知道

　　将 F16 中选择 "4-敬老院、老年公寓和福利院" 的样本视为有 "机构照护需求"；将 F15 中涉及的 8 项社会服务中至少有 1 项选择 "1-是" 的样本视为有 "社区照护需求"；将既没有机构照护需求也没有社区照护需求的样本视为有 "传统的家庭照护需求"。由此，便得到 2011 年老年人对各种照护模式需求的结构分布（见表 2-10）。

表 2 – 10   老年人照护需求的结构分布

照护模式	传统家庭照护		社区照护		机构照护		合计	
	频数	频率（%）	频数	频率（%）	频数	频率（%）	频数	频率（%）
轻度失能	495	10.72	4011	86.86	112	2.43	4618	100.00
中度失能	136	12.44	927	84.81	30	2.74	1093	100.00
重度失能	82	14.41	480	84.36	7	1.23	569	100.00

由表 2 – 10 可以看出，老年人选择传统家庭照护模式的比重较低且随失能程度的增加而增大，轻度失能、中度失能和重度失能的老年人希望采用传统家庭照护的比例分别为 10.72%、12.44% 和 14.41%；社区照护备受青睐且随老年人生活自理能力的下降而下降，轻度失能、中度失能和重度失能的老年人希望获得社区养老服务的比重分别为 86.86%、84.81% 和 84.36%；老年人对机构养老的认可度不高，轻度失能、中度失能和重度失能的老年人选择机构照护的比重分别为 2.43%、2.74% 和 1.23%，相对而言，轻度失能和中度失能的老年人选择入住养老机构的比重更大一些。

本书研究依据表 2 – 10 不同自理能力老年人照护需求的分布情况并结合上一部分得到的失能老年人口规模与结构分布结果，采用简单比例法预测老年人长期照护市场需求。

（二）失能老人的机构照护需求

1. 2015～2075 年具有机构照护需求的失能老人数量

本书根据 2011 年 CLHLS 中失能老人对机构照护需求的比例分布及其 2015～2075 年的规模与结构分布，预测具有机构照护需求的失能老人数量（见图 2 – 5）与结构变动（见图 2 – 6）。预测结果显示，在未来 40 年内随着失能老人规模的迅速增加，机构养老需求将迅猛增长。

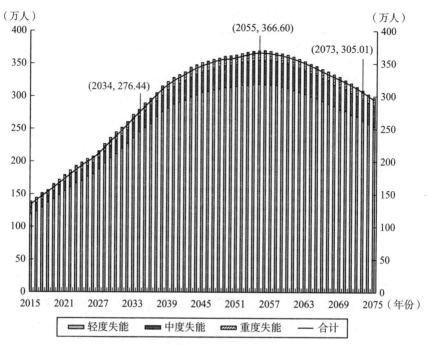

图 2 - 5　2015~2075 年具有机构照护需求的失能老人数量

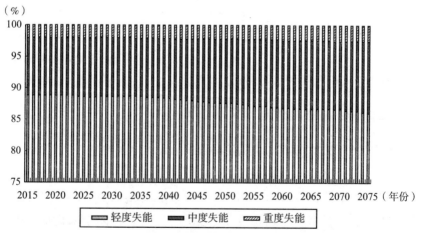

图 2 - 6　2015~2075 年具有机构养老需求的失能老人结构分布

2015 年具有机构照护需求的失能老人数量为 135.12 万人，到 2034 年该数值翻一番，增长至 276.44 万人，年复合增长率为 3.84%。从 2034 年开始，愿意选择机构养老的失能老人数量超过 300 万人，到 2055 年达到最大值 366.60 万人，而后有所下降，到 2074 年具有机构照护需求的失能老人数量少于 300 万人。

其中，具有机构养老需求的轻度失能老人数量由 2015 年的 119.97 万人增加到 2034 年的 244.94 万人，年复合增长率为 3.83%。2055 年达到最大值 319.45 万人，而后快速下降，从 2064 年开始少于 300 万人。相比较而言，具有机构养老需求的中度失能和重度失能的老年人数量增长更加强劲，2015 年二者数量分别为 12.77 万人和 2.38 万人，到 2033 年翻一番，达到 25.61 万人和 4.80 万人，年复合增长率高达 3.94% 和 3.97%，并分别于 2049 年和 2053 年再增长一倍，达到 38.72 万人和 7.15 万人，到 2060 年二者达到最大值 39.68 万人和 7.75 万人，而后逐年减少。

从具有机构养老需求的失能老人的结构分布来看，2015～2075 年，轻度失能老人占比逐年下降，由 2015 年的 88.79% 降至 2075 年的 86.07%，减少了 2.72 个百分点；中度和重度失能老人所占比重有所增加，分别由 2015 年的 9.45% 和 1.76% 上涨至 2075 年的 11.64% 和 2.29%，分别增加了 2.19 个和 0.53 个百分点。

2. 2015～2075 年养老机构所需护理人员数量

根据具有机构养老需求的失能老人数量与结构以及表 2－6 中列示的护理人员与失能老年人的配置比例可以推算出 2015～2075 年养老机构所需照护人员的数量。如图 2－7 所示，与机构养老需求增长同步，养老机构所需护理人员规模也将迅速增大。

2015 年养老机构所需照护人员数量在 30.69 万～38.76 万人之间，到 2034 年养老机构所需照护人员数量增长 1 倍在 62.92 万～79.48 万人之间，2055 年养老机构所需照护人员数量达到峰值 84.79 万～107.27 万人，而后逐渐减少，到 2075 年养老机构护理人员的需求数量将在 68.78 万～87.10 万人之间。

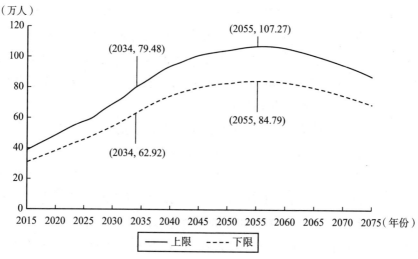

图 2 - 7　2015～2075 年养老机构护理人员需求数量

（三）失能老人的社区养老服务需求

1. 2015～2075 年具有社区照护需求的失能老人数量

本书根据 2011 年 CLHLS 中失能老人对机构照护需求的比例分布及其 2015～2075 年的规模与结构分布预测具有社区照护需求的失能老人数量（见图 2 -8）与结构变动（见图 2 -9）。预测结果显示，在未来几十年内随着失能老人规模的迅速增加，社区照护需求也将迅猛增长。

2015 年具有社区照护需求的失能老人数量为 4854.44 万人，到 2034 年该数值翻一番，增长至 9933.31 万人，年复合增长率为 3.84%。从 2035 年开始，愿意选择社区养老的失能老人数量超过 10000 万人，到 2055 年达到最大值 13185.73 万人，而后有所下降，到 2075 年具有社区照护需求的失能老人数量将降至 10580.28 万人。

具有社区养老需求的轻度失能老人数量由 2015 年的 4296.49 万人增加到 2034 年的 8771.86 万人，年复合增长率为 3.83%。2055 年达到最大值 11440.36 万人，而后快速下降，从 2070 年开始少于 10000 万人。相比较而言，具有机构养老需求的中度失能和重度失能的老年人数

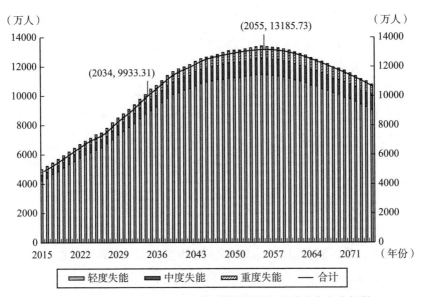

图 2 – 8 2015～2075 年具有社区养老服务需求的失能老人数量

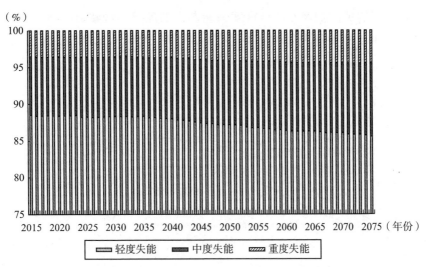

图 2 – 9 2015～2075 年具有社区养老需求的失能老人结构分布

量增长更加强劲，2015 年二者数量分别为 394.63 万人和 163.33 万人，到 2033 年翻一番，达到 791.41 万人和 329.37 万人，年复合增长率高达 3.94% 和 3.97%，并分别于 2053 年和 2049 年再增长一倍，达到 1196.36 万人和 490.47 万人，到 2060 年二者达到最大值 1226.05 万人和 531.17 万人，而后逐年减少。

从具有社区养老需求的失能老人的结构分布来看，2015～2075 年，轻度失能老人占比逐年下降，由 2015 年的 88.51% 降至 2075 年的 85.64%，减少了 2.87 个百分点；中度和重度失能老人所占比重有所增加，分别由 2015 年的 8.13% 和 3.36% 上涨至 2075 年的 10.00% 和 4.36%，分别增加了 1.87 个和 1.00 个百分点。

2. 2015～2075 年社区养老服务所需护理人员数量

由于重度老年人身体健康状况很差，处于卧床不起或无法控制大小便等状态，社区对其提供日间照料的可能性较小，主要通过提供居家养老服务来辅助家庭照料，进而缓解失能老人家人的照料负担，因此，以表 2-6 中列示的护理人员与重度失能老人配置比例 1:1～1:1.5 对未来社区养老服务中护理人员的需求量进行测算并不合理，因此本书将提供社区养老服务的护理人员与重度失能老人的配置比调整为 1:3～1:4。2015～2075 年失能老人对社区照护人员的需求数量变动情况如图 2-10 所示。

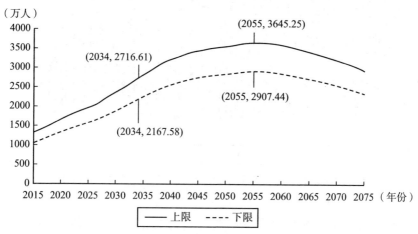

图 2-10　2015～2075 年社区养老服务护理人员需求数量

社区养老服务护理人员的需求数量远大于养老机构护理人员的需求量，且也表现出在未来几十年内迅猛增长的趋势。2015 年社区养老服务护理人员的需求数量在 1057.98 万～1325.88 万人之间，到 2034 年增长 1 倍达 2167.58 万～2716.61 万人，2055 年社区养老服务护理人员的需求数量达到峰值 2907.44 万～3645.25 万人，而后逐渐减少，到 2075 年社区养老服务护理人员的需求数量将降至 2350.67 万～2947.95 万人。

第四节　失能老人社会化养老服务需求的影响因素

第三节的研究结果表明，轻度、中度及重度失能老人中有机构养老需求和社区养老服务需求的比重分别为 2.43%、2.74%、1.23% 和 86.86%、84.81%、84.36%，说明失能老人更加青睐于社区照护模式而对机构养老的认可度不高，与当前倡导的"9073"和"9064"模式存在一定差距。本节使用 mlogit 模型探讨失能老人关于各种照护模式选择的影响因素，进而为未来老年人长期照护行业的发展提供经验证据。

一、理论阐述与研究假设

有关老年人养老问题的论述最早见于现代化理论，该理论认为工业化和城市化过程标志着由"传统社会"向"现代社会"转变，引发了"传统家庭"向"核心家庭"的重组，使得传统的家庭养老的模式日渐式微（Bales，1955；Goode，1963）。而斯通（Stone，1979）、拉斯莱特（Laslett，1972）和肖特（Shorter，1975）通过对欧洲历史、人口和家庭的研究发现欧洲家庭在传统社会时就具备了现代家庭的主要特点——核心家庭结构和低生育率，据此提出了文化影响论，其基本观点是各国的家庭模式差别主要受文化的影响，并不取决于经济发展水平。现代化理论认为家庭结构随经济发展水平的提高而逐渐趋向于核心家庭模式，而文化影响论认为不同的居住安排古已有之，早在工业革命之前核心家庭便是西欧社会的主要结构。自 20 世纪 80 年代开始，学者们就对家庭结构变迁进行了微观层次的研究（Caldwell，1976，1982；Becker，1976，1991），侧重于从个体的角度探讨居住方式的形成机制，认为老年人的照护模式选择是个体在不同的经济条件和文化背景下做出的理性选择。

在理性选择框架下关于老年人居住安排形成机制的微观研究主要涉及人口学变量、社会经济因素、文化伦理与代际支持等方面。

1. 关于人口学变量与社会经济因素对老年人养老模式选择的研究

孙鹃娟（2013）通过分析"六普"数据指出，农村户籍、女性、丧偶、低文化程度、身体不健康、以子女供养为主要收入来源的老人更有可能选择家庭养老；顾永红（2014）基于全国东、中、西部 9 个省份千户的调查数据，采用二元 logistic 模型，指出个体特征、家庭状况及经济状况能显著影响农村老年人的居住意愿；张丽萍（2012）基于 2011 年中国社会状况调查数据，指出婚姻状况、教育程度、居住地类型、生活费来源以及日常活动能力对老年人的养老需求有显著影响；江克忠等（2014）利用 CHARLS 数据发现经济因素能显著影响老年人的居住意愿，愿意与成年子女共同居住的老年人的收入水平显著低于独立居住的老年人；焦开山（2013）基于 CLHLS 数据运用随机效应 Probit 模型发现丧偶的老年人更可能与子女同住。

2. 文化伦理与代际支持对老年人养老模式选择的影响

"养儿防老"的现象广泛存在，郭志刚（2002）发现老年人在进行养老模式选择时更倾向于与儿子同住，只有在没有儿子的情况下老年人才选择与女儿同住（徐琪，2013），江克忠等（2014）也发现老年人与男性已婚子女共同居住的概率明显大于女性已婚子女。代际支持也是影响老年人居住安排的关键变量，左冬梅等（2011）利用西安交通大学人口研究所的调研数据，采用 logistic 多元回归模型，指出除社会人口学特征外，来自子女的情感支持、经济支持和生活照料能够显著影响农村老年人的居住意愿。陈皆明等（2016）指出中国城乡老年父母是否与其子女同住是父代和子代两代人共同协商的结果，主要受双方经济资源的影响。

在中国文化背景下探讨当前与短期内失能老人养老需求的形成机制，本书认为理性选择分析框架较为合适。基于现有文献，本书认为失能老人的居住安排与照护模式选择主要受其自身人口学特征、经济生活水平与代际支持三个方面的影响，研究假设如下：

假设 1：失能老人对社会养老服务的需求随其失能程度的增加而增大；

假设 2：与居住在农村的失能老人相比，城镇失能老人的社会化养老服务需求更大；

假设 3：与没有丧偶的老年人相比，丧偶老人对社会化养老服务更加青睐；

假设 4：失能老人对社会养老服务的需求随存活子女数量的减少而增大；

假设 5：经济生活条件越好的失能老人对社会化养老服务的需求越高；

假设 6：失能老人的社会化养老服务需求随代际支持的下降而增加。

二、变量设置与模型构建

模型中因变量与自变量来源于 2011 年 CLHLS 调查数据，其设置情况如表 2-11 所示。其中，居住地类型变量根据调研问卷中问题 B "被访老人现居住地"整理而成，将选项"乡"视为"农村"，选项"城市"和"镇"视为"城镇"；婚姻状况变量根据调研问卷问题 F4-1 "您现在的婚姻状况是？"划分为"丧偶"和"非丧偶"两类；子女数量变量来源于调研问卷问题 F10-3-0 "您现在有多少个存活的儿子"和 F10-3-1 "您现在有多少个存活的女儿"，之所以将存活子女数量分开设立是为了考察失能老人的照护模式选择中是否存在"养儿防老"现象。

表 2 - 11 模型的变量设定

变量	一级指标	二级指标	二级指标赋值
因变量	照护需求	照护需求（DT）	1 - 传统的家庭照护，没有社会化养老服务需求； 2 - 社区照护，社区养老服务需求； 3 - 机构照护，机构养老
自变量	人口学特征	生活自理能力（SL）	1 - 轻度失能；2 - 中度失能；3 - 重度失能
		居住地类型（LR）	0 - 农村；2 - 非农村
		婚姻状况（LS）	0 - 未丧偶；1 - 丧偶
		儿子数量（NS）	存活儿子数量
		女儿数量（NA）	存活女儿数量
	经济生活条件	经济来源充足性（FS）	0 - 不够用；1 - 够用
		生活水平在当地所处位置（LES）	1 - 很困难；2 - 比较困难；3 - 一般；4 - 比较富裕；5 - 很富裕
	代际支持	经济支持（FA）	0 - 否；1 - 是
		情感支持（TA）	0 - 否；1 - 是
		照护支持（TCA）	0 - 否；1 - 是

代际支持包括代际经济支持、情感支持以及生活照护三个层面（左冬梅等，2011），据此本书根据调研问卷 F3 - 1 "您现在主要的生活来源是什么？"设立"经济支持"变量，将选择"子女"和"孙子女"的样本视为得到代际的经济支持；根据 F11 - 1 "您平时与谁聊天最多"设立"情感支持"变量，将选择"儿子""女儿""儿媳""女婿""孙子女或其配偶"的样本视为得到代际的情感支持，将选择"朋友/邻居""社会工作者""保姆"视为没有得到代际情感支持；根据问题 E6 - 1 "您目前在日常活动中需要他人帮助时，谁是主要帮助者？"设立"照护支持"变量，将选择"儿子""儿媳""女儿""女婿""儿子和女儿"或"孙子女"的样本视为得到代际照护支持，将选择"社会服务""朋友邻里""保姆""无人帮助"的样本视为没有得到代际照护支持。

由于失能老年人面临"传统的家庭照护""社区照护"和"机构照护"三种模式，属于多元无序选择的离散选择模式，故选取 mLogit 模型研究失能老人照护模式选择的影响因素。

三、模型的参数估计结果分析

本书使用 stata12.0 对 mLogit 模型进行参数估计。Hausman – McFadden 检验统计量的 P 值很大，接近于 1，说明可以接受原假设，使用 mLogit 模型分析人口学特征、经济生活水平以及代际支持变量对失能老人照护模式选择的影响因素是有效的。模型的参数回归结果如表 2 – 12 所示。

表 2 – 12　　　失能老年人居住安排的 mLogit 模型参数回归结果

居住安排	解释变量	模型一		模型二		模型三	
		系数	相对风险比率	系数	相对风险比率	系数	相对风险比率
传统家庭照护	参照方案						
社区照护	CON	2.4954 ***	12.13 ***	2.0070 ***	7.4406 ***	2.6591 ***	14.2840 ***
	SL	− 0.1242 *	0.8832 *	− 0.0350	0.9656	− 0.0873	0.9164
	LR	− 0.4481 ***	0.6388 ***	− 0.3685 **	0.6918 **	− 0.3301 **	0.7189 **
	LS	0.0905	1.0948	0.1305	1.1395	− 0.2340	0.7913
	NS	0.0147	1.0148			0.0267	1.0271
	NA	0.0054	1.0054			0.0215	0.9787
	FS	− 0.3965 ***	0.6726 ***	− 0.6444 ***	0.5250 ***	− 0.6986 ***	0.4973 ***
	LES	0.0141	1.0142	0.0296	1.0301	− 0.0131	0.9870
	FA			0.3184 **	1.3750 **	0.2701 **	1.3101 **
	TA			0.3326 *	1.3946 *	0.2991 *	1.3486 *
	TCA			0.0829	1.0864	0.0002	1.0002

居住安排	解释变量	模型一		模型二		模型三	
		系数	相对风险比率	系数	相对风险比率	系数	相对风险比率
机构照护	CON	0.1285	1.1371	0.9495	2.5843	1.9641	7.1285
	SL	-0.0820	0.9213	0.0588	1.0606	-0.0362	0.9645
	LR	-0.1206	0.8864	-0.1035	0.9017	-0.0195	0.9806
	LS	0.2465	1.2796	0.0705	1.0730	-0.3959	0.6731
	NS	-0.5335***	0.5865***			-0.2025	0.8167
	NA	-0.3145***	0.7302***			-0.3296**	0.7192**
	FS	-0.1843	0.8317	-0.5160	0.5945	-0.6001	0.5488
	LES	-0.2009	0.8180	-0.1550	0.8564	-0.0675	0.9348
	FA			-0.2582	0.7724	0.0959	1.1007
	TA			-1.0090**	0.3646**	-0.9875**	0.3725**
	TCA			-2.6396***	0.0714***	-2.6773***	0.0687***
LR chi²		105.27		126.58		109.26	
Pseudo R²		0.0241		0.0719		0.0750	

注：***、**、*分别代表显著性水平为1%、5%和10%。

从人口学特征对失能老年人居住安排的影响来看：①失能程度变量关于失能老人选择社会养老服务的系数是负的，说明随着失能程度的增加失能老人更希望获得家人的照料，但在5%的显著性水平上老年人失能程度对其所需照护模式的影响并不显著。②居住地类型对失能老人的社区养老服务有显著影响，与农村相比，城镇失能老人对社区养老服务的相对风险比率区间为［0.64，0.72］，即与居住在农村的失能老年人相比，居住在城镇的失能老年人选择社区养老服务的概率将下降30%左右。之所以出现这种现象，可能是与农村相比，城镇的人情关系相对冷漠，邻里之间互相走动较少，社会信任缺失，导致城镇的失能老人对居家养老上门服务形式的认可度较低。居住地类型对失能老人养老机构的选择没有显著影响。③婚姻状况对失能老年人照护模式的选择没有显著影响，原则上对于有配偶的失能老年人而言，其日常照料主要由配偶承担，丧失配偶的失能老年人的日常照料只能诉诸子女或社会服务，而本书的研究结果却没有证明这一点，这可能是因为失能老人往往年龄较高，其配偶大多与之同龄，而年龄较高的老年人由于身体等各项机能的衰退，很难完成照护工作。④模型回归结果显示子女数量对失能老年人是否选择社区照护没有显著影响，在社区养老服务体系健全的情况下，存活子女数量越少的轻度和中度失能老人更倾向于选择社区养老服务进而减缓子女的照料负担，而本书的研究结果并没有证明这一点，这从侧面反映出我国的社区养老模式建设尚处于起步阶段，仍未得到家庭的普遍认可。表 2－12 中的模型一显示，在 1% 的显著性水平上，存活儿子和女儿的数量每增加 1 人，其选择居住在养老机构的概率将分别下降 41.35% 和 26.98%，存活儿子数量对失能老人是否选择机构养老的影响大于存活女儿，这反映出养儿防老文化传统的影响在一定程度上存在着；而引入代际支持变量后（模型三），存活儿子数量对失能老年人是否选择机构养老的影响变得不显著，儿子主要通过经济支持、情感支持与照护支持而间接影响失能老年人的机构养老意愿。

从经济生活条件来看：①在 1%（模型一）和 5%（模型二和模型三）的显著性水平上，经济来源不充足的失能老人更需要社区养老服务，而经济来源充足的失能老人更倾向于传统的家庭照护模式，模型一的相对风险比率为 0.6726，模型二和模型三在引入代际支持因素后相对风险比率降至 0.5250 和 0.4973，这意味着失能老人的经济充足性在一定程度上会通过影响代际支持而间接作用于其对照护模式的选择。因此，在考虑代际支持因素的情况下，即与经济来源不充足的失能老人相比，经济来源充足的失能老人选择社区养老服务的概率将减少 50% 左右，说明经济来源不充足的失能老人对社区照护的需求更大。经济来源充足性对失能老人机构养老需求的影响也表现为经济来源充足的失能老人更倾向于选择传统家庭照护，但系数的显著性水平不高。②"经济生活水平在当地所处的位置"变量对失能老人照护需求的影响不显著。

代际支持变量能够显著影响失能老人对社会化养老服务的需求，具体表现在以下两个方面：

第一，从代际支持对失能老人社区养老服务需求的影响来看，子女/孙子女的经济支持与情感支持对失能老人选择社区照护具有正向影响，相对风险系数分别为1.3101和1.3486，对应的显著性水平为5%和10%，即与没有获得子女/孙子女经济支持和情感支持的失能老人相比，获得这些支持的失能老人选择社区养老服务的概率将增大30%以上，而子女/孙子女的照护支持对失能老人的社区养老服务需求没有显著影响。由于获得代际经济支持的失能老人更青睐社区养老服务，而经济来源充足的失能老人更容易得到传统的家庭照护，这说明自身经济地位越高的失能老人越能得到家庭的照料。

第二，从代际支持对失能老人机构照护需求的影响来看，子女/孙子女情感支持与照护支持对失能老人机构养老需求具有显著的负向影响，相对风险系数分别为0.3725和0.0687左右，即对于能够获得子女/孙子女的情感支持与照护支持的失能老人而言，其选择机构养老的概率将减少63%和93%，显著性水平高达5%和1%。子女/孙子女的经济支持对失能老人是否选择机构养老的影响不显著。

第五节 结论与政策建议

本章以2002~2011年CLHLS调查数据为基础计算65岁及以上老年人中失能老人的结构分布，结合2010年第六次人口普查的结果预测2015~2075年我国失能老人的数量与结构及其变动情况；并以2011年CLHLS调查数据中失能老人对社会化养老服务需求的分布结构，结合2015~2075年失能老人规模与结构的预测结果估算未来失能老人对社会化养老服务的需求；同时，依据国家与地方省市对护理人员与老年人配置比例的相关规定结合本书对老年人生活自理能力的划分，设定轻度、中度、重度失能老人与护理人员的配置比例，并以此为基础进一步估计养老机构与社区养老服务中所需护理人员规模。

在未来几十年内我国 65 岁及以上失能老人的规模、社会化养老服务需求以及护理人员需求数量将迅速增加，到 21 世纪中叶达到峰值。失能老人规模将由 2015 年的 5606 万人增长至 2055 年的 15233 万人；具有机构照护需求的失能老人数量将由 2015 年的 135.12 万人增长至 2055 年的 366.60 万人，对应的养老机构照护人员需求数量将由 2015 年的 30.69 万~38.76 万人增加到 2055 年的 84.79 万~107.27 万人；具有社区照护需求的失能老人数量将由 2015 年的 4854.44 万人增长至 2055 年的 13185.73 万人，社区养老服务护理人员的需求数量也将由 2015 年的 1057.98 万~1325.88 万人增加到 2055 年的 2907.44 万~3645.25 万人。

采用 mLogit 模型在现有文献的基础上选取人口学特征、经济状况以及代际支持三个维度分析失能老人的社会养老服务需求的影响因素，结果发现：①失能老人对社区养老服务的需求主要受居住地类型、经济来源的充足性以及子女/孙子女的经济支持与情感支持的影响。由于城镇的社会信任缺失等原因，居住在城镇的失能老年人选择社区养老服务的概率比居住在农村的失能老年人低 30% 左右。与经济来源不充足的失能老人相比，经济来源充足的失能老人选择社区养老服务的概率将减少 50% 左右。与没有获得子女/孙子女经济支持和情感支持的失能老人相比，获得这些支持的失能老人选择社区养老服务的概率将增加 30% 以上；②失能老人对机构养老服务的需求主要受子女/孙子女的情感支持与照护支持的影响，对于能够获得子女/孙子女的情感支持与照护支持的失能老人而言，其选择机构养老的概率将分别减少 63% 和 93%。

因此，在失能老年人口规模日益增加以及家庭规模小型化与少子化造成代际支持捉襟见肘的背景下，合理布局、加快社会化养老服务体系建设，构建一套社会化、专业化和产业化的老年人长期照护模式是应有的题中之义。另外，在社区养老服务体系建设中应注意照顾经济拮据失能老人的需求，采取补贴或减免费用等福利优惠方式支持其获取居家养老服务或日间照料，保障其晚年生活幸福安康。

第三章

辽宁省养老服务需求预测

本章基于第六次人口普查数据和中国老年健康影响因素跟踪调查（CLHLS）数据，采用双性别 Leslie 模型和简单比例分布法，对 2020 ~ 2030 年辽宁省养老服务需求进行预测，并结合供给情况评估供需缺口。结果显示：在 2020 ~ 2030 年，辽宁省老年人口规模迅猛增长且呈"高龄化"发展趋势；社会化养老服务需求将由 407.01 万人增长至 605.62 万人；机构养老床位供给充足，而社区养老床位供求缺口较大。结合机构养老和社区养老所面临的主要问题，为辽宁省养老服务业的发展提出了有针对性的政策建议。

第一节　引　　言

受计划生育政策影响，我国自 2000 年步入老龄化社会，而辽宁省作为东北老工业基地、严格贯彻落实计划生育政策的地区，比全国提前四年，于 1996 年便开始老龄化。据第六次全国人口普查数据统计，辽宁省 65 岁及以上老年人口已达 233.94 万人，约占全省人口的 10.30%，明显高于全国 8.87% 的平均水平，老龄化问题十分突出。与此同时，家庭规模缩小、劳动力外流以及生育率较低等现象的存在，使得养老负担日益增加，传统家庭养老模式难以为继，社会化养老服务市场需求巨大。

国外对有关养老服务需求的研究比较充分，如施魏格尔等（Schweiger et al.，1978）、科马斯等（Comas et al.，2010）、科伦坡等（Colombo et al.，2011）、托库纳加等（Tokunaga et al.，2015）。由于研究起步较晚，国内的相关研究中量化研究比较鲜见且主要集于对现状的分析，张文娟和魏蒙（2015）结合 CLHLS、SSAPUR、CHRLS 等数据，指出 2010～2011 年中国需要照护的老年人占比在 10.48%～13.31% 之间。黄枫和吴纯杰（2012）采用 CLHLS 数据并使用连续时间齐性 Markov 过程计算得到 2016 年我国需要护理的老年人数量超过 1000 万人，约占老年人口总数的 6.7%。景跃军和李元（2014）使用 SSAPUR 数据分析 2000～2015 年失能老年人口的变动情况，结果发现城市中有 77.1% 的失能老人需要照料，农村中有 61.8% 的失能老人需要照料。倪东生和张艳芳（2015）测算了 2000～2013 年中国养老服务的供求失衡水平。在此基础上，本书旨在对辽宁省养老服务市场需求进行定量分析，并结合供给情况评估供需缺口。可能的研究贡献在于为辽宁省理性应对供需矛盾提供数理依据，为推动辽宁省乃至全国发展养老服务业起到积极作用。

本章从两方面入手完成辽宁省养老服务需求的定量评估：首先，预测老年人口规模与结构分布。人口预测中普遍使用 Malthus 模型、Logistic 模型和 Leslie 模型，Leslie 模型由于在预测人口规模的同时还能提供年龄结构的分布情况（韩晓庆，2012）而更受青睐。为更准确地预测人口结构，任强和侯大道（2011）对单性别 Leslie 模型进行扩展得到双性别 Leslie 模型，本章基于该模型预测辽宁省老年人口规模与结构。其次，评估养老服务需求。卡茨等（Katz S. et al.，1970）先后开发了 ADLs 和 IADLs 两套量表，学者们通过量表得分来判断老年人的健康状况，如蒋承等（2009）、景跃军等（2017）。本章拟基于这两套量表对老年人健康进行等级划分并判断其是否需要照护，并依据 "9073" 模式预测辽宁省的社会化养老服务需求。

第二节 辽宁省老年人口规模与结构预测

本书使用 2010 年第六次人口普查数据结合双性别 Leslie 模型推算辽宁省 2015～2030 年 65 岁及以上老年人口规模与结构分布。

一、模型选取

基本的 Leslie 模型能够利用死亡率、生育率等参数准确地估算新增人口及女性人口结构，再利用性别比估算出总人口结构。但是以出生时性别比计算有失科学性，由 2010 年第六次人口普查数据可知，男性死亡率在各个年龄段普遍高于女性，因此按性别分别测算男性、女性人口更加贴近现实。为了增加结果的有效性，使用双性别 Leslie 模型。

假设女性最大年龄为 s 岁，分 s 为 n 个年龄区，记为：

$$\Delta t_i = \left[(i-1)\frac{s}{n}, \ i\frac{s}{n} \right], \ i = 1, \ 2, \ \cdots, \ n$$

我们把年龄属于这个区间的女性归为第 i 组，把处在 i 组的人口数记为：

$$X_i (i = 1, \ 2, \ \cdots, \ n)$$

由于这个矩阵需要考虑到时间变化，并要求我们每隔 $\frac{s}{n}$ 年观察一次，则有：

$$t_k = t_0 + K\frac{s}{n}$$

并将这个时间的年龄分布向量记为：

$$x^{(k)} = (x_1^{(k)}, \ x_2^{(k)}, \ \cdots, \ x_n^{(k)})^T$$

再设出生育率为 a，存活率为 b。

$a_i =$ 第 i 组每位女性在 $\frac{s}{n}$ 年中平均生育的女婴数占新生儿的比例

$(a_i \geq 0)$；

b_i = 第 i 组每位女性经过 $\dfrac{s}{n}$ 年仍活着的人数与原来人数之比（$0 <$
$b_i \leq 1$）；

这样，我们就可以计算 k 时间段，女性新生儿的数量（即第一组）=
各组（k-1）时间段女性数 × 各组的生育率。可由下式表示：

$$x_1^{(k)} = a_1 x_1^{(k-1)} + a_2 x_2^{(k-1)} + \cdots + a_n x_n^{(k-1)}$$

而 k 时间段，i+1（i ≥ 1）组的女性人数 = i 组的存活率 ×（k-1）
时间段 i 组的人数，可记为：

$$x_{(i+1)}^{(k)} = b_i x_i^{(k-1)}, \quad i = 1, 2, \cdots, n-1$$

再用矩阵的方式表示出：

$$\begin{pmatrix} x_1^{(k)} \\ x_2^{(k)} \\ x_3^{(k)} \\ \vdots \\ x_n^{(k)} \end{pmatrix} = \begin{pmatrix} a_1 & a_2 & \cdots & a_{n-1} & a_n \\ b_1 & 0 & \cdots & 0 & 0 \\ 0 & b_1 & \ddots & \vdots & \vdots \\ \vdots & \ddots & \ddots & 0 & 0 \\ 0 & \cdots & 0 & b_{n-1} & 0 \end{pmatrix} \begin{pmatrix} x_1^{(k-1)} \\ x_2^{(k-1)} \\ x_3^{(k-1)} \\ \vdots \\ x_n^{(k-1)} \end{pmatrix}$$

我们记为：

$$L = \begin{pmatrix} a_1 & a_2 & \cdots & a_{n-1} & a_n \\ b_1 & 0 & \cdots & 0 & 0 \\ 0 & b_1 & \ddots & \vdots & \vdots \\ \vdots & \ddots & \ddots & 0 & 0 \\ 0 & \cdots & 0 & b_{n-1} & 0 \end{pmatrix} \quad x^{(k)} = \begin{pmatrix} x_1^{(k)} \\ x_2^{(k)} \\ x_3^{(k)} \\ \vdots \\ x_n^{(k)} \end{pmatrix}$$

又因为：

$$x^{(1)} = L x^{(0)}$$

$$x^{(2)} = L x^{(1)} = L^2 x^{(0)}$$

$$\vdots$$

$$x^{(k)} = L x^{(k-1)} = L^2 x^{(k-2)} = \cdots = L^k x^{(0)}$$

于是得到公式：

$$x^{(k)} = L^k x^{(0)}$$

其中，L 式即为 Leslie 矩阵，由女性的存活率、生育率组成。因此，若给定初始时刻女性的年龄分布向量 $x^{(0)}$，通过上式可以对 k 时间段人口结构进行预测。

扩展的双性别 Leslie 模型即不通过给定的性别比计算男性人口的年龄结构，而是运用与女性人口结构预测相同的方法，利用 Leslie 矩阵结合给定初始时刻男性的年龄分布向量对 k 时间段男性人口结构进行预测。其中，生育率变量 a_i 设为第 i 组每位女性在 $\frac{s}{n}$ 年中平均生育的男婴数占新生儿的比例。

二、参数与数据

对于老年人口的划分，目前国际上通用的是以 65 岁为标准。1956 年联合国人口司和 1975 年美国人口咨询部均将 65 岁及以上的人口划分为老年人口。本章将 65 岁及以上的人口定义为老年人口。由于本章的目的是测算 2020～2030 年辽宁省老年人口数量与结构分布，因此选取 2010 年 45 岁及以上年龄段人口数据，不需考虑新增人口与生育率问题。关于人口迁移问题，姜玉等（2016）利用卫计委流动人口调查数据对东北地区人口流动变迁进行定量分析，研究得出东北流出人口的平均年龄为 30.3 岁，流入人口为 30.6 岁。因此，45 岁及以上人口迁移的可能性较小，假设在预测期内辽宁省生存环境稳定，45 岁及以上人口没有发生大规模迁移和伤亡，不需考虑生育率，人口数量主要受存活率的影响，且模型设定此值为常数。

通过国家统计局公布的 2010 年第六次人口普查数据，可以得到 2010 年辽宁省男性和女性的年龄结构分布数量与存活率（见表 3-1）。

表 3-1　　　　　　　　2010 年第六次人口普查中辽宁省
分年龄分布男性人数、女性人数、存活率

年龄分组	女性人数（人）	女性存活率	男性人数（人）	男性存活率	年龄分组	女性人数（人）	女性存活率	男性人数（人）	男性存活率
0	125755	0.9976	138487	0.9969	50～54 岁	1906380	0.9973	1936408	0.994
1～4 岁	605129	0.9997	669590	0.9996	55～59 岁	1756296	0.996	1758634	0.9919
5～9 岁	773326	0.9998	861576	0.9998	60～64 岁	1129818	0.993	1111493	0.9879
1～14 岁	861262	0.9998	961852	0.9997	65～69 岁	783142	0.987	759576	0.98
15～19 岁	1218416	0.9998	1294179	0.9995	70～74 岁	653566	0.9757	607155	0.9658
20～24 岁	1799427	0.9998	1865871	0.9994	75～79 岁	475000	0.9575	430172	0.9444
25～29 岁	1513078	0.9997	1528615	0.9993	80～84 岁	276438	0.9255	248861	0.9115
30～34 岁	1608039	0.9996	1667749	0.999	85～89 岁	112760	0.8796	96304	0.8635
35～39 岁	1822353	0.9994	1897745	0.9984	90～94 岁	30742	0.8117	22983	0.7837
40～44 岁	2038299	0.999	2120659	0.9974	95～99 岁	7012	0.7447	4548	0.7293
45～49 岁	2101584	0.9984	2164862	0.9961	100 岁及以上	756	0.5265	426	0.5399

　　资料来源：中国 2010 年人口普查资料［EB/OL］. http：//www. stats. gov. cn/tjsj/pcsj/rkpc/6rp/indexch. htm.

由表 3 - 1 可得 2010 年 45 岁及以上人口的存活率。由于 Leslie 矩阵中存活率 b_i 为第 i 组每位女性经过 $\frac{s}{n}$ 年仍活着的人数与原来人数之比，因此需计算各个年龄组男性、女性人口每隔五年的存活率，结果如表 3 - 2 所示。

表 3 - 2 每隔五年 45 岁及以上男性、女性存活率

年龄分组	女性存活率	男性存活率
45 ~ 49 岁	0.9898	0.9765
50 ~ 54 岁	0.984	0.9663
55 ~ 59 岁	0.9743	0.9524
60 ~ 64 岁	0.9539	0.926
65 ~ 69 岁	0.9154	0.878
70 ~ 74 岁	0.8517	0.8036
75 ~ 79 岁	0.7523	0.7002
80 ~ 84 岁	0.614	0.5653
85 ~ 89 岁	0.4495	0.3969
90 ~ 94 岁	0.2975	0.2565
95 ~ 99 岁	0.1201	0.1172
100 岁及以上	0.0405	0.0459

三、模型预测结果

由双性别 Leslie 扩展模型预测得到 2015 ~ 2030 年 65 岁及以上老年人口规模及年龄结构分布，如表 3 - 3 所示。

表 3 - 3　　　　　2015～2030 年老年人口规模与结构预测结果　　　单位：人

年龄分组	2015 年	2020 年	2025 年	2030 年
65～69 岁	2106900	3183200	3393500	3703800
70～74 岁	1383800	1890100	2855900	3044600
75～79 岁	1044500	1146500	1566400	2366900
80～84 岁	658500	760300	834600	1140600
85～89 岁	310400	389700	450200	494100
90～94 岁	88900	132100	166200	192300
95～99 岁	15000	24900	37000	46600
100 岁以上	1300	1800	2900	4500
合计	5609300	7528600	9306700	10993400

由表 3 - 3 可知：①辽宁省老年人口规模迅猛增长。2015 年 65 岁及以上老年人口规模为 560.93 万人，2020 年增长至 752.86 万人，2025 年将达到 930.67 万人，到 2030 年将进一步增至 1099.34 万人。2010～2030 年，每 5 年老年人口的增长率分别高达 24.39%、34.22%、23.62% 和 18.12%。②老年人口呈 "高龄化" 发展趋势。辽宁省年轻老年人在老年人口中占比过半，权重最大；老老年人其次；长寿老年人占比最少。[①] 65～74 岁的年轻老年人占总老年人口的比例下降了 0.78%，90 岁以上的长寿老年人占比上升了 0.74%，75～89 岁的老老年人占比较为稳定，老年人口年龄结构整体呈 "高龄化" 发展趋势（见图 3 - 1）。由于高龄老年人面临着更高的失能风险，更需要照护，因此，老年人口高龄化会加重辽宁省的养老负担。

---

①　本书按联合国世界卫生组织提出的标准，将老年人口结构划分如下：65～74 岁为年轻老年人（the young old）；75～89 岁为老老年人（the old old）；90 岁以上为非常老的老年人（the very old）或长寿老年人（the lon-gevous）。

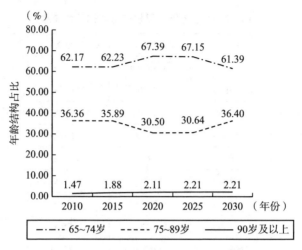

图 3 - 1   2010 ~ 2030 年老年人口年龄结构占比

本章同时对预测结果的有效性进行分析，根据国家统计局 2015 年抽样调查数据可以得到辽宁省 65 岁及以上老年人口数量，如表 3 - 4 所示，本章估算 2015 年 65 岁以上老年人口数量为 5609300 人，与实际结果相比误差仅为 0.50%，由此可见，本章的预测结果较为准确。

表 3 - 4   2015 年估算老年人口与抽样调查数据比较

实际值（人）	估算值（人）	误差值（人）	误差比（%）
5637615	5609300	28315	0.50

第三节   辽宁省养老服务需求预测

日益扩大的老年人口规模促进了养老服务需求的增长，测算具有照护需求的老年人口规模有利于定量分析养老服务业供需状况。测算主要分为三步：第一步为界定失能状态；第二步为分析不同年龄段老年人的失能状态；第三步为测算具有照护需求的老年人规模。

一、失能状态评定标准

卡茨教授提出 ADLs 和 IADLs 两套量表来划分老人健康状况进而判断老年人是否需要照护。ADLs 反映老年人日常生活能力，包括洗澡、穿衣、如厕、室内活动、便尿控制和吃饭六项能力。IADLs 反映老年人工具性日常生活活动能力，包括到邻居家串门、独自外出采购、独自做饭、独自洗衣服等八项能力。本书以 2011 年和 2014 年的北京大学"中国老年健康影响因素跟踪调查"（CLHLS）数据判定 65 岁及以上老年人的失能状态，对 ADLs 指标的失能认定如表 3-5 所示。

表 3-5 CLHLS 中 6 项 ADLs 指标设置、备选答案与自理能力划分

问题	备选答案	自理能力
洗澡时是否需要他人帮助？	1 不需要任何帮助； 2 某一部位需要帮助； 3 两个部位以上需要帮助	1 能自理； 2 和 3 不能自理，轻度失能
穿衣时是否需要他人帮助？	1 自己能找到并穿上衣服，无须任何帮助； 2 能找到并穿上衣服，但自己不能穿鞋； 3 需要他人帮助找衣或穿衣	1 能自理； 2 和 3 不能自理，中度失能
上厕所大小便时是否需要他人帮助？	1 完全能独立，无须他人帮助； 2 能自己料理，但需要他人帮助； 3 卧床不起，只能在床上由他人帮助使用便盆	1 能自理； 2 不能自理，中度失能； 3 不能自理，重度失能
能否控制大小便？	1 能控制大小便； 2 偶尔/有时失禁； 3 使用导管等协助控制或不能控制	1 能自理； 2 不能自理，中度失能； 3 不能自理，重度失能
室内活动是否需要他人帮助？	1 无须帮助，可用辅助设施； 2 需要帮助； 3 卧床不起	1 能自理； 2 不能自理，中度失能； 3 不能自理，重度失能

问题	备选答案	自理能力
吃饭时是否需要他人帮助?	1 吃饭无须帮助; 2 能自己吃饭,但需要一些帮助; 3 完全由他人喂食	1 能自理; 2 不能自理,轻度失能; 3 不能自理,中度失能

资料来源:周晓蒙(2018)。

对 IADLs 指标的失能认定为:选项 1 视为能自理,选项 2 和选项 3 视为不能自理属于轻度失能。基于对 ADLs 和 IADLs 的失能状态判定,本书研究认为老年人失能状态评定准则如表 3-6 所示。

表 3-6   本书中失能老年人的评定准则

状态	状态描述	照护需求强度
能自理	ADLs 和 IADLs 中各项活动均能独立完成,无须他人帮助	无
轻度失能	ADLs 和 IADLs 中至少有 1 项轻度失能,而不存在中度和重度失能的情况	较小
中度失能	ADLs 和 IADLs 中至少有 1 项中度失能,而不存在重度失能的情况	居中
重度失能	ADLs 和 IADLs 中至少有 1 项重度失能	较大

资料来源:周晓蒙(2018)。

二、老年人生活自理能力的分布

为保证样本数量的充足,本书选取与辽宁省生活环境类似的东北三省的 CLHLS 数据来分析不同年龄段老年人的生活自理能力,以此来代表辽宁省的老年人生活自理能力现状。

(一)年轻老年人生活自理能力的性别比较与变动趋势

由表 3-7 可以看出,65~74 岁老年人中能够自理的比重与失能比重差异不大，但有性别差异。2011 年与 2014 年整体来看男性能自理比重最大，为 58.62%。男性失能中轻度失能占比最大，为 36.78%，中度、重度失能占比小，分别为 1.15% 和 3.45%。女性失能比重最大，其中轻度失能高达 51.16%，中度、重度失能占比小，分别为 1.16% 和 2.33%。女性能自理比重为 45.35%，比男性少 13.27%。从 2011 年及 2014 年两次调查结果来看，65～74 岁年轻老年人三种失能状态占比变动较为明显，但男女差异减小。

表 3-7　　　　2011 年、2014 年 65～74 岁男性与女性老年人
生活自理能力分布

性别	自理能力	2014 年		2011 年		整体	
		频数（人）	频率（%）	频数（人）	频率（%）	频数（人）	频率（%）
男	自理	11	47.83	40	62.50	51	58.62
	轻度失能	11	47.83	21	32.81	32	36.78
	中度失能	0	0.00	1	1.56	1	1.15
	重度失能	1	4.35	2	3.13	3	3.45
	合计	23	100.00	64	100.00	87	100.00
女	自理	11	47.83	28	44.44	39	45.35
	轻度失能	11	47.83	33	52.38	44	51.16
	中度失能	0	0.00	1	1.59	1	1.16
	重度失能	1	4.35	1	1.59	2	2.33
	合计	23	100.00	63	100.00	86	100.00

（二）老老年人生活自理能力的性别比较与变动趋势

由表 3-8 可以看出，75～89 岁老年人的生活自理能力仍以能够自理和轻度失能为主，但中度、重度失能比重上升，性别差异更加明显。2011 年与 2014 年整体来看男性能自理比重较年轻老年人略有下降，为 49.57%。男性失能中轻度失能占比最大，为 38.26%，中度、重度失能

占比小且都为 6.09%。女性失能比重最大，一半以上不能自理，其中轻度失能高达 59.78%，中度、重度失能占比小，分别为 8.70% 和 7.07%。女性能自理比重为 24.46%，比男性少 25.11%。从 2011 年及 2014 年两次调查结果来看，男、女生活自理能力分布差异加大，女性能够自理老年人口占比减少近 1/3，而男性能够自理老年人口占比增加 4.31%。

表 3-8　　　2011 年、2014 年 75~89 岁男性与女性老年人
生活自理能力分布

性别	自理能力	2014 年		2011 年		整体	
		频数（人）	频率（%）	频数（人）	频率（%）	频数（人）	频率（%）
男	自理	55	51.89	59	47.58	114	49.57
	轻度失能	37	34.91	51	41.13	88	38.26
	中度失能	7	6.60	7	5.65	14	6.09
	重度失能	7	6.60	7	5.65	14	6.09
	合计	106	100.00	124	100.00	230	100.00
女	自理	16	20.00	29	27.88	45	24.46
	轻度失能	47	58.75	63	60.58	110	59.78
	中度失能	9	11.25	7	6.73	16	8.70
	重度失能	8	10.00	5	4.81	13	7.07
	合计	80	100.00	104	100.00	184	100.00

（三）长寿老年人生活自理能力的性别比较与变动趋势

由表 3-9 可以看出，90 岁及以上长寿老年人中 90% 以上生活不能自理，这部分老年人对养老服务更有需求。2011 年与 2014 年整体来看男性能自理比重仅占 5.15%，轻度失能占比最大，为 58.09%，中度、重度失能占比分别为 23.53% 和 13.24%。女性能自理比重仅占 4.17%，轻度、中度、重度失能比重分布较男性更加平均，占比分别为 41.07%、

30.95%、23.81%。从2011年及2014年两次调查结果来看，长寿老年人自理能力的变动趋势较小，但三种失能状态分布有差异，女性尤其明显，重度失能比例大幅增加，中度失能比例大幅减少。

表3-9 2011年、2014年90岁及以上男性与女性老年人
生活自理能力分布

性别	自理能力	2014年		2011年		整体	
		频数（人）	频率（%）	频数（人）	频率（%）	频数（人）	频率（%）
男	自理	2	4.88	5	5.26	7	5.15
	轻度失能	27	65.85	52	54.74	79	58.09
	中度失能	8	19.51	24	25.26	32	23.53
	重度失能	4	9.76	14	14.74	18	13.24
	合计	41	100.00	95	100.00	136	100.00
女	自理	2	4.44	5	4.07	7	4.17
	轻度失能	20	44.44	49	39.84	69	41.07
	中度失能	8	17.78	44	35.77	52	30.95
	重度失能	15	33.33	25	20.33	40	23.81
	合计	45	100.00	123	100.00	168	100.00

三、老年人照护需求测算

通过对2011年和2014年两次CLHLS数据进行分析，得到这两年65岁及以上老年人生活能力的分布情况。结合前面对辽宁省2020年、2025年、2030年的老龄化预测结果，使用简单比例分布法分性别、分年龄段测算出这三年我国失能老人的总量，结果如表3-10所示。我国轻度、中度、重度失能老年人口数量庞大且不断增长。2020~2030年，失能老年人口数随着老龄化规模的扩大而扩大，数量分别为407.0138万人、502.6882万人和605.6231万人，而且失能人口的增速略高于能

够自理人口的增速，尤其体现在 2025 ~ 2030 年间。失能老年人生活难以完全自理，日常生活须借助他人照护来完成，因此，其规模的不断扩大增加了我国的养老需求。

表 3 - 10　　　　2020 年、2025 年、2030 年男性与女性老年人

生活自理能力分布　　　　单位：人

性别	自理能力	2020 年			2025 年			2030 年		
		65 ~ 74 岁	75 ~ 89 岁	90 岁及以上	65 ~ 74 岁	75 ~ 89 岁	90 岁及以上	65 ~ 74 岁	75 ~ 89 岁	90 岁及以上
男	自理	1438887	519344	3414	1765634	655931	4272	1905326	899609	4926
	轻度失能	902802	400897	38514	1107814	489071	48213	1195460	694435	55590
	中度失能	28228	63779	15600	34638	69045	19529	37378	110478	22518
	重度失能	84684	63779	8778	103914	80553	10985	112135	110478	12666
	合计	2454601	1047799	66306	3012000	1294600	82999	3250299	1815000	95700
女	自理	1187580	305389	3854	1468161	380690	5129	1586388	534766	6154
	轻度失能	1339727	746505	37991	1656254	930576	50559	1789628	1307207	60663
	中度失能	30377	108583	28631	37554	135357	38102	40578	190139	45717
	重度失能	61016	88223	22024	75431	109977	29310	81506	154488	35167
	合计	2618700	1248700	92500	3237400	1556600	123100	3498100	2186600	147701

　　我国推行的养老模式为"9073"，这一模式最早在 2007 年由上海市"十一五"规划纲要提出，即老年人采取家庭养老、社区养老、机构养老的比重分别为 90%、7%、3%。2013 年发布的《国务院关于加快发展养老服务业的若干意见》要求到 2020 年，全面建成以居家为基础、社区为依托、机构为支撑的，功能完善、规模适度、覆盖城乡的养老服务体系。按"9073"养老模式可测算不同种类照护需求的老年人口规模。结果如表 3 - 11 所示，2020 年、2025 年、2030 年具有家庭养老需求的老年人数量分别为 3663124 人、4524194 人和 5450608 人；具有社区养老需求的老年人数量分别为 284910 人、351882 人和 423936 人；具

有机构养老需求的老年人数量分别为 122104 人、150806 人和 181687 人。如何让越来越多的失能老人老有所养，是我国在发展过程中需要解决的一大难题。

表 3-11　　2020 年、2025 年、2030 年老年人分类照护需求测算　单位：人

养老方式	2020 年	2025 年	2030 年
家庭养老	3663124	4524194	5450608
社区养老	284910	351882	423936
机构养老	122104	150806	181687

第四节　进一步讨论

辽宁省机构养老面临的主要问题为床位利用率不足。2015～2019 年机构养老床位供给总量呈现先增后减再增的"N"型发展趋势（见表 3-12），年复合增长率为 0.30%。截至 2019 年末，机构养老床位供给量为 16.7 万张，高于 2025 年 15.1 万张的需求水平。由此可见，机构养老不存在供需矛盾。而于作义和单长英曾于 2013 年调查了沈阳市民养老机构床位利用率情况，发现有近 20 家养老机构的床位利用率不足 50%（于作义、单长英，2013）。

表 3-12　　　　　2015～2019 年辽宁省机构养老床位供给

年份	数量（万张）	增长率（%）
2015	16.5	—
2016	16.9	2.42
2017	16.1	-4.73
2018	14.7	-8.70
2019	16.7	13.47

资料来源：2015～2019 年数据来源于 2016～2020 年《中国统计年鉴》。

本书认为机构养老床位利用率低的主要原因在于：第一，养老机构地域选择问题。考虑到土地成本，部分社会力量会选择在比较偏远的地方建设养老机构，但过于偏远不利于子女对老年人的看望，难以满足老年人的一些进城需求，因此，这些养老机构的空置床位数较多。第二，养老机构软硬件设施不足。因医护力量有限，失能老年人的需求难以被满足，但能够自理的老年人一般会选择家庭养老或社区养老，因此，此类养老机构床位利用率较低。第三，养老机构总体规划不周。部分养老机构在建设时没有制定总体布局规划，导致一些民间资本盲目投资，大的项目难以满足当地老年人的需求，以致床位利用率降低。

辽宁省社区养老面临的主要问题在于供给不足。尽管 2014～2019 年社区养老床位供给由 2.59 万张增至 5.66 万张（见表 3－13），年复合增长率高达 16.94%，但与需求相比仍存在巨大缺口。若供给按此速度增长，2020 年、2025 年和 2030 年社区养老床位供给分别为 6.62 万张、14.47 万张和 31.64 万张，供求缺口将达到 21.88 万张、20.72 万张和 10.75 万张。

表 3－13　　　　　　　2014～2019 年辽宁省社区养老床位供给

年份	数量（张）	增长率（%）
2014	25872	——
2015	37763	45.96
2016	47829	26.66
2017	47298	－1.11
2018	56290	19.01
2019	56575	0.51

资料来源：民政数据－统计季报［EB/OL］. http：//www. mca. gov. cn/article/sj/tjjb/sysj/.

社区养老供给短缺的主要原因在于：第一，财力、物力资源不足。社区养老服务的资金来源主要包括政府财政部门的投入、社会慈善机构的捐助、社区服务部分项目收入的再投入、博彩业和有奖募捐基金的部分收入（侯岩，2009）。而辽宁省这些收入并不稳定，以致社区养老资源总体处于匮乏状态。第二，专业养老服务人员规模小。社区养老服务人员大多是下岗工人、进城务工人员等等，没有经过专业培训便上岗。社区养老难以配备足够的专业养老服务人员，床位供给增长缓慢。第三，社区民间组织发展缓慢。社区养老的服务大部分是以社区党政组织为主导力量，社区民间组织由于建设门槛过高、政策扶持力度不够、群众公信力不足等原因发展缓慢。

第五节　结论与政策建议

本章基于第六次人口普查数据和 CLHLS 数据，采用双性别 Leslie 模型，对 2020～2030 年辽宁省养老服务需求进行预测，并结合供给情况讨论辽宁省发展养老服务业面临的主要问题。结果发现：在 2020～2030 年，辽宁省老年人口规模迅猛增长，且呈"高龄化"发展趋势；老年人的社会化照护需求将由 407.01 万人增长至 605.62 万人；机构养老床位供给大于需求，供需矛盾主要在于床位利用率低下；社区养老床位供给小于需求，供需矛盾主要在于财力、物力资源不足，专业养老服务人员规模小和社区民间组织发展缓慢。

由此可见，辽宁省养老服务业面临的挑战主要集中在提高机构养老床位利用率和增加社区养老服务有效供给。针对提高机构养老床位的利用率，应主要解决三个问题：第一，完善支持养老用地的配套政策。辽宁省应在明确机构养老发展目标的同时，出台具体扶持养老机构建设用地的配套政策，抓好养老设施用地监管，保障养老机构优先用地及土地资源的有效配置。第二，推进医养结合，提高医护力量。辽宁省政府应加强对养老医护资源的横向整合及纵向发展，实现两方面资源的优势互补，精准匹配医护资源，提高供给效率，构建科学的医养结合制度体系，建立相关法律法规，推进医养结合进程。第三，出台养老服务专项规划。辽宁省应在养老发展规划中明确总体布局，并与城市建设相衔接，合理安排养老机构建设，促进辽宁省养老事业的良性发展。

　　针对有效增加社区养老服务供给，辽宁省政府应着力解决三个方面的问题：第一，扩充财力、物力资源。政府方面应明确社区养老服务中由政府支出的部分，加大对财政困难地区社区养老服务的扶持力度；社会方面应建立完善的社区养老捐赠平台，我国的慈善捐赠制度较西方激励不足，企业捐赠有减税机制而个人捐赠无任何激励机制，因此应完善激励政策。并且对于捐赠资金应做到公开透明，真正帮助到社区中难以自理的老年人。第二，为社区养老服务输送专业人才。应塑造社区养老服务工作的职业声望，从思想上纠正人们对于社区养老认知的偏见，并且提高社区养老服务人员的社会保障和薪资待遇。第三，帮助社区养老民间组织发展。因民间社区养老机构具有非营利性特征，政府应降低其成立门槛，加大激励和扶持力度以推动社区养老民间组织的发展。

第四章

养老服务需求的影响因素

本章从影响老年人社会化养老服务需求的因素入手，运用我国省级层面以及 CLHLS 等微观调研数据进行多项 logit 模型的实证分析，研究我国养老服务需求的影响因素。结果发现老年人社会化养老服务需求受人口学特征、社会经济地位以及代际支持因素的影响：①女性老年人更倾向于选择机构养老；城市老年人更倾向于选择机构养老，而农村老年人更倾向于选择社区养老；随着年龄的增长老年人对机构养老服务的需求也在增加；身体状况越差的老年人越倾向选择机构养老；无配偶的老年人大多选择机构养老服务，有配偶的老年人则倾向社区养老；老年人对社会化养老服务的需求随存活子女数量的下降而增大。②老年人的社区养老服务需求随着学历水平的提高而下降，而机构养老服务需求随学历水平的提高而上升；经济来源不充足的老年人更需要社会化养老服务；老年人对机构养老服务的需求随其生活水平在当地所处位置的下降而增大。③没有获得代际支持的老年人更愿意选择机构养老模式，而获得子女/孙子女经济支持和精神慰藉的老年人更愿意选择社区养老服务。由此可见，我国社会化养老服务对象主要为鳏寡、失独以及空巢的老年人。

第一节 引 言

在少子老龄化形式日益严峻的背景下，研究老年人养老服务需求的影响因素，对于我国社会化养老服务行业发展具有重大现实意义。

对于社会化养老服务需求的影响因素研究，大多基于地区性调查数据，通过简单的数据描述方法分析需要各类养老服务的老年人比例或对老年人最需要的养老服务进行排序。这些研究有助于了解各地区老年人的服务需求概况，但同时也存在两个问题：第一，由于各地经济发展水平和传统文化观念等方面存在差异，对养老服务的需求千差万别，因而基于地区性的调查数据研究结论难以推广到全国，无法全面把握养老服务的实际市场需求；第二，仅简单介绍养老服务需求概况，缺乏对养老服务需求影响因素的研究，不利于为老年人提供有针对性的社会化养老服务。

本章从影响老年人社会化养老服务需求的因素入手，运用我国省级层面以及 CLHLS 等微观调研数据进行多项 logit 模型的实证分析，研究我国养老服务需求的影响因素。在人口特征学因素与经济社会地位因素对社会化养老服务需求影响的基础上，加入了代际支持因素对其影响的研究，并且考虑到不同养老服务需求的本质差异，对不同的养老服务需求进行区别对待，分别研究了健康状况、学历水平、精神慰藉等 13 项养老服务需求的影响因素。由于这 13 项涉及养老服务的不同方面，因而可以提供关于社会化养老服务需求较为全面的信息。并结合当前老龄化的大背景，从老年人的实际需求出发，对我国社会化养老服务业的发展与优化完善提供数理支撑。

第二节　理论与研究假设

一、人口学特征会影响老年人的社会化养老服务需求

由于衰老和疾病等因素使得老年人失能风险增大、日常生活自理能力下降，因此对社会化养老服务的需求增加。对此，村松等（Muramatsu et al.，2010）的研究发现，日常自理能力及认知功能下降会增加老年人的社会化养老服务需求；许琳（2014）通过对典型个案进行深度访谈发现，老年人选择社会化养老服务的概率随着其失能程度的加深而增大。

婚姻状况对老年人的社会化养老服务需求有所影响，梅诺等（Meinow et al.，2010）通过对瑞典老年人的调查发现，年龄越大的老年人及独居老年人有更多的社会化养老服务需求；李焕等（2016）指出，由于无配偶老年人在日常生活照料上得到的帮助较少，与家人的沟通交流机会也少，因此对社会化养老服务的需求较高。

因思想观念不同，老年人的社会化养老服务需求存在城乡差异。对此，张国平（2014）对江苏省老年人的调查及访谈数据显示，相较于农村，城镇老年人更倾向于社会化养老服务。

子女是老年人养老服务的主要提供者，因此子女数量会影响老年人的社会化养老服务需求。对此，刘艺容和彭宇（2012）通过对湖南省部分老年人口进行调研，发现老年人的社会化养老服务需求随子女数量的下降而增加。

性别和年龄也在一定程度上影响着老年人的社会化养老服务需求。对此，马拉泰斯塔和维克托（Malatesta and Victor，2007）认为，由于女性寿命更长，更可能因丧偶而独居，身体状况也更差，因此与男性老年人相比，女性老年人对社会化养老服务的需求更强烈；尽管年龄没有

直接引致老年人的社会化养老服务需求，但这一需求却与年龄呈正相关关系，随着年龄的提高，慢性病比例增加，自理能力下降，从而导致社会化养老服务需求的增加（Jennifer and Kinney，1998）。

二、社会经济地位是影响老年人社会化养老服务需求的重要因素

学历水平和一般消费需求的经济条件是影响老年人社会化养老服务需求的重要因素。赵迎旭（2007）通过对北京市西城区老年人养老方式和养老需求意愿进行调查及分析，发现老年人的社会化养老服务需求随文化程度的提高而增加；李放等（2013）基于对江苏省苏北、苏中、苏南农村老年人的调查，发现家庭总收入及居住地的发达程度会对社会化养老服务需求产生正相关性影响。许琳和唐丽娜（2013）在西部6省区问卷调查的基础上，采用描述性分析、交互分析、Logistic 回归分析等实证分析方法进行研究，发现家庭经济收入及社区服务完善程度是影响老年人社会化养老服务需求的主要因素。

三、代际支持也会影响老年人的社会化养老服务需求

家庭是养老服务的一个重要提供方，因而代际支持也是影响老年人养老模式选择的关键因素。对此，左冬梅等（2011）利用西安交通大学人口研究所的调研数据，采用 Logistic 多元回归模型，指出除人口学特征外，来自子女的情感支持、经济支持和生活照料能够显著影响农村老年人养老模式的选择；陈皆明等（2016）指出中国城乡老年父母是否与其子女同住是父代和子代两代人共同协商的结果，主要受双方经济资源的影响，父代和子代的经济条件越好，同住的可能性越低；经济条件越差，同住可能性越高。

基于上述理论本文认为老年人的养老模式选择主要受其人口学特征、社会经济地位与代际支持三个方面的影响，研究假设如下：

假设 1：老年人的社会化养老服务需求随日常生活受到限制程度的加深而增大；

假设 2：与居住在农村的老年人相比，城镇老年人的社会化养老服务需求更大；

假设 3：与有配偶的老年人相比，无配偶老年人更需要社会化养老服务；

假设 4：老年人对社会化养老服务的需求随存活子女数量的下降而增大；

假设 5：老年人的社会化养老服务需求随学历水平的提高而增加；

假设 6：经济生活条件越好的老年人对社会化养老服务的需求越低；

假设 7：老年人的社会化养老服务需求随代际支持的下降而增加。

第三节　实证策略

一、数据与变量

（一）因变量

样本数据来源于 2011 年、2014 年及 2018 年的 CLHLS 调查数据。因变量养老模式根据调查问卷 F15 "您是否希望社区为老年人提供下列社会服务？" 和 F16 "您希望哪一种居住方式？" 两个问题提炼，将 F16 中选择 "4 - 敬老院、老年公寓和福利院" 的样本视为有 "机构养老服务需求"；将 F15 中涉及的 8 项社会服务中至少有 1 项选择 "1 - 是" 的样本视为有 "社区养老服务需求"；将既没有机构养老需求也没有社区养老需求的样本视为有 "传统的家庭养老需求"。

（二）自变量

人口学特征变量包括性别、年龄、健康状况、居住地类型、婚姻状况与子女数量。其中，性别变量根据调研问卷问题 A1 "性别"得到；年龄变量根据调研问卷问题 A3 "请问您现在多大年龄了？"得到；健康状况变量根据调研问卷问题 E0 "在最近 6 个月中，您是否因为健康方面的问题而在日常生活活动中受到限制？"得到，将回答"没有受到限制"赋值为 0，回答"是的，受到很大限制"赋值为 1，回答"是的，一定程度上受到限制"赋值为 2，回答"没有受到限制"赋值为 3；居住地类型变量根据调研问卷中问题 B "被访老人现居住地"整理而成，将选项"乡"视为"农村"，选项"城市"和"镇"视为"城镇"；婚姻状况变量根据调研问卷问题 F4-1 "您现在的婚姻状况是？"划分为"无配偶"和"有配偶"两类；子女数量变量来源于调研问卷问题 F10-3-0 "您现在有多少个存活的儿子"和 F10-3-1 "您现在有多少个存活的女儿"。

社会经济地位变量包括学历水平、经济来源充足性与生活水平在当地所处位置。学历水平变量根据调研问卷中问题 F1 "您一共上过几年学？"得到。"经济来源充足性"变量根据调研问卷中问题 F3-3 "你所有的生活来源是否够用？"得到，将回答"够用"赋值为 1，"不够用"赋值为 0。"生活水平在当地所处位置"变量根据调研问卷中问题 F3-4 "你的生活在当地比较起来属于"得到，将回答"很困难""比较困难""一般""比较富裕""很富裕"分别赋值为 1、2、3、4、5。

代际支持变量包括经济支持、精神慰藉以及生活照料三个层面。其中经济支持变量根据调研问卷中问题 F3-1 "您现在主要的生活来源是什么？"得到，将选择"子女"和"孙子女"的样本视为得到代际的经济支持；精神慰藉变量根据调研问卷中问题 F11-1 "您平时与谁聊天最多"得到，将选择"儿子""女儿""儿媳""女婿""孙子女或其配偶"的样本视为得到代际的精神慰藉，将选择"朋友/邻居""社会工作者""保姆"视为没有得到代际的精神慰藉；生活照料变量根据调研问卷中问题 E6-1"您目前在日常活动中需要他人帮助时，谁是主要帮助者？"得到，将选择"儿子""儿媳""女儿""女婿""儿子和女儿"或"孙子女"的样本视为得到代际的生活照料，将选择"社会服务""朋友邻里""保姆""无人帮助"的样本视为没有得到代际的生活照料。

模型中因变量与自变量的赋值情况如表4-1所示。

表4-1　　　　老年人养老服务需求影响因素的变量设定

变量	一级指标	二级指标	二级指标赋值
因变量	养老模式	养老服务需求	0-传统的家庭养老，没有社会化养老服务需求； 1-机构养老，机构养老服务需求； 2-社区养老，社区养老服务需求
自变量	人口学特征	性别	1-男性；2-女性
		年龄	年龄
		健康状况	1-日常生活受到很大限制；2-日常生活一定程度上受到限制；3-日常生活没有受到限制
		居住地类型	0-农村；1-城镇
		婚姻状况	0-无配偶；1-有配偶
		儿子数量	存活儿子数量
		女儿数量	存活女儿数量
	社会经济地位	学历水平	上学的年限
		经济来源充足性	0-不够用；1-够用
		生活水平在当地所处位置	1-很困难；2-比较困难；3-一般；4-比较富裕；5-很富裕
	代际支持	经济支持	0-否；1-是
		精神慰藉	0-否；1-是
		生活照料	0-否；1-是

（三）变量的描述性统计

由表4-2样本的统计性描述分析结果可知，具体样本数据如下。

表4-2   变量的统计性描述

变量与指标			均值（占比）	标准差
因变量	养老模式	家庭养老	9.565%	—
		机构养老	2.232%	—
		社区养老	88.203%	—
自变量	人口学特征	性别	1.554	0.497
		年龄	85.445	11.188
		健康状况	2.513	0.708
		居住地类型	0.507	0.500
		婚姻状况	0.387	0.487
		儿子数量	1.754	1.451
		女儿数量	1.590	1.493
	社会经济地位	学历水平	2.526	3.755
		经济来源充足性	0.832	0.374
		生活水平在当地所处位置	3.044	0.669
	代际支持	经济支持	0.528	0.499
		精神慰藉	0.478	0.500
		生活照料	0.632	0.482

从养老模式来看：选择家庭养老占比为9.565%，选择机构养老服务占比为2.232%，选择社区养老服务占比为88.203%，说明人们的养老观念仍然较为传统，更希望在自己熟悉的地方度过老年生活，这其中对社区养老服务的需求最高，传统的家庭养老次之，对机构养老服务的需求最低。

从人口学特征来看：①性别上，均值为1.554，标准差为0.497，说明女性人数略多于男性；②年龄上，均值为85.445，标准差为11.188，说明调查人群的年龄分布较广；③健康状况上，均值为2.513，标准差为0.708，说明调查的老年人大部分身体状况较好；④居住地类型上，均值为0.507，标准差为0.500，说明样本数据中城乡比例均匀；⑤婚姻状况上，均值为0.387，标准差为0.487，说明调查人群中无配偶老年人略多于有配偶的；⑥在儿子和女儿的数量上来看，儿子数量均值为1.754，女儿数量均值为1.590，说明在儿女数量，儿子数量略大于女儿，但是总体相差不大，从标准差来看，女儿数量的数字分布相对较为分散。

从社会经济地位来看：①学历水平上，均值为2.526，标准差为3.755，说明样本数据中老年人整体学历水平不高，但个体间差异很大；②从经济来源充足性上，均值为0.832，标准差为0.374，说明调查人群中大多数认为经济来源比较充足；③从生活水平在当地所处位置上，均值为3.044，标准差为0.669，说明绝大多数老年人认为自己的生活水平在当地处于"一般"的位置。

从代际支持来看：①经济支持上，均值为0.528，标准差为0.499，说明样本数据中获得子女/孙子女经济支持的老年人略多于没有获得的；②精神慰藉上，均值为0.478，标准差为0.500，说明样本数据中获得子女/孙子女经济支持的老年人略少于没有获得的，但差距不大；③生活照料上，均值为0.632，标准差为0.482，说明调查人群中获得代际生活照料的更多。

二、模型构建

由于我国老年人面临着"传统的家庭养老""社区养老""机构养老"三种养老模式，属于多元无序选择的离散选择模式，故本书采取多项 Logit 模型研究老年人养老服务需求的影响因素。

多项 Logit 模型在随机效用理论下，假设个体 i 选择方案 j 所能带来的随机效用如式（4-1）：

$$U_{ij} = x_i'\beta_j + \varepsilon_{ij} \qquad (4-1)$$

其中，i 为本书样本中老年人（i = 1，2，…，n），j 为老年人对其养老模式做出的选择，j = 1，2，3 分别对应于"传统的家庭养老""社区养老""机构养老"三种模式；x_i 为自变量，包括老年人的自身情况变量、经济条件与代际支持变量，其只随个体 i 而变，不随方案 j 而变；系数 β_j 表明个体 x_i 对随机效用 U_{ij} 的作用取决于方案 j。

当且仅当方案 j 带来的效用高于所有其他方案时，个体 i 会选择方案 j，概率可写为式（4-2）：

$$
\begin{aligned}
P(y_i = j \mid x_i) &= P(U_{ij} \geqslant U_{ik}, \ \forall k \neq j) \\
&= P(U_{ik} - U_{ij} \leqslant 0, \ \forall k \neq j) \\
&= P(\varepsilon_{ik} - \varepsilon_{ij} \leqslant x_i'\beta_j - x_i'\beta_k, \ \forall k \neq j)
\end{aligned} \qquad (4-2)
$$

假设 $\{\varepsilon_{ij}\}$ 满足独立同分布（idd）且服从 I 型极值分布，则可证明：

$$P(y_i = j \mid x_i) = \frac{\exp(x_i'\beta_j)}{\sum_{k=1}^{J} \exp(x_i'\beta_j)} \qquad (4-3)$$

由此，各项选择方案的概率之和为 1，即 $\sum_{k=1}^{J} P(y_i = j \mid x_i) = 1$。模型无法同时识别所有的系数 β_k，k = 1，…，J。如果将 β_k 变为 $\beta_k^* = \beta_k + \alpha$（α 为某常数向量），也完全不会影响模型的拟合。因此，通常将某方案作为"参照方案"，本书将"传统的家庭养老"作为参照方案，令相应系数 $\beta_0 = 0$，由此个体 i 选择方案 j 的概率可以表示为式（4-4）：

$$
P(y_i = j \mid x_i) =
\begin{cases}
\dfrac{1}{1 + \sum_{k=2}^{J} \exp(x_i'\beta_k)} & (j = 1) \\[3mm]
\dfrac{\exp(x_i'\beta_k)}{1 + \sum_{k=2}^{J} \exp(x_i'\beta_k)} & (j = 2, 3)
\end{cases} \qquad (4-4)
$$

一般用极大似然估计（MLE）进行参数估计，个体 i 的似然函数如式（4-5）所示：

$$L_i(\beta_1, \cdots, \beta_j) = \prod_{j=1}^{j} \left[P(y_i = j) \mid x_i \right]^{I(y_i = j)} \qquad (4-5)$$

其对数似然函数为 $\ln L_i(\beta_1, \cdots, \beta_j) = \sum_{j=1}^{j} I(y_i = j) \cdot \ln P(y_i = j \mid x_i)$，其中，$I(\cdot)$ 为示性函数，即如果括号中的表达式成立，则取值为 1；反之，取值为 0。将所有个体的对数似然函数加总，即得到整个样本的对数似然函数，将其最大化则得到系数估计值 $\hat{\beta}_1, \cdots, \hat{\beta}_J$。

第四节　基准回归结果分析

全样本 mlogit 模型回归结果如表 4-3 所示。

表 4-3　　　　　　　全样本 mlogit 模型回归结果

变量	机构养老	社区养老	机构养老	社区养老	机构养老	社区养老	机构养老	社区养老
性别	-0.609 *** (-6.50)	0.014 (0.32)					-0.360 *** (-3.62)	0.081 (1.28)
年龄	0.003 (0.69)	0.002 (0.78)					0.026 *** (5.30)	0.003 (1.44)
健康状况	-0.198 *** (-3.16)	-0.003 (-0.09)					-0.334 *** (-4.97)	0.037 (1.17)
居住地类型	0.474 *** (4.82)	-0.401 *** (-9.77)					0.304 *** (2.91)	-0.320 *** (-7.52)
婚姻状况	-1.619 *** (-11.92)	0.085 * (1.72)					-2.165 *** (-15.62)	0.267 *** (4.69)
儿子数量	-0.368 *** (-9.80)	-0.079 *** (-5.71)					-0.291 *** (-7.57)	-0.089 *** (-6.33)

续表

变量	机构养老	社区养老	机构养老	社区养老	机构养老	社区养老	机构养老	社区养老
女儿数量	-0.299*** (-7.92)	-0.032** (-2.38)					-0.221*** (-5.73)	-0.043*** (-3.17)
学历水平			0.030*** (2.72)	-0.026*** (-5.27)			0.009 (0.74)	-0.024*** (-4.08)
经济来源充足性			-0.201 (-1.55)	-0.224*** (-3.56)			-0.316** (-2.32)	-0.226*** (-3.55)
生活水平在当地所处位置			-0.456*** (-6.32)	-0.030 (-0.92)			-0.212*** (-2.99)	-0.022 (-0.65)
经济支持					-0.747*** (-6.96)	0.249** (5.88)	-0.855*** (-7.52)	0.214*** (4.70)
精神慰藉					-0.746*** (-6.63)	0.030* (1.69)	-1.448*** (-12.23)	0.236*** (4.50)
生活照料					-1.092*** (-5.52)	-0.020 (-0.37)	-1.695*** (-8.31)	0.069 (1.20)
年份	控制		控制		控制		控制	
省份	控制		控制		控制		控制	
Pseudo R^2	0.370		0.136		0.248		0.416	
观测值	29388		29388		29388		29388	

注：（1）***、**、*分别表示在1%、5%和10%水平上显著；（2）括号内为z统计值。

从人口学特征对老年人养老模式选择的影响来看：①性别对老年人选择机构养老服务具有显著的负向影响，即女性相比男性更愿意选择机构养老模式；而性别对于老年人是否选择社区养老服务不具有显著影响。②在只考虑人口学特征各因素时，年龄对老年人选择机构养老和社区养老服务均无显著影响；而引入经济社会水平和代际支持变量后，年龄在1%统计水平上对老年人是否选择机构养老服务具有显著正向影响，表明随着年龄的增长老年人对机构养老服务的需求也在增加。③健康状况变量关于老年人选择机构养老服务的系数是负的，说明身体状况越差的老年人越倾向选择机构养老，原因可能是随着生活节奏的加快，年轻人的生活压力增大，工作更加繁忙，没有足够的时间为老年人提供充足的生活照料，导致日常生活受到限制的老年人更倾向选择机构养老服务。健康状况对老年人是否选择社区养老没有显著影响。④居住地类型对老年人选择机构养老服务有显著正影响，对老年人选择社区养老服务有显著负影响，说明相比之下城镇老年人更愿意选择机构养老，而农村老年人更倾向选择社区养老。⑤婚姻状况对老年人选择机构养老服务有显著负影响，对老年人选择社区养老服务有显著正影响，说明无配偶的老年人大多选择机构养老服务，有配偶的老年人则倾向社区养老。⑥模型回归结果显示子女数量对老年人选择机构养老和社区养老服务均有显著影响，且系数为负值，表明老年人对社会化养老服务的需求随存活子女数量的下降而增大。

从经济社会水平对老年人养老模式选择的影响来看：①学历水平变量关于老年人选择社区养老服务的系数是负的，说明老年人的社区养老服务需求随着学历水平的提高而下降；在只考虑人口学特征各变量对老年人养老模式选择的影响时，学历水平对老年人选择机构养老服务有显著正影响，即老年人的机构养老服务需求随学历的提高而上升，而引入经济社会水平和代际支持变量后，学历水平对老年人是否选择机构养老服务的影响变得不显著，原因可能在于学历水平主要通过经济条件各变量而间接影响老年人的机构养老意愿。②经济来源不充足的老年人更需要社会化养老服务，而经济来源充足的老年人更倾向于传统的家庭养老模式。③模型回归结果显示，生活水平在当地所处位置变量对老年人的机构养老服务有显著负影响，表明老年人对机构养老服务的需求随其生活水平在当地所处位置的下降而增大；生活水平在当地所处位置变量对老年人的社区养老服务没有显著影响。

代际支持变量能够显著影响老年人对社会化养老服务的需求，具体表现在：①从代际支持对老年人机构养老服务需求的影响来看，子女/

孙子女的经济支持、精神慰藉与生活照料对老年人机构养老需求均具有显著的负向影响，表明获得代际支持的老年人更青睐于家庭养老，而没有获得代际支持的老年人更愿意选择机构养老模式。②从代际支持对老年人社区养老服务需求的影响来看，子女/孙子女的经济支持与精神慰藉对老年人选择社区养老具有显著的正向影响，表明与没有获得子女/孙子女经济支持和精神慰藉的老年人相比，获得这些支持的老年人更愿意选择社区养老服务；而子女/孙子女的生活照料对老年人是否选择社区养老没有显著影响。

第五节 异质性分析

中国地域广袤，城乡经济发展不均，各地区文化、习惯等存在较大差异，总体样本检验可能掩盖区域、居住地类型和老年人健康状况等方面的特征，因此本书分城乡与地区、子女数量与健康状况、性别与婚姻状况进一步考察各变量对老年人养老模式选择的异质性影响。

一、城乡与区域异质性

（一）城乡异质性

将样本按居住地类型划分为农村与城镇进行异质性分析，回归结果如表 4-4 所示。

表 4-4 城乡异质性回归结果

变量	农村		城镇	
	机构养老	社区养老	机构养老	社区养老
性别	-0.399 ** (-2.26)	-0.051 (-0.71)	-0.356 *** (-2.91)	-0.104 * (-1.80)

续表

变量	农村		城镇	
	机构养老	社区养老	机构养老	社区养老
年龄	0.022 ** (2.53)	− 0.003 (− 1.09)	0.028 *** (4.51)	− 0.003 (− 1.08)
健康状况	− 0.272 ** (− 2.18)	− 0.039 (− 0.74)	− 0.333 *** (− 4.12)	0.084 ** (2.14)
婚姻状况	− 1.667 *** (− 7.12)	0.492 *** (5.55)	− 2.430 *** (− 14.06)	0.110 (1.49)
儿子数量	− 0.306 *** (− 4.37)	− 0.079 *** (− 3.68)	− 0.282 *** (− 6.02)	− 0.089 *** (− 4.73)
女儿数量	− 0.173 ** (− 2.50)	− 0.045 ** (− 2.12)	− 0.243 *** (− 5.15)	− 0.039 ** (− 2.14)
学历水平	0.001 (0.01)	− 0.023 * (− 1.90)	0.007 (0.49)	− 0.025 *** (− 3.70)
经济来源充足性	− 0.419 ** (− 1.98)	− 0.175 * (− 1.86)	− 0.175 (− 0.95)	− 0.258 *** (− 2.98)
生活水平在 当地所处位置	− 0.426 *** (− 3.52)	− 0.023 (− 0.43)	− 0.114 (− 1.31)	− 0.026 (− 0.62)
经济支持	− 1.151 *** (− 6.31)	0.118 * (1.67)	− 0.654 *** (− 4.47)	0.277 *** (4.61)
精神慰藉	− 1.096 *** (− 5.24)	0.455 *** (5.63)	− 1.635 *** (− 11.29)	0.082 (1.19)
生活照料	− 1.160 *** (− 3.56)	0.077 (0.83)	− 1.928 *** (− 7.31)	0.066 (0.89)
年份	控制		控制	
省份	控制		控制	
Pseudo R^2	0.258		0.334	
观测值	14501		14887	

注：（1） ***、 **、 *分别表示在1%、5%和10%水平上显著；（2）括号内为 z 统计值。

1. 机构养老模式的选择

对农村和城镇地区均有显著影响的变量包括性别、年龄、健康状况、婚姻状况、子女数量、经济支持、精神慰藉和生活照料；仅对农村地区有显著影响的变量包括经济来源充足性和生活水平在当地所处位置，表明相比城镇地区，农村地区老年人的自身经济条件和地位对其是否选择机构养老服务的影响更大，可能的原因在于：一是农村地区经济发展滞后，就业机会较少、农闲时间较长、农民收入有限，这意味着农民所面临的经济约束较大和时间约束较少。而经济条件更好的老年人能够为子女照料提供经济补偿，从而使得子女更愿意花费时间和精力提供生活照料，因而更可能选择家庭养老。二是农村地区传统思想观念更加根深蒂固，安土重迁以及养儿防老的现象更加严重，导致其对机构养老存在偏见。

2. 社区养老模式的选择

子女数量、学历水平、经济来源充足性和子女/孙子女的经济支持变量对农村和城镇地区均有显著影响；仅对农村地区有显著影响的变量包括婚姻状况和代际的精神慰藉变量；而性别和健康状况变量则仅对城镇地区有显著影响，产生这些差异的原因可能在于：一是与城镇老年人相比，农村老年人的故土和家庭观念更深厚也更强烈，因此农村老年人在养老问题的解决上更加依赖其配偶及子女。二是相比农村，城镇女性在退休后普遍有充足的经济来源，且家庭负担更小，因此她们更倾向选择社区养老模式，在熟悉的环境轻松自在地度过晚年生活。

（二）区域异质性

将样本按照不同区域划分为东部、中部和西部分别进行估计，结果如表4-5所示。

表 4 - 5　　　　　　　　　　地区异质性回归结果

变量	东部		中部		西部	
	机构养老	社区养老	机构养老	社区养老	机构养老	社区养老
性别	-0.109 (-0.85)	-0.064 (-1.02)	-1.046 *** (-4.73)	-0.116 (-1.37)	-0.635 ** (-2.49)	-0.106 (-1.06)
年龄	0.031 *** (4.67)	-0.001 (-0.24)	0.017 * (1.67)	-0.011 *** (-2.63)	0.022 * (1.77)	0.001 (0.24)
健康状况	-0.309 *** (-3.63)	0.061 (1.42)	-0.295 * (-1.90)	-0.040 (-0.64)	-0.322 * (-1.89)	0.087 (1.28)
居住地类型	0.273 * (1.93)	-0.351 *** (-5.63)	0.614 *** (2.89)	-0.129 (-1.61)	0.366 (1.31)	-0.363 *** (-3.73)
婚姻状况	-1.991 *** (-11.23)	0.376 *** (4.70)	-2.262 *** (-7.85)	0.226 ** (2.08)	-2.494 *** (-6.79)	0.048 (0.39)
儿子数量	-0.244 *** (-4.98)	-0.097 *** (-4.72)	-0.163 ** (-2.01)	-0.046 * (-1.76)	-0.597 *** (-5.48)	-0.113 *** (-3.80)
女儿数量	-0.189 *** (-3.78)	-0.070 *** (-3.48)	-0.164 ** (-2.01)	-0.043 * (-1.71)	-0.317 *** (-3.06)	0.027 (0.91)
学历水平	0.035 ** (2.33)	-0.015 * (-1.94)	0.091 *** (2.71)	-0.046 *** (-3.94)	0.008 (0.23)	-0.021 (-1.50)
经济来源充足性	-0.650 *** (-3.52)	-0.256 *** (-2.60)	-0.342 (-1.20)	-0.412 *** (-3.35)	0.497 (1.58)	0.081 (0.68)
生活水平在 当地所处位置	-0.096 (-1.03)	0.005 (0.10)	-0.346 ** (-2.25)	0.055 (0.85)	-0.457 *** (-2.76)	-0.187 *** (-2.64)
经济支持	-0.733 *** (-4.90)	0.232 *** (3.57)	-1.190 *** (-5.06)	-0.020 (-0.22)	-0.600 ** (-2.17)	0.322 *** (3.26)
精神慰藉	-1.282 *** (-8.54)	0.272 *** (3.62)	-1.740 *** (-6.48)	0.336 *** (3.42)	-1.544 *** (-5.10)	0.074 (0.66)
生活照料	-1.653 *** (-6.28)	0.136 * (1.65)	-1.092 *** (-2.98)	0.089 (0.83)	-3.300 *** (-3.21)	0.017 (0.13)

变量	东部		中部		西部	
	机构养老	社区养老	机构养老	社区养老	机构养老	社区养老
年份	控制		控制		控制	
省份	控制		控制		控制	
Pseudo R^2	0.399		0.334		0.401	
观测值	14195		8101		7092	

注：（1）***、**、*分别表示在1%、5%和10%水平上显著；（2）括号内为z统计值。

1. 机构养老模式的选择

年龄、健康状况、婚姻状况、子女数量和代际支持各变量对三个区域的样本均有显著影响，且估计系数符号未发生改变；居住地类型和学历水平对东部和中部地区样本具有显著促进作用；性别和生活水平在当地所处位置对中部和西部地区样本具有显著抑制作用；经济来源充足性变量仅对东部地区样本具有显著抑制作用，即与中西部相比，经济来源充足的东部老年人更愿意选择家庭养老，可能的原因在于：我国的经济发展有着明显的区域非均衡性，东部发展最快，西部最慢。东部经济条件较好的老年人能够为子女照料提供经济补偿，从而使得子女更愿意花费时间和精力提供生活照料，因而更可能选择家庭养老。

2. 社区养老模式的选择

儿子数量变量对三个区域均有显著影响；婚姻状况、女儿数量、学历水平、经济来源充足性和代际精神慰藉对东部和中部地区样本具有显著影响；居住地类型及代际经济支持变量对东部和西部地区样本具有显著影响；子女/孙子女的生活照料变量仅对东部地区样本具有显著促进作用；年龄仅对中部地区样本具有显著抑制作用；生活水平在当地所处位置仅对西部地区样本具有显著抑制作用。

二、子女数量与健康状况异质性

（一）子女数量异质性

将样本根据子女数量不同划分为"0个""1个""2个及以上"分别进行估计，结果如表4-6所示。

表4-6   子女数量异质性回归结果

变量	0个		1个		2个及以上	
	机构养老	社区养老	机构养老	社区养老	机构养老	社区养老
性别	-1.244*** (-6.08)	-0.033 (-0.25)	-0.034 (-0.11)	-0.348** (-2.03)	-0.108 (-0.81)	-0.098** (-1.97)
年龄	0.014 (1.46)	-0.006 (-0.86)	0.018 (1.14)	0.003 (0.33)	0.002 (0.34)	-0.002 (-0.86)
健康状况	-0.185 (-1.34)	-0.109 (-1.15)	-0.099 (-0.46)	0.135 (1.14)	-0.231*** (-2.81)	0.015 (0.47)
居住地类型	1.274*** (6.52)	0.068 (0.51)	-0.257 (-0.73)	-0.378** (-1.98)	0.405*** (2.90)	-0.356*** (-7.68)
婚姻状况	-2.456*** (-7.23)	0.291* (1.94)	-0.746* (-1.81)	0.322* (1.51)	-1.198*** (-7.01)	0.267* (1.22)
学历水平	0.035 (0.99)	-0.049** (-2.23)	0.088** (2.45)	-0.005 (-0.24)	0.063*** (4.26)	-0.029*** (-4.68)
经济来源充足性	-0.336 (-1.18)	-0.563* (-2.57)	-0.598 (-1.39)	-0.336 (-1.34)	-0.406** (-2.28)	-0.196*** (-2.85)
生活水平在当地所处位置	-0.744*** (-5.46)	0.069 (0.69)	0.167 (0.71)	0.047 (0.36)	-0.017 (-0.18)	-0.035 (-0.94)

续表

变量	0个		1个		2个及以上	
	机构养老	社区养老	机构养老	社区养老	机构养老	社区养老
年份	控制		控制		控制	
省份	控制		控制		控制	
Pseudo R^2	0.399		0.267		0.281	
观测值	5233		1907		22248	

注：（1）***、**、*分别表示在1%、5%和10%水平上显著；（2）括号内为z统计值。

1. 机构养老模式的选择

婚姻状况变量对三个子样本均有显著影响，且估计系数符号未发生改变；学历水平变量对"1个"和"2个及以上"样本具有显著促进作用，表明子女数量越多的老年人随着学历水平的提升更倾向选择机构养老服务，原因可能在于：子女数量越多的老年人获得的经济支持相对更多，有充足的经济保障，而学历水平往往反映了一个人的学习能力和思想开放程度，一般学历水平高的老年人获取机构养老服务信息的途径更广泛，更愿意尝试新生事物，因而对机构养老服务理念的接受度也更高；居住地类型对"0个"和"2个及以上"样本具有显著促进作用；性别和生活水平在当地所处位置变量仅对"0个"样本具有显著抑制作用，即相比于有子女，没有子女的女性在老年更愿意选择机构养老模式，可能因为女性的心思比较细腻，相比男性更需要获得陪伴与关照，因此没有子女的女性更倾向选择有很多同龄人相伴的机构养老模式；健康状况和经济来源充足性变量仅对"2个及以上"样本具有显著抑制作用。

2. 社区养老模式的选择

婚姻状况对三个子样本均有显著促进作用；性别和居住地类型对"1个"和"2个及以上"样本具有显著影响；学历水平和经济来源充足性变量对"0个"和"2个及以上"样本具有显著影响。

（二）健康状况异质性

将样本根据健康状况不同划分为日常生活受到很大限制、日常生活一定程度上受到限制和日常生活没有受到限制进行异质性分析，回归结果如表4－7所示。

表4－7 健康状况异质性回归结果

变量	日常生活受到很大限制		日常生活一定程度上受到限制		日常生活没有受到限制	
	机构养老	社区养老	机构养老	社区养老	机构养老	社区养老
性别	0.016 (0.06)	−0.250 * (−1.95)	−0.528 *** (−2.81)	−0.194 ** (−1.99)	−0.395 *** (−2.98)	−0.023 (−0.42)
年龄	0.017 (1.36)	0.008 (1.33)	0.014 (1.53)	−0.002 (−0.38)	0.036 *** (5.42)	−0.006 ** (−2.16)
居住地类型	0.314 (1.12)	−0.306 *** (−2.61)	0.207 (1.03)	−0.535 *** (−5.76)	0.328 ** (2.38)	−0.249 *** (−4.73)
婚姻状况	−1.556 *** (−4.40)	0.218 (1.28)	−2.234 *** (−8.40)	0.224 * (1.81)	−2.281 *** (−12.34)	0.284 *** (4.09)
儿子数量	−0.179 ** (−1.97)	−0.078 ** (−2.22)	−0.258 * (−3.79)	−0.094 *** (−3.22)	−0.356 *** (−6.51)	−0.089 *** (−4.95)
女儿数量	−0.253 ** (−2.54)	−0.006 (−0.17)	−0.129 * (−1.92)	−0.045 (−1.56)	−0.263 *** (−4.77)	−0.051 *** (−2.95)
学历水平	0.033 (1.06)	−0.028 (−1.63)	0.013 (0.57)	−0.027 ** (−2.11)	0.001 (0.03)	−0.024 *** (−3.40)
经济来源充足性	−0.169 (−0.53)	−0.471 *** (−3.02)	−0.244 (−0.99)	−0.079 (−0.63)	−0.396 ** (−2.06)	−0.219 *** (−2.60)
生活水平在当地所处位置	−0.444 *** (−2.83)	−0.014 (−0.18)	−0.089 (−0.68)	−0.070 (−1.01)	−0.214 ** (−2.08)	−0.004 (−0.10)

续表

变量	日常生活受到很大限制		日常生活一定程度上受到限制		日常生活没有受到限制	
	机构养老	社区养老	机构养老	社区养老	机构养老	社区养老
经济支持	−0.413 (−1.52)	0.265 ** (2.15)	−0.698 *** (−3.35)	0.189 ** (1.97)	−1.118 *** (−6.97)	0.213 *** (3.74)
精神慰藉	−0.719 ** (−2.50)	0.189 (1.32)	−1.685 *** (−7.48)	0.233 ** (2.10)	−1.544 *** (−9.57)	0.248 *** (3.78)
生活照料	−2.879 *** (−6.23)	0.020 (0.15)	−1.319 *** (−4.12)	0.204 * (1.94)	−1.066 *** (−3.38)	−0.051 (−0.60)
年份	控制		控制		控制	
省份	控制		控制		控制	
Pseudo R^2	0.331		0.303		0.234	
观测值	3696		6917		18775	

注：(1) ***、**、* 分别表示在1%、5%和10%水平上显著；(2) 括号内为 z 统计值。

1. 机构养老模式的选择

对三个样本均有显著影响的变量包括婚姻状况、子女数量、子女/孙子女的精神慰藉和生活照料，且估计系数符号未发生改变；生活水平在当地所处位置对"日常生活受到很大限制"和"日常生活没有受到限制"样本具有显著抑制作用；性别和经济支持对"日常生活一定程度上受到限制"和"日常生活没有受到限制"样本具有显著抑制作用；经济来源充足性仅对"日常生活没有受到限制"样本具有显著抑制作用；年龄、居住地类型仅对"日常生活没有受到限制"样本具有显著促进作用，即随着年龄的增长相比日常生活受到限制的老年人，日常生活没有受到限制的更愿意选择机构养老服务，可能的原因在于：一是随着年龄的增长，老年人的身体机能不断退化，日常生活受到限制，在养儿防老等传统思想的影响下，日常生活不便的老年人更愿意选择家庭养老，由亲友对其提供帮助与照料；二是不断增加的社会压力导致年轻人没有精力为老年人提供生活照料及精神慰藉，因此日常生活没有受到限制的老年人更愿意选择舒适又便捷的机构养老服务。

2. 社区养老模式的选择

居住地类型、儿子数量、经济支持变量对三个样本均有显著影响，且估计系数符号未发生改变；性别对"日常生活受到很大限制"和"日常生活一定程度上受到限制"样本具有显著抑制作用；经济来源充足性对"日常生活受到很大限制"和"日常生活没有受到限制"样本具有显著抑制作用；婚姻状况、学历水平和精神慰藉变量对"日常生活一定程度上受到限制"和"日常生活没有受到限制"样本具有显著影响；生活照料对"日常生活一定程度上受到限制"样本具有显著促进作用；年龄和女儿数量仅对"日常生活没有受到限制"样本具有显著抑制作用。

三、性别与婚姻状况异质性

（一）性别异质性

将样本根据性别分为男、女分别进行估计，结果如表4-8所示。

表4-8　　　　　　　　　性别异质性回归结果

变量	男		女	
	机构养老	社区养老	机构养老	社区养老
年龄	0.025 *** (3.37)	-0.004 (-1.13)	0.036 *** (5.21)	-0.002 (-0.73)
健康状况	-0.283 *** (-2.79)	-0.001 (-0.02)	-0.384 *** (-4.21)	0.063 (1.55)
居住地类型	0.348 ** (2.34)	-0.314 *** (-4.84)	0.255 * (1.72)	-0.327 *** (-5.77)

续表

变量	男		女	
	机构养老	社区养老	机构养老	社区养老
婚姻状况	-2.378 *** (-13.26)	0.270 *** (3.32)	-1.616 *** (-7.38)	0.283 *** (3.47)
儿子数量	-0.344 *** (-5.83)	-0.102 *** (-4.58)	-0.231 *** (-4.54)	-0.080 *** (-4.38)
女儿数量	-0.305 *** (-5.05)	-0.046 ** (-2.15)	-0.137 *** (-2.70)	-0.043 ** (-2.39)
学历水平	0.025 (1.49)	-0.027 *** (-3.66)	0.068 *** (3.65)	-0.018 * (-1.92)
经济来源充足性	-0.450 ** (-2.33)	-0.188 * (-1.95)	-0.149 (-0.76)	-0.247 *** (-2.91)
生活水平在 当地所处位置	-0.128 (-1.24)	0.021 (0.41)	-0.300 *** (-3.01)	-0.058 (-1.29)
经济支持	-0.955 *** (-5.35)	0.314 *** (4.50)	-0.743 *** (-4.91)	0.147 ** (2.41)
精神慰藉	-1.531 *** (-8.19)	0.235 *** (2.73)	-1.365 *** (-8.82)	0.241 *** (3.63)
生活照料	-1.315 *** (-4.28)	0.146 (1.45)	-1.958 *** (-7.15)	0.044 (0.61)
年份	控制		控制	
省份	控制		控制	
Pseudo R^2	0.250		0.239	
观测值	13105		16283	

注：（1） *** 、** 、* 分别表示在1%、5%和10%水平上显著；（2）括号内为 z 统计值。

1. 机构养老模式的选择

对男性和女性均有显著影响的变量包括年龄、健康状况、居住地类型、婚姻状况、子女数量、经济支持、精神慰藉和生活照料，且估计系数符号未发生改变；仅对男性样本有显著影响的变量包括经济来源充足性，即相比女性，经济来源不充足的男性更愿意选择机构养老服务，可能因为：当经济来源不充足时，子女为了生计忙碌无暇顾及老年人，而男性的自理能力相对较弱，对外界照料资源更容易产生依赖心理，因此更愿意选择机构养老模式。仅对女性样本有显著影响的变量包括学历水平和生活水平在当地所处位置，表明相比男性，学历水平越高、生活水平在当地所处位置越低的女性更倾向选择机构养老模式，可能的原因在于：随着学历的提升，老年人对新生事物的接受程度也会越高，而一直以来女性是家务劳动的主要提供者，年龄越大就越会感到力不从心，更希望度过一个舒适便捷的晚年生活，因而更可能选择机构养老。

2. 社区养老模式的选择

居住地类型、婚姻状况、子女数量、学历水平、经济来源充足性、经济支持和精神慰藉变量对男性和女性均有显著影响，且估计系数符号未发生改变。

（二）婚姻状况异质性

将样本根据婚姻状况分为无配偶和有配偶进行异质性分析，回归结果如表 4 - 9 所示。

表 4 - 9　　　　　　　　婚姻状况异质性回归结果

变量	无配偶		有配偶	
	机构养老	社区养老	机构养老	社区养老
性别	- 0.440 *** （- 3.99）	- 0.088 （- 1.51）	0.402 * （1.66）	- 0.056 （- 0.78）
年龄	0.021 *** （3.81）	- 0.003 （- 1.04）	0.075 *** （6.04）	- 0.002 （- 0.38）

续表

变量	无配偶		有配偶	
	机构养老	社区养老	机构养老	社区养老
健康状况	-0.327 *** (-4.34)	0.021 (0.53)	-0.309 ** (-1.98)	0.075 (1.38)
居住地类型	0.407 *** (3.50)	-0.267 *** (-4.96)	-0.078 (-0.31)	-0.414 *** (-5.91)
儿子数量	-0.294 *** (-6.90)	-0.074 *** (-4.36)	-0.261 *** (-2.82)	-0.119 *** (-4.62)
女儿数量	-0.230 *** (-5.32)	-0.034 ** (-2.03)	-0.183 ** (-2.03)	-0.061 ** (-2.51)
学历水平	0.015 (1.01)	-0.015 * (-1.81)	0.035 (1.29)	-0.034 *** (-4.08)
经济来源充足性	-0.119 (-0.76)	-0.210 *** (-2.62)	-0.986 *** (-3.26)	-0.261 ** (-2.49)
生活水平在 当地所处位置	-0.206 *** (-2.61)	-0.057 (-1.37)	-0.457 ** (-2.51)	0.037 (0.66)
经济支持	-0.916 *** (-7.38)	0.157 *** (2.76)	-0.558 * (-1.86)	0.326 *** (4.15)
精神慰藉	-1.426 *** (-11.66)	0.304 *** (5.26)	-0.349 (-0.78)	0.003 (0.03)
生活照料	-1.698 *** (-7.77)	0.085 (1.32)	-0.758 (-1.37)	-0.057 (-0.39)
年份	控制		控制	
省份	控制		控制	
Pseudo R^2	0.455		0.136	
观测值	18023		11365	

注:(1) *** 、** 、*分别表示在1%、5%和10%水平上显著;(2) 括号内为z统计值。

1. 机构养老模式的选择

对无配偶和有配偶样本均有显著影响的变量有性别、年龄、健康状况、子女数量、生活水平在当地所处位置和经济支持；居住地类型仅对无配偶样本有显著促进作用；经济来源充足性、代际的精神慰藉和生活照料仅对无配偶样本有显著抑制作用，即相比有配偶老年人，经济来源越不充足的、没有获得代际精神慰藉和生活照料的无配偶老年人越渴望选择机构养老服务。可能的原因在于：配偶往往扮演着主要照料者的角色，在精神慰藉和生活照料方面对配偶的依赖会影响老年人对机构养老服务的需要。无配偶的老年人生活起居和家务工作都要靠自己打理，可能会力不从心，而且这部分老人由于缺乏与同龄人之间的交流，会更希望有机会和外界交流，因此更愿意选择机构养老。

2. 社区养老模式的选择

居住地类型、子女数量、学历水平、经济来源充足性和经济支持变量对无配偶和有配偶样本均有显著影响，且估计系数符号未发生改变；精神慰藉仅对无配偶样本有显著促进作用，表明相比有配偶而言，获得子女/孙子女精神安慰的无配偶老年人更愿意选择社区养老服务。这可能因为：一方面，获得代际精神慰藉的无配偶老年人一方面渴望亲情，希望继续和子女保持交流，因而不愿选择机构养老；另一方面，由于子女无法对其提供更多生活上的照料，家庭养老无法满足日常生活的需要，还需他人提供帮助，因此获得子女/孙子女精神安慰的无配偶老年人更倾向选择社区养老服务。

第六节　稳健性检验

为避免因测量和操作化可能造成的结果误差，现缩短年份，仅使用2014 年和2018 的样本数据再次进行 mlogit 基本回归，进而对上述结果进行稳健性检验。回归结果如表 4 - 10 所示。除引入自身情况和代际支持变量后，生活水平在当地所处位置变量对老年人是否选择机构养老的影响从显著变为不显著外，其余变量对老年人养老模式选择的影响方向与显著性水平均与表 4 – 3 全样本 mlogit 模型基本回归结果一致，因此可认为基准回归结果较为稳健。

表 4 – 10　　　　2014 年和 2018 样本数据的 mlogit 模型回归结果

变量	机构养老	社区养老	机构养老	社区养老	机构养老	社区养老	机构养老	社区养老
性别	-0.584*** (-5.19)	0.012 (0.23)					-0.313*** (-2.63)	-0.086 (-1.63)
年龄	-0.005 (-0.93)	0.001 (0.45)					0.026*** (4.24)	-0.004 (-1.42)
健康状况	-0.257*** (-3.42)	-0.174 (-0.49)					-0.394*** (-4.92)	0.017 (0.44)
居住地类型	0.575*** (4.72)	-0.316*** (-6.45)					0.379*** (2.93)	-0.239*** (-4.69)
婚姻状况	-1.683*** (-10.19)	0.143** (2.40)					-2.235*** (-13.22)	0.344*** (5.00)
儿子数量	-0.298*** (-6.97)	-0.063*** (-3.76)					-0.216*** (-4.92)	-0.070*** (-4.19)
女儿数量	-0.264*** (-6.08)	-0.012** (-1.75)					-0.193*** (-4.34)	-0.021** (-1.29)
学历水平			0.041*** (3.24)	-0.025*** (-4.17)			0.020 (1.40)	-0.027*** (-3.95)
经济来源充足性			-0.262 (-1.61)	-0.173** (-2.24)			-0.319* (-1.87)	-0.157** (-2.03)
生活水平在当地所处位置			-0.271*** (-2.97)	-0.064 (-1.59)			-0.114 (-1.30)	-0.059 (-1.48)
经济支持					-0.812*** (-6.12)	0.195*** (3.87)	-0.869*** (-6.20)	0.161*** (2.98)

变量	机构养老	社区养老	机构养老	社区养老	机构养老	社区养老	机构养老	社区养老
精神慰藉					−0.563 *** (−4.37)	0.022 * (1.42)	−1.333 *** (−9.71)	0.276 *** (4.34)
生活照料					−1.223 *** (−5.10)	−0.022 (−0.35)	−1.774 *** (−7.18)	0.054 (0.78)
年份	控制		控制		控制		控制	
省份	控制		控制		控制		控制	
Pseudo R^2	0.330		0.114		0.215		0.366	
观测值	20368		20368		20368		20368	

注：（1）*** 、** 、* 分别表示在 1%、5% 和 10% 水平上显著；（2）括号内为 z 统计值。

第七节　结论与政策建议

随着经济发展和社会变迁，传统的家庭养老模式难以为继，未来将以社会化养老为主，这也意味着机构养老和社区养老服务有着广阔的市场前景。本章采用 mlogit 模型在现有文献的基础上选取人口学特征、社会经济地位以及代际支持三个方面分析老年人的社会化养老服务需求的影响因素，得到以下结论：

第一，老年人的人口学特征会影响其社会化养老服务的选择。其中，女性老年人更倾向于选择机构养老；城市老年人更倾向于选择机构养老，而农村老年人更倾向于选择社区养老；随着年龄的增长，老年人对机构养老服务的需求也在增加；身体状况越差的老年人越倾向选择机构养老；无配偶的老年人大多选择机构养老服务，有配偶的老年人则倾向社区养老；老年人对社会化养老服务的需求随存活子女数量的下降而增大。

第二，社会经济地位会影响其社会化养老服务的选择。其中，老年人的社区养老服务需求随着学历水平的提高而下降，而机构养老服务需求随学历水平的提高而上升；经济来源不充足的老年人更需要社会化养老服务；老年人对机构养老服务的需求随其生活水平在当地所处位置的下降而增大。

第三，代际支持也会影响其社会化养老服务的选择。其中，没有获得代际支持的老年人更愿意选择机构养老模式，而获得子女/孙子女经济支持和精神慰藉的老年人更愿意选择社区养老服务。

异质性分析结果表明，女性比男性对机构养老服务的需求更大；高龄老人比低龄老人更倾向选择机构养老模式；子女数量越少的老年人更容易选择社会化养老；相比之下城镇老年人更愿意选择机构养老，而农村老年人更青睐选择社区养老等。因此，在服务内容开发上要进一步挖掘社会化养老服务内容的深度，让老年人对社会化养老服务有更多的选择，或者是在同种类型的服务上有更多选择空间。

由此可见，我国社会化养老服务对象主要为鳏寡、失独以及空巢的老年人。我国在 20 世纪 50 年代和 60 年代随着战后生活的逐步稳定出现了"婴儿潮"，而到 70 年代这批"婴儿"在长大成人之际又恰逢计划生育政策的实施，计划生育政策催生了大量独生子女家庭，预计从 2030 年开始在计划生育政策影响下的"50"后、"60"后逐渐步入高龄老年人阶段，整个社会老年人的比例将大幅增加，独生子女的照料负担加重。另外，改革开放以来，随着经济与城市化的快速发展，在物质生活极大丰富的同时，城乡居民的生活压力也逐渐增大，外出求学、务工等迁移流动现象越来越多，老年人来自子女/孙子女的代际支持将越来越少，尤其精神慰藉与生活照料将日渐式微。因此，可以预见，在未来很长一段时间我国的社会化养老服务需求将与日俱增。

通过对老年人社会化养老服务需求影响因素的研究发现，老年人的需求呈多样化特点，并且受不同影响因素的影响，老年人对社会化养老服务的需求侧重点也会有所不同，在发展社会化养老服务时，应坚持统一性与差异性相结合的原则。

第五章

地方政府养老服务的供给效率

本章构建了政府养老服务供给效率评价的投入产出指标体系，使用非径向超效率数据包络分析（DEA）模型测算 2016~2018 年全国 29 个省份（不含西藏、新疆）地方政府养老服务的供给效率并进行区位排序。同时，建立固定效应面板模型对供给效率的影响因素进行实证分析。结果发现：①考察期内政府养老服务供给效率的均值为 0.9050，总体水平较高但仍有提升空间，纯技术效率和规模效率的均值为 1.0240 和 0.9017，说明在目前的管理和技术水平上，政府投入资源的使用总体上是有效率的，但投入规模未处于最佳状态；②供给效率排序中，上海市最高，山东省最低；③社区养老比重、政府重视程度、平均家庭户规模均显著影响政府养老服务供给效率。

第一节　引　　言

21 世纪以来，随着我国社会文化的不断发展与人口区域流动加剧，人口老龄化程度逐年加深，少子高龄化、失能化、空巢化日益凸显，因而，我国亟须从经济、健康、照护、精神等多方面建立有效机制，提升养老服务供给的规模和质量效益，满足日益增长、不断升级和个性化的需求。政府作为养老服务供给和建设的主体，近年来已进行多方有益探索，《民政事业发展第十二个五年规划》《国务院关于加快发展养老服务业的若干意见》《民政事业发展第十三个五年规划》等文件指出，我国正在全面培育壮大养老服务产业，包括建立老年人基本养老服务①补贴制度、探索建立长期照护保障体系、加强养老服务设施建设等举措。我国已初步形成以居家为基础、社区为依托、机构为补充的养老服务体系。

由此可见，我国政府的养老服务投入从供给侧和需求侧两方面着手进行，在供给侧，政府不仅承担公办养老院的经营支出，也对民办机构和非营利组织提供资金补贴；在需求侧，政府向参保人员进行基本养老保险支出，对经济困难、高龄、失能等老年人给予高龄补贴、服务补贴和护理补贴。与之相对应，政府的养老服务产出也涉及多个指标。当前我国的养老服务投入产出效率究竟如何？怎样评价？是学者和社会各界普遍关注的问题。科学地测算政府在养老服务供给上的效率，既能对政府实践养老服务工作的效果进行评价，也能从中找出目前投入状况存在的缺陷与不足，为政府在养老服务上的有效投入提供指导意见。

养老服务的有效供给关乎民生，对社会的长远发展有着重要意义，因此受到国内外学者的重视。但相关研究多集中在机构养老，有关政府在养老服务上的投入产出也主要是评价政府购买养老服务的效率，从政府层面评价区域养老服务投入产出效率的研究凤毛麟角。因此，本章以全国 29 个省份（不包括西藏、新疆）为研究对象，运用超效率 DEA 对各省份政府养老服务供给效率进行评估，并在此基础上，构建固定效应面板数据模型考察政府养老服务供给效率的影响因素。不仅丰富和拓展了对养老服务供给的研究内容，同时，研究结论有利于为政府在提高养老服务供给效率方面提供数理依据。

---

① 所谓基本养老服务是重点以经济困难、高龄、失能等老年群体为服务对象，其服务内涵是基本生活照料和与之相关的非治愈性的康复护理。

第二节　文　献　综　述

相关研究多采用 DEA 方法且集中于对机构养老服务效率的分析。加拉瓦利亚等（Garavaglia et al.，2011）运用 DEA 方法对 2005～2007 年意大利西北地区 40 家养老院的服务效率和质量进行了评估，并运用 Tobit 回归模型考察了影响养老机构效率的因素。希万等（Shiovan et al.，2018）运用 Bootstrap – DEA 方法测算了 2008～2009 年爱尔兰公立和私立养老院的技术效率和规模效率，发现养老机构的所有权影响服务效率和质量。张等（Zhang et al.，2010）用三个独立的 DEA 模型测算 1997～2003 年 8361 所养老机构的效率，并通过面板数据截断回归法评估医疗保险预期支付系统变更对养老机构效率的影响。德莱利斯等（Delellis et al.，2013）运用 DEA 方法测算了 10% 随机抽样的美国养老院的效率，通过比较高效和低效养老院变量的描述性统计，发现高效养老院的质量结果更为理想。

相对而言，我国的相关研究起步较晚，任洁（2016）使用 DEA – Tobit 两阶段法研究 2013 年厦门市 28 家养老机构的服务效率、质量及影响因素，并指出不同性质、规模的养老机构服务效率存在差异。杨鞾鞾、常超（2019）运用 DEA 方法测算了 2017 年北京市 16 个区的养老机构服务效率，并用 K – means 聚类分析考察了养老机构与选择偏好之间的关系。除区域性研究外，也有学者从全国层面对养老服务机构效率进行分析。马跃如等（2017）用 DEA 方法测算了全国 31 个省份养老服务机构的服务效率，并用 Malmquist 指数考察了 2009～2014 年服务效率的动态变化。杨晓彤（2018）运用 Stoned 方法分析我国养老服务业的效率，并构建 Tobit 面板模型研究影响养老机构效率的因素。

综上所述，现有文献主要将养老院等养老机构作为研究对象分析养老服务的供给效率，从政府层面研究养老服务投入产出效率的文献却寥寥无几。而养老服务的准公共物品属性决定了政府是养老服务供给的核心与主导，尤其对于制度设计与财政支持等至关重要。仅吉鹏、李放（2016）应用2014年城市社区调查数据，以江苏省三个城市社区为研究对象，使用 DEA 方法评估了政府购买城市社区养老服务的效率，结果显示政府购买养老服务效率普遍不高，存在资金浪费、使用效率低的现象。由此可见，我国对于研究政府在养老服务上的投入产出以及养老服务供给效率的文献十分有限。因此，本书致力于从地方政府层面评价区域养老服务的供给效率，为相关政策与制度的制定提供理论支持。

从研究方法上看，现有文献大多使用 DEA – Tobit 两阶段法评估养老服务效率及其影响因素，在运用 DEA 进行效率评价的一个弊端在于：若多个决策单元的效率值都达到1，就无法对其进行比较分析。对此，本书运用超效率 DEA 模型评价地方政府的养老服务供给效率，该模型允许效率值大于1有利于对各省份的养老服务供给效率进行区位排序，为各省份在发展养老服务业时提供更加有益的借鉴，同时，也有利于后面对养老服务供给效率影响因素的参数估计更为精确。

第三节　政府养老服务供给效率分析

一、超效率 DEA 模型

借鉴已有研究，使用 DEA 方法来评价我国区域养老服务的供给效率。由于在传统 DEA 模型中，当多个决策单元的效率值都达到1时无法进行比较分析，因而本章选取超效率 DEA 模型，该模型由安德森和彼德森（Andersen and Petersen, 1993）提出，能够对有效单元做进一步区分，其核心是将被评价决策单元从单元的集合中剔除，允许效率值大于1。与传统 DEA 模型的数学形式相似，超效率 DEA 模型的线性规划公式如下：

$$\min \theta$$

$$\text{s. t.} \sum_{\substack{j=1 \\ j \neq k}}^{n} X_{ij} \lambda_j \leqslant \theta X_{ik} \quad i = 1, \cdots, m$$

$$\sum_{\substack{j=1 \\ j \neq k}}^{n} Y_{rj} \lambda_j \geqslant Y_{rk} \quad r = 1, \cdots, s$$

$$\lambda_j \geqslant 0, j = 1, \cdots, n \qquad (5-1)$$

其中，θ 为第 k 个决策单元的超效率值；n 为决策单元个数，每个决策单元均包括 m 个投入变量和 s 个产出变量；x_{ij} 表示第 j 个决策单元在第 i 个投入变量上的值；y_{rj} 表示第 j 个决策单元在第 r 个产出变量上的值；λ_j 表示投入产出指标的权重系数。选取以投入为导向的非径向超效率 DEA 模型对政府养老服务供给的综合效率、纯技术效率和规模效率进行测算。

二、指标体系构建

（一）投入变量

现有文献的投入指标主要根据养老院等养老机构，即养老服务供给侧的投入来确定。由于本书研究政府在养老服务方面的投入产出效率，而政府在养老服务的供给侧和需求侧上都存在投入，因此依据现有研究和政府文件从这两方面选取政府养老服务投入指标。供给侧投入主要包括对公办养老机构的投资运营，对民办机构和非营利组织的资金补贴（包括床位补贴、运营补贴、养老护理员补贴等）；需求侧投入主要包括基本养老保险支出和对老年人的福利补贴。

经过反复筛选，最终确定 4 个一级投入指标，分别为养老保障、福利支出、资本投入和人力投入。在一级投入指标下设 6 个二级投入指标，其中：①在养老保障中，选取基本养老保险基金支出作为二级指标，因为这是养老服务最基本的经济保障，该指标为城镇职工基本养老保险和城乡居民基本养老保险基金支出之和。②在福利支出中，选取老年人福利作为二级指标，对老年人的福利补贴是政府除基本养老保险之外主要的需求侧投入方式，该指标为对符合条件的老年人给予的高龄补贴、护理补贴和养老服务补贴之和。③在资本投入中，选取 2 个二级指标，分别为公办养老机构数量和每千老年人口养老床位数，公办养老机构数量反映了政府在公办养老机构上的投资规模，每千老年人口养老床位数间接表示政府对养老机构设施的补助状况。④在人力投入中，选取每万老年人口拥有持证护理人员数作为二级指标，该指标为每年累计鉴定合格养老护理员数（人）与 65 岁及以上老年人口数（万人）之比，可以反映政府对行业从业人才的补贴状况。

（二）产出变量

政府构建养老服务体系包括机构养老、社区养老和居家养老三部分，为确保投入产出的对应关系，本书基于机构养老、社区养老和居家养老层面确定 3 个一级产出指标和 4 个二级产出指标，其中：①与以养老机构作为研究对象的文献选取的产出指标类似，本书将养老机构床位使用率和在院失能老人占比作为机构养老的二级产出指标，养老机构床位使用率为年在院总人天数与年末床位数之比，在院失能老人占比为在院自理、半自理和不能自理老人数中后两类所占比重，此处养老机构的指标不包括社区养老机构和设施。②使用社区养老机构和设施覆盖率作为社区养老的二级产出指标，社区养老机构和设施覆盖率为社区养老机构和设施数与社区单位数之比，反映了地区社区养老的发展普及程度。③将享受老年福利人数作为居家养老的二级产出指标，享受老年福利人数为享受高龄补贴、护理补贴和养老服务补贴人数之和，由于该指标在《中国民政统计年鉴》中属于居家养老服务情况统计指标，并且与投入指标老年人福利对应，因此将其作为反映居家养老的产出指标。

综上所述，基于科学性、完整性和操作性，本书确定了 7 个一级投入产出指标，并下设 9 个二级指标来测算地方政府养老服务的供给效率。选取 2016～2018 年作为考察期，除去西藏、新疆两地，以每年每个省级地方政府的数据为一个决策单元，共 87 个决策单元。数据以及部分指标的计算均来源于 2017～2019 年《中国民政统计年鉴》和《中国统计年鉴》，保证了数据的准确性、可靠性。各指标的基本情况如表 5－1 所示。

表 5－1 区域养老服务供给效率评价指标体系

指标	一级指标	二级指标	均值	标准差
投入指标	养老保障	基本养老保险基金支出（亿元）	1363.83	839.55
	福利支出	老年人福利（万元）	77463.49	93076.63
	资本投入	每千老年人口养老床位数（张/千人）	29.97	9.23
		公办养老机构数量（个）	504.52	494.14
	人力投入	每万老年人口拥有持证护理人员数（人/万人）	2.69	3.37
产出指标	机构养老	养老机构床位使用率（人天/张）	131.03	33.05
		在院失能老人占比（%）	40.54	16.03
	社区养老	社区养老机构和设施覆盖率（%）	34.16	31.00
	居家养老	享受老年福利人数（人）	1061987.87	1037139.67

三、超效率 DEA 效率评价结果

本书基于投入导向的非径向超效率 DEA 模型，利用 2016～2018 年中国 29 个省份的省际面板数据，计算各省级政府养老服务供给效率，结果如表 5－2 和表 5－3 所示。

表 5－2 地方政府养老服务供给的综合效率评价结果

地区	2016 年	2017 年	2018 年	均值	排序
北京	0.5882	0.4774	0.6423	0.5693	24
天津	1.0962	1.0453	1.1917	1.1111	6
河北	0.4507	0.4505	0.5446	0.4819	26

续表

地区	2016 年	2017 年	2018 年	均值	排序
山西	0.5299	0.8331	1.3282	0.8971	18
内蒙古	0.6659	0.5269	0.4402	0.5443	25
辽宁	0.3953	0.4379	0.5211	0.4514	28
吉林	0.7628	1.1895	0.7537	0.9020	16
黑龙江	0.6646	0.6099	0.5610	0.6118	22
上海	2.5208	1.0078	1.4772	1.6686	1
江苏	1.0823	0.9374	1.1094	1.0430	12
浙江	1.0718	1.0497	1.0379	1.0531	11
安徽	1.0864	1.1158	1.0404	1.0809	8
福建	0.8778	0.8632	0.9331	0.8914	19
江西	1.0315	1.1769	1.0062	1.0715	9
山东	0.3720	0.3504	0.3713	0.3646	29
河南	0.5278	0.4905	0.4194	0.4792	27
湖北	0.5204	0.5721	0.6718	0.5881	23
湖南	1.0742	1.2874	1.0133	1.1250	5
广东	1.0141	1.0114	0.5792	0.8682	20
广西	1.0866	1.0652	1.0162	1.0560	10
海南	0.6062	0.5679	1.8500	1.0080	13
重庆	1.0735	0.8530	0.9237	0.9501	15
四川	0.3983	0.6854	1.0802	0.7213	21
贵州	1.1768	0.6840	0.8376	0.8995	17
云南	1.0469	1.0517	1.2083	1.1023	7
陕西	1.5341	1.0091	1.0776	1.2069	3
甘肃	0.8000	1.0978	1.0940	0.9973	14
青海	1.9506	1.0881	1.0496	1.3627	2
宁夏	1.1916	1.1053	1.1181	1.1384	4
均值	0.9378	0.8497	0.9275	0.9050	

表 5 – 3　　　　政府养老服务供给的纯技术效率和规模效率

地区	纯技术效率	纯技术效率增长率（%）	规模效率	规模效率增长率（%）
北京	0.7106	42.85	0.8488	– 16.33
天津	1.1785	0.42	0.9454	5.45
河北	0.5180	4.39	0.9285	5.57
山西	0.9644	68.92	0.9520	– 6.03
内蒙古	0.5554	– 18.50	0.9799	– 0.06
辽宁	0.7290	11.97	0.6187	3.15
吉林	0.9847	19.88	0.9172	– 12.23
黑龙江	0.6519	– 4.54	0.9377	– 3.63
江苏	2.6292	235.90	0.7080	– 42.74
安徽	1.1268	0.47	0.9594	– 2.43
福建	0.9682	7.69	0.9237	– 3.54
江西	1.1408	3.27	0.9496	1.33
山东	0.3897	6.20	0.9379	– 5.61
河南	0.5060	– 6.39	0.9450	– 4.73
湖北	0.5924	13.09	0.9924	0.54
湖南	1.1324	– 0.96	0.9936	0.27
海南	1.3772	37.95	0.6816	44.04
重庆	1.2220	– 19.13	0.8206	24.68
贵州	0.9160	– 8.60	0.9793	– 1.62
云南	1.1236	7.18	0.9813	0.73
陕西	1.2530	– 8.42	0.9628	– 4.15
甘肃	1.1232	5.28	0.8838	11.81
青海	1.4869	– 24.38	0.9088	– 1.11
宁夏	1.2957	– 0.10	0.8854	0.58
均值	1.0240	15.60	0.9017	– 0.25

表 5-2 列示了 2016~2018 年地方政府养老服务供给的综合效率评价结果。2016~2018 年全国养老服务供给效率均值为 0.9050，没有达到有效水平，供给效率还有提升空间。从地域分布来看，2016 年有 15 个省份的政府养老服务供给是有效率的；2017 年有 14 个省份达到有效水平；2018 年有 16 个省份达到有效水平。以上结果表明，一半左右省份的政府养老供给效率处于无效状态，我国地方政府的养老服务供给效率有待提升。

表 5-2 对各省份三年综合效率的均值进行了排序，从结果上来看，虽然各省级政府养老服务供给效率存在一定差异，但没有表现出明显的地域差异。其中 11 个省份在考察期内的检验中都是有效的，其中位列前五的地区按综合效率值由大到小排列分别是上海、青海、陕西、宁夏和湖南。从西部省份来看，内蒙古效率值偏低，考察期内均处于无效状态；从中部省份来看，河南、湖北、黑龙江在考察年份中也均处于无效状态；从东部地区来看，山东、辽宁、河北、北京的效率值也都偏低。山西、海南、四川、甘肃效率提升速度较快，在考察期内实现了由无效到有效的转变；广东的效率值逐年下降，从有效变成了无效。由此可见，各省份养老服务供给效率并非取决于地方经济发展水平。

为了了解影响综合效率的主要方面，进一步将综合效率分解为纯技术效率和规模效率。表 5-3 显示了各省份 2016~2018 年的纯技术效率均值和规模效率均值，并计算了效率的年平均增长率。由于上海、浙江、四川、广东、广西在考察年份中存在无可行解的情况，因此表 5-3 没有列出这五个省份的数据。可以看到，各省份纯技术效率的总体均值达到了有效水平，有 12 个省份的纯技术效率均值是有效的。由于纯技术效率测度了受管理和技术等因素影响的生产效率，说明在目前的技术水平上，政府投入资源的使用总体上是有效率的。规模效率的情况要劣于纯技术效率，所有省份的规模效率均处于无效状态。由于规模效率测度了投入规模因素影响的生产效率，说明政府的投入均未处于最佳规模状态。从动态角度来看，江苏、山西和北京的纯技术效率增长较快，但有 9 个省份的纯技术效率在总体上呈现下降态势；海南和重庆的规模效率增长较快，但有 13 个省份的规模效率在总体上发生了退步。以上结果显示，我国大部分省份在纯技术效率和规模效率方面同时存在问题，从总体上看，综合效率无效主要受规模效率的影响，并且有不少省份的无效问题在加重，尤其是规模无效的状况非常普遍。这表明大部分省份的地方政府在养老服务上的投入规模不合适，且投入的资源没有得到充分利用，而这些问题并没有得到明显改进，因此改进的重点在于如何更好地发挥规模效益。

针对部分省份无效程度较重的情况，本书对其投入指标的投影值进行了分析，考察这些省份要达到 DEA 有效各项投入应该减少的程度。通过分析得出，处于无效状态的省份，其投入指标存在不同程度的浪费。以北京为例，北京在考察期内平均每年有 84.2% 的公办养老机构、53.7% 的老年人福利支出、35.0% 的万老年人口持证护理员、29.9% 的千老年人口养老床位没有充分发挥作用。2018 年 13 个处于无效状态的省份平均有 33.6% 的基本养老保险基金支出、52.2% 的老年人福利支出、16.8% 的千老年人口养老床位、59.1% 的万老年人口持证护理员和 55.8% 的公办养老机构没有被有效利用。

对于投入有效的省份，适当增加部分要素的投入能够进一步提升效率。以考察期内均处于有效状态的湖南为例，在保持公办养老机构数不变的情况下，湖南在考察期内可以平均每年增加 6.5% 的基本养老保险基金支出、8.2% 的老年人福利支出、18.8% 的千老年人口养老床位和 18.5% 的万老年人口持证护理员。2018 年 16 个处于有效状态的省份如果要进一步提升效率，需要平均增加 8.0% 的基本养老保险基金支出、12.8% 的老年人福利支出、24.5% 的千老年人口养老床位、0.7% 的万老年人口持证护理员和 1.8% 的公办养老机构。

第四节　政府养老服务供给效率的影响因素分析

一、变量、数据与模型

在测算各省份政府养老服务供给效率（efficiency）的基础上，本书进一步构建面板数据模型对政府养老服务供给效率的影响因素进行定量分析，依据相关文献以及经济学原理，本书主要从政府、社会和行业层面选择政府重视程度、财政分权度、老龄化程度、平均家庭户规模、社区养老比重五个解释变量，作为政府养老服务供给效率的主要影响因素进行分析。

政府重视程度（attention）。以民政事业费占地方政府一般公共预算支出的比重来体现政府对民政社会服务的重视程度。养老服务体系建设是民政事业的重要组成部分，政府对民政事业的重视有利于养老服务供给效率的提高。但是，如果只是提高对民政事业的财政投入，却没有进行有效的资源配置，缺乏完善的财政资金监管机制和绩效考核机制，也有可能造成财政资金的浪费，降低政府的供给效率。

财政分权度（finance）。以地方一般公共预算收入占地方一般公共预算支出的比重来体现财政分权程度。一般来讲，财政分权度越高意味着地方政府的财政自主权越大，越有利于地方政府根据当地老龄化程度和老年群体养老需求提供养老服务，从而提高养老服务供给效率。但是，如果地方政府将本级财政更多地投入到基础建设或其他公共服务领域，那么可能不会对养老服务供给效率产生显著影响。

老龄化程度（age）。以65岁及以上人口数占年末人口数的比重来表示老龄化程度。各地区的老龄化程度存在比较明显的差异，不同的老龄化程度会影响政府供给养老服务的成本和养老服务机构及设施的使用率。如果政府提供的养老服务量与老龄化程度不匹配，可能会造成人均享受到的养老服务减少，甚至出现无法满足老年人的养老需求与养老服务资源浪费并存的现象。

平均家庭户规模（household）。以平均每户家庭人口数来表示平均家庭户规模。家庭规模是影响我国养老问题的因素之一。我国目前呈现家庭规模缩小的态势，家庭规模缩小会导致传统的家庭养老困难程度加大，增加对社会养老服务的需求，这有利于政府养老服务供给效率的提升；而较大家庭规模引起的家庭养老倾向导致政府对养老服务供给过剩或者有效利用不足，可能降低政府养老服务供给效率。

社区养老比重（community）。以社区养老床位数与养老机构床位数之比来反映社区养老在当地养老服务体系中的比重。社区居家养老作为以社区为平台的新型养老方式，能够兼顾家庭和社会养老的优势，是解决我国养老问题的重要途径。因此，社区养老服务在地区养老服务体系中所发挥的作用也会影响政府养老服务供给效率。

变量的获取与计算来源于 2017～2019 年《中国统计年鉴》和《中国民政统计年鉴》，基本情况如表 5－4 所示。

表 5－4　　　　　　　　　　变量描述性统计

变量	均值	标准差	最小值	最大值
efficiency	－0.1811	0.4126	－1.0486	0.9246
attention（%）	2.8322	0.6788	1.0020	4.2252
finance（%）	48.8510	18.2417	15.6421	92.5883
age（%）	10.9777	2.1282	6.7223	15.9923
household（人／户）	3.0515	0.3283	2.4300	3.7800
community（%）	48.2635	42.2706	0	214.6714

以 2016～2018 年 29 个省份政府养老服务供给的综合效率值为被解释变量，以政府重视程度、财政分权度、老龄化程度、平均家庭户规模、社区养老比重为解释变量构建面板回归模型。考虑到我国地域广袤、社会文化差异较大，故本书选取固定效应面板回归模型，豪斯曼检

验（见表5－5）结果也表明，在10%的显著性水平下，接受固定效应模型。因此，本书构建面板模型如式（5－2）所示。

表5－5   豪斯曼检验结果

变量	固定效应模型	随机效应模型
attention	－0.2938	－0.1727
finance	0.0133	0.0006
age	－0.0477	－0.0147
household	－0.7374	－0.0486
community	0.0049	0.0027
chi2	9.3500	
Prob > chi2	0.0959	

$$\ln \text{efficiency}_{it} = \beta_0 + \beta_1 \text{attention}_{it} + \beta_2 \text{finance}_{it} + \beta_3 \text{age}_{it} + \beta_4 \text{household}_{it}$$
$$+ \beta_5 \text{community}_{it} + \eta_{it} + \varepsilon_{it} \qquad (5-2)$$

其中，i 表示第 i 个地区，t 表示第 t 年，η_{it} 为不可观察的个体效应，ε_{it} 为随机干扰项。

二、回归结果分析

采用聚类稳健标准误对固定效应面板模型进行回归，结果如表5－6所示。由该表可知，政府重视程度、平均家庭户规模和社区养老比重三个变量对政府养老服务供给效率具有显著影响，财政分权度和人口老龄化的影响不明显。

表5－6   固定效应面板模型回归结果

变量	系数	t 统计量
attention	－0.2938 **	－2.2900

变量	系数	t 统计量
finance	0.0133	0.8500
age	− 0.0477	− 1.4100
household	− 0.7374 *	− 1.7500
community	0.0049 ***	3.5700
省份	控制	
年份	控制	
R^2	0.2325	
N	87	

注： * 、 ** 、 *** 分别表示在 10% 、 5% 、 1% 水平上显著。

政府重视程度在 5% 的显著性水平上对养老服务供给效率的影响为负，这意味着民政事业费在一般公共预算支出中占比越高，政府的养老服务供给效率反而越低。本书认为这可能是政府的财政资金没有得到有效配置，资金监管机制和绩效考核机制不健全使得民政事业资金存在较为严重的浪费，降低了政府的养老服务供给效率。

平均家庭户规模在 10% 的显著性水平上对养老服务供给效率的影响也是负的，这说明家庭户规模越大，养老服务供给效率就越小，政府养老服务供给量与社会实际养老需求不匹配。这是符合经济学直觉的，家庭户规模越小，对养老服务需求越大，越有利于养老服务供给效率的提高。而在家庭户规模较大的情况下，人们更加倾向于家庭养老，对养老服务需求较低，从而形成政府投入养老服务资源使用率不高、供给效率低的局面。因此，一些地方政府虽然保持了较高的养老服务供给水平，但由于没有根据家庭户规模产生的养老需求进行投入，造成了供过于求或者供需错配的情况。

社区养老比重在 1% 的显著性水平上对养老服务供给效率具有正向影响，这表明社区养老在养老服务体系中所占比重越大，政府养老服务资源的使用率越高，供给效率就越大。社区养老由于具有就地养老的优势，使老年人能够在享受养老服务的同时，满足家庭生活和社区生活需求，可接受性要高于机构养老，给家庭带来的经济负担也相对较小。

财政分权度和老龄化程度对政府养老服务供给效率的影响不显著，说明当前地方政府在自主制定财政支出预算时并未充分考虑人口老龄化与养老服务需求。

第五节　结论与政策建议

本章构建了政府养老服务供给效率评价的投入产出指标体系，基于超效率 DEA 方法测算了中国 29 个省份的政府养老服务供给效率。结果显示：2016～2018 年，全国政府养老服务供给效率的均值为 0.9050，且没有明显的地域差异；纯技术效率和规模效率的均值为 1.0240 和0.9017，说明在管理和技术水平上，政府投入资源的使用总体上是有效率的，但投入规模未处于最佳状态；综合效率无效的省份在纯技术效率和规模效率方面往往同时存在问题，其中规模无效的状况更加普遍，政府投入的资源存在不同程度的浪费，综合效率有效的省份能够通过适当增加部分要素的投入进一步提升效率。因此，从总体上看需要重点提升养老服务投入的规模效益。

进一步构建固定效应面板模型考察了政府养老服务供给效率的影响因素，结果表明：社区养老比重、政府重视程度、平均家庭户规模对政府养老服务供给效率影响显著。其中，社区养老比重对供给效率的影响为正，而政府重视程度和平均家庭户规模对供给效率的影响为负。

据此，地方政府应从以下几个方面着手提高养老服务供给效率：

第一，根据当地实际加大对养老服务的财政投入力度。首先，应考虑当地社会因素和特点，按照地区实际养老服务需求安排养老服务供给量和配置结构，根据老龄化程度及其趋势测算养老服务投入资金，统筹安排调配资源，并根据动态变化进行科学调整；针对不同的老年群体设立专项资金，完善基本养老保险制度；在市县财政加大投入存在困难的情况下，省级财政应对地方的重点建设和补助项目给予相应财政支持；运用市场化筹资方式创新养老服务业筹资机制，完善投融资政策和财税优惠政策，以促进社会资本参与到养老服务中，弥补政府投入不足。

第二，明确养老服务对象和服务内容，主要负责向失能失智老人提供基本养老服务。因此，政府在对养老服务进行投入时，更要把资金有效地用于相应范围，解决供需错配的问题。一些地方政府在养老服务投入过程中存在投入巨大，却没有完全解决失能失智老人的经济和服务保障的状况。对此，政府要优化投入结构和资源配置：在空间上，应根据养老服务供给缺口和经济发展程度对不同地区实施不同程度的财政投入；在养老供给严重不足的地区，主要运用建设补贴引导民间资本进入养老服务业，而在养老供求相对平衡的地区，主要通过运营补贴促进养老机构的可持续发展，在具体实施过程中，应注重对护理型床位的建设补贴和对养老服务专业人才培养的补贴；增加对失能失智老人、贫困老人等特殊老年群体的养老服务补贴，完善补助券补贴方式和服务质量回访评估机制，根据质量对提供服务的机构支付费用。

第三，大力发展社区养老服务，加强对社区居家养老机构和设施日常运营的支持。本书实证分析结果表明，社区养老占比的提高有利于养老服务供给效率的提高，而我国各地社区养老机构和设施覆盖率不足，同时社区养老服务形式化、单一化严重，缺乏专业性，不能够有效且有针对性地向老年人提供服务。因此，除了从地方政府的财政支出项目中给予必要的运营补贴，保障其正常运营外，还应投入资金完善其各类设施和功能，健全医疗保健和护理设施，提升服务人员的专业素质培养，增强日间照料、短期托养等基本养老服务功能。此外，要加快社区养老智慧化，使社区养老服务平台立足于云端，充分利用互联网等科技手段，实现多方位、多层次的资源整合。

第四，健全养老服务的财政资金监管制度和绩效考核机制，促使财政资金得到有效配置。模型回归结果表明，地方政府重视程度的提高反而使供给效率降低的现象意味着地方财政资金存在浪费与错配。因此，应建立符合当地实际的养老服务绩效考核制度，选取可量化的考核指标，实现对财政资金投入、使用、完成三个方面的评价汇总；将绩效考核结果公开公布，并运用到地方官员政绩考核体系和后续的资金投入使用过程中。

第六章

社会化养老的财政补贴效果

为考察各地方政府针对养老机构所进行的建设补贴与运营补贴的成效，本章构建了双重差分模型研究财政补贴对养老床位供给数量以及供给效率的影响，结果发现：目前地方政府针对养老机构实施的财政补贴政策仅存在短期激励效应，而长期激励效果不明显，说明该政策无助于建立行业良好发展的长效机制。对此，本章从公办养老机构的建设补贴高于民办养老机构、运营补贴条件苛刻、补贴政策倾向于非营利性民办养老机构、养老政策缺乏顶层设计、补贴标准不明确、忽视对社区养老机构的扶持，以及行业准入门槛高等几个方面剖析了深层原因。

第一节 引 言

一、研究背景

人口老龄化是世界各国发展的普遍趋势，我国作为人口大国，在2000年便成为世界上首个老年人口超过1亿人的国家，"未富先老"所带来的巨大养老负担，为我国经济社会的发展带来了巨大挑战。《中国统计年鉴 2019》的数据显示，我国 65 岁以上的老年人已有 16658 万人，老年人口抚养比达到 16.8%，老年人占人口总数的比重高达 11.9%。与此同时，受计划生育政策和劳动力地区流动不平衡的影响，我国的家庭规模呈现小型化、空巢化特征，使得传统的养老模式不再能满足当今社会老年人口的养老需求，探索和发展不同的养老模式成为全社会必须面对的选题。

2006 年，第二次全国老龄工作会议提出要构建"以居家养老为基础，社区服务为依托，机构养老为补充"的养老服务体系，本书将研究视角聚焦于在我国养老服务体系中起补充作用的"机构养老"模式。一直以来，国家通过各种财税优惠政策对养老机构进行补贴，在一定程度上对行业养老服务的供给起到了促进作用。然而根据民政部的数据，截止到 2018 年底，我国各类养老机构和设施共有 16.8 万个，养老床位合计达到 727.1 万张，每千名老年人拥有养老床位数为 29.1 张①，与"每千名老年人拥有养老床位数 50 张"的国际平均水平仍相距甚远。我国养老机构供求失衡、供给不足等问题仍然严重。

二、研究意义

首先，本书的选题视角具有重要现实意义，养老问题关乎社会福祉，尤其是我国的机构养老模式还存有较大的问题。希望通过笔者的梳理和分析，能够找到目前养老机构发展的痛点，为地方政府更好推动养老服务的发展提供理论依据。

其次，目前我国学者多是从公共管理等理论层面分析养老机构供给现状，鲜有用计量的经济学方法研究评价地方政府针对养老机构财政补贴政策。本书基于经济学的视角讨论政府财政政策对养老机构供给的影响问题，并运用计量模型等手段对地方政府实行的财政补贴效果进行评

---

① 2018 年民政事业发展统计公报 [EB/OL]. http://www.mca.gov.cn/article/sj/tjgb/201908/20190800018807.shtml.

价，通过数据真实客观地反映目前地方政府的财政补贴效果，使研究层面从理论分析上升到实证检验，进而为丰富学界对养老服务体系的研究做出贡献。

最后，目前学者多是以个别地区的养老机构作为研究样本加以考察，本书将数据样本拓展至全国，使研究结果更具代表性。

第二节　文献综述

一、对机构养老发展的相关研究

近年来，随着学者对机构养老模式的深入研究，对其概念与内涵的界定逐渐清晰。于潇（2001）按照老年人得到生活照顾方式的不同，将养老模式划分为"居家养老"和"机构养老"，并进一步指出"机构养老"包括敬老院、老年公寓、托老所、老年护理院等，其服务对象应包括完全自理、半自理、完全不能自理的老人。王德文、良地（2013）将机构养老定义为在专门营建的场所中为老年人提供专业化、规范化、集中化的管理服务，使老年人在生活、医护、康复和精神等层面上得到照料。在明晰机构养老的定义后，学者们开始思索机构养老模式所面临的阻碍。穆光宗（2012）从资源利用率不高、盈利能力弱、养老护理医疗送葬功能分离、精神照料程度不够、缺乏专业护理人才、农村养老机构不规范等方面指出我国机构养老在发展中遇到的问题。总的来说，学界普遍认为我国机构养老起步晚、发展基础弱、相关的政策法规并不完善。

随着国家对机构养老模式的不断改革，逐渐出现了公办养老机构、民办营利性养老机构以及民办非营利性养老机构等更细致的划分方式。以程启智、罗飞（2016）为代表的学者对公办养老机构问题展开了深入研究，从政府难以统筹兼顾、机构内部缺乏改进动力等方面指出了公办养老机构的顽疾，并提出要吸取国际养老服务的改革经验进而使我国的公办养老机构成功改革改制。以周清（2011）为代表的学者在研究民办养老机构发展问题时认为，民办养老机构的发展对推动养老服务社会化有重要作用，因而支持民办养老机构是极为必要的，同时指出我国民办养老机构的供求矛盾仍然突出、国家对民办养老机构的支持补贴力度不足、补贴政策落实困难等问题。

二、对养老服务体系的财税政策研究

《促进中国养老服务体系发展的财税政策研究》课题组（2012）认为，我国针对养老服务行业的财政投入力度仍然不够，财政投入结构与方式尚有不合理的地方，对老年人养老服务的税收政策仍需加强。在白景明（2014）看来，财税政策应该同时调动中央和地方的积极性，增加中央财政专项转移支付以解决我国老龄人口分布不均衡所带来的养老密度差异，同时地方政府要根据本地区的养老情况形成符合本地区特色的财政投入管理模式。

乐章、刘轶锋（2016）从"该不该扶""怎么扶"以及"扶得怎么样"三个方面探讨总结了学术界在政府对民营养老机构的扶持问题上的争议焦点。陈雷（2016）虽然从公平性与有效性的角度对民办养老机构的优惠扶持政策进行了评估，并得出了我国的民办养老机构缺乏公平性与有效性的结论，但也仅是从理念层面上的探讨，没有实证的检验。范西莹（2013）将国家针对民办养老机构出台的政策划分为支持性政策、鼓励性政策、保护性政策和竞争性政策，根据国家老龄工作委员会2008年"民办养老机构基本状况调查"的统计调查数据构建多重线性模型，并将以上四种政策分类作为模型的变量，通过逐步回归的方法考察各类政策对民办养老机构发展的促进作用。于凌云（2015）为公建民营和民办公助两种养老机构运营模式构建了财政补贴模型，并基于此对财政在养老机构建设期和运营期的补贴措施提出了建议。李萌（2015）通过构建 VAR、VEC 模型指出我国支持养老服务体系发展的财税政策存在财政直接投入总量与现实要求差距过大、财政投入的效率低等问题。陈志勇、张薇（2017）从需求和供给两个维度分析梳理我国养老服务市场化财政补贴政策及标准测算中的缺陷，指出未来在补贴时应考虑不同养老类型的费用支出差异，进而对现有的财政补贴标准的量化测度模型进行完善和修正。

布坎南（Buchanan，1999）认为养老服务需要在市场和政府的双重作用下实现供求平衡，政府应该成为提供公共服务的主体。戴蒙德和米尔利斯（Diamond and Mirrlees，1971）同样认为如果仅依靠市场自行调节，会使老年人的处境更加艰难，需要政府进行收入分配的调整以实现社会的公平。施密德（Schmid，2005）认为政府应该多培养相关领域的人才，加大对养老服务的资金投入，并不断开拓新型的财政投入方式。鲍德温（Baldwin，1984）等通过实证分析的方法建立起财政政策与养老机构投资回报率之间的联系，并得出财政政策对养老机构投资回报率影响巨大的结论，进而提出要对养老机构建立起长效补贴机制。

总体来说，目前我国对机构养老的财税政策研究多是停留在理论层面。通过构建数理模型，分析检验财税政策对养老机构实际补贴效果的研究较少。而我国养老产业迅速发展的起点是 2013 年，此后各省份出台的养老政策变化较大，这就导致以往实证研究的数据具有一定的历史性与局限性。

第三节 理论与制度背景

本节遵循以下思路展开：首先，分析养老服务的行业特征，从而得出养老服务行业存在市场失灵的结论，论证政府进行行政干预的必要性；其次，按照时间顺序简要梳理各级政府部门针对养老服务行业出台的相关政策；最后，运用经济学理论分析财政补贴政策对养老服务行业供给的影响机制。

一、养老服务行业的特征

（一）需求的不确定性与多层次性

随着社会经济的快速发展以及家庭结构的迅速改变，传统的家庭养老模式难以为继。于是，专家学者开始将目光放置于家庭之外，探索社区养老和机构养老的社会化养老模式。在理论与实践的双重推进下，我国形成了以居家养老为基础、社区服务为依托、机构养老为补充的养老模式。

但受"养儿防老"的传统养老观念影响，目前选择家庭养老的老年人仍占据着较高比重，由于观念的转变并非朝夕之间，全面和普遍接受社会化养老模式尚待时日。因此，养老服务需求存在一定程度的不确定性；同时，受学历、离退休前职业、养老保险与社会保障等因素的影响，老年人的经济状况存在较大差异。高收入的老年人会更注重养老质量、要求较高的养老服务水平，对于这部分群体通过市场竞争，便可为这部分群体筛选出与之相匹配的养老服务机构。而收入较低的老年人更多的是等待救济，单纯依靠市场机制便难以保障这部分群体的养老需要。从这个角度来看，养老服务需求具有多层次性。需求的不确定性与多层次性说明自发的市场调节难以保证行业有效供给。

（二）准公共产品属性

主流经济学家根据社会需求和消费的不同，将各类产品划分为纯公共产品、私人产品以及准公共产品。通常来说，受益的非排他性与消费的非竞争性是纯公共产品的典型特征。非排他性是指：纯公共产品在生产或供给的关联性上密不可分，当一个人消费纯公共产品时不能排斥其他人同时享用该产品。非竞争性是指：增加一个人对该物品的消费，并不会减少其他人对该产品的获取。换言之，每增加一个消费者，其边际成本为零。与纯公共产品相对应的概念是私人产品，具有竞争性和排他性。而准公共产品是介于纯公共产品和私人产品之间的一类产品，兼有两类产品的部分性质，即不完全的消费竞争性和受益排他性。

社会成员对养老机构均有消费的权利，养老机构可供全社会成员消费享用，因此，养老机构在服务对象上具有非排他性。但由于建设成本与运营成本的存在，增加边际人数的服务成本不为零，边际成本不为零决定了消费的竞争性。因此，养老服务具有准公共产品的属性，其供给应由政府和市场共同分担。

（三）信息不对称

根据经济学家提出的信息不对称理论，在市场经济活动中，卖方比买方更了解商品的信息，掌握更多可靠信息的一方便能够获益，而拥有信息较少一方的利益就会因此受损，这是市场经济与生俱来的弊端。对于养老服务市场，交易双方对信息的掌握程度有极大的差异。相对于老年人，养老机构更清楚本机构提供的服务质量，出于对社会福祉以及全面建设社会主义现代化国家的考虑，政府必须介入，对资源进行调整，对市场进行监管，进而保障老年群体的合法权益。

（四）行业供给受限

首先，行业准入门槛高。进入养老服务行业要受到执业许可的限制，这就为进入该行业增加了成本，进而会在一定程度上限制行业的供给水平。其次，经营风险大。养老服务行业的服务对象大多是生活不能自理的老年群体，基于生理条件与心理条件的限制，老年群体受伤或死亡的风险极高。一旦事故发生，养老机构就需要承担责任，如果没有相应的政策作为保障，作为一个理性的投资者便不会选择进入该行业。最后，投入高，回款慢。养老服务行业提供的产品和服务具有投资规模大、资金回报周期长、利润少的特点，会阻碍社会力量投资运营养老服务产业的积极性，进而限制了养老服务行业的供给范围。因此，需要政府介入，制定相关政策与制度保障养老服务行业健康良好运转。

（五）具有正外部性

外部性是指经济主体的行为对自身和其他经济主体都会产生正向或负向的影响，分别是正外部性和负外部性。正外部性又称为外部经济，是指双方的交易会使第三方受益，但没有对该受益进行收费。负外部性，即双方的交易使得第三方受损，但并没有对该损害予以补偿。

养老服务行业供给具有一定的正外部性。老年人入住养老服务机构，不仅可以满足老年群体的需求，还可以减轻年轻人的养老压力，具有一定的积极社会效应，因此，其社会收益大于私人收益。然而根据经济学理论，存在正外部性意味着行业无法达到帕累托最优，需要政府进行干预。

二、我国养老服务行业的政策扶持概况

根据上述对养老服务行业特征的分析，可以看出该行业存在市场失灵，单纯依靠市场力量难以满足老年人的养老服务需求。而 2010 年第六次人口普查的数据显示出我国 65 岁及以上人口的占比为 8.87%，按照 1956 年联合国 7% 的划分标准，意味着我国已进入老龄化社会。国家行政干预社会化养老服务供给势在必行。

国务院于 2013 年 9 月 6 日发布了《关于加快发展养老服务业的若干意见》（以下简称"35 号文"），提出要完善对养老服务业在投融资、土地供应、税费优惠、补贴支持、人才培养和就业等方面的政策，并要鼓励公益慈善组织支持养老服务。自此，民政部等部委根据国务院的部署，陆续发布了《关于鼓励民间资本参与养老服务业发展的实施意见》《关于金融支持养老服务业加快发展的指导意见》等文件，将各类扶持政策深化。2016 年 12 月 7 日，国务院办公厅出台《关于全面放开养老服务市场提升养老服务质量的若干意见》，提出要降低养老服务行业的

准入门槛、优化市场环境、进一步完善财政支持和投融资政策。地方政府基于以上文件纷纷出台相关政策，贯彻落实国家指导思想，积极应对人口老龄化。

当前我国政府针对养老服务业的财政支持政策可以分为两类：一是针对行业需求方的政策是直接给予老年人补贴，主要有高龄津贴制度、对经济困难的老年人给予养老服务补贴、对经济困难生活长期不能自理的老年人给予护理补贴等。二是针对行业供给方的政策，主要有：对养老机构进行财政贴息、小额贷款等投融资政策；对养老机构的用水用电用气实行价格优惠、符合一定规定的免征营业税、企业所得税等税费优惠政策；为从事养老服务工作的人员制定优惠的补贴政策；为符合条件的养老机构提供建设补贴、运营补贴、部分地区实施购买服务、以奖代补的财政补贴政策。本书主要关注地方政府针对养老机构的财政补贴政策（建设补贴和运营补贴）对行业供给的影响。

三、地方政府针对养老机构的财政补贴政策对行业供给的影响

地方政府针对养老机构实施的运营补贴和建设补贴可以降低行业边际成本，使得供给曲线向右下方移动，从而使得均衡时，养老服务的供给量增加，价格下降。如图 6 - 1 所示，X 轴代表养老服务的供给量，Y 轴代表养老服务的价格，MC 为边际成本曲线，MRs 是边际社会收益曲线，MRp 是边际个人收益曲线，且边际社会收益大于边际个人收益。基于利益最大化的原则，养老机构会将价格定在边际成本与其边际个人收益相等的 Xp 处，而使社会收益最大化的产量却在边际社会收益曲线与边际成本相等的 Xs 处。因此，正外部性的存在使得养老机构供给不足，无法实现整个社会的帕累托最优。地方政府对养老机构进行的财政补贴可以降低养老服务的边际成本，从而使行业供给水平增加，整个社会的福利水平增大。

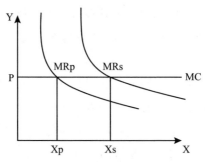

图 6 - 1　财政补贴对行业供给的影响

第四节　数据、变量与模型

一、数据与变量

由于本书研究目的是在国务院发布"35 号文"后，评估各省份针对养老机构出台的财政补贴（建设补贴和运营补贴）的政策效果，故样本数据的时间跨度为 2012～2018 年，空间跨度为中国 29 个省份（不包含新疆和西藏）。数据来源由两部分构成：一是解释变量根据各省份财政部官方网站公布的针对养老服务机构的政策文件整理而成；二是被解释变量和控制变量来源于国家统计局公布的统计年鉴和各省份年度数据。由于西藏和新疆的相关政策文件与数量检索不到，故剔除。

被解释变量为养老服务行业供给，本书选取两个指标：一是提供住宿的养老床位数 nba_{it}，是指 t 年 i 省份养老机构所提供的养老床位数（2012～2014 年国家统计局公布的统计年鉴中将残疾人和养老床位合并在一起，本书对此设置残疾人床位虚拟变量加以剔除），该指标衡量了养老服务行业的供给数量；二是每千老年人口养老床位数 nbo_{it}，代表 t 年 i 省份平均每一千名老年人所占有的养老床位数量，该指标衡量了养老服务行业的供给效率。

解释变量为财政补贴政策，ss_{it} 代表 t 年 i 省份是否对养老机构进行建设补贴及运营补贴，"是"取值为1、"否"取值为0。如果i省份的相关政策补贴文件在t年上半年公布，则视为财政补贴政策在t年施行；如果在t年下半年公布的，则视为财政补贴政策在t+1年开始施行。

考虑到被解释变量还可能受到各省份的经济发展水平、产业结构、城镇化、人口老龄化、家庭户规模、平均受教育水平以及地区文化差异的影响，本书进一步在模型中添加控制变量：人均GDP（$pgdp_{it}$）、第三产业占比（pti_{it}）、城镇化率（$citizen_{it}$）、老年人口数量（na_{it}）、老年人口抚养比（edr_{it}）、平均家庭户规模（hz_{it}）、大专及以上学历占比（cda_{it}）。同时控制年份效应和地区效应。

各变量的基本情况如表6-1所示。

表6-1 各变量基本情况

变量	指标	代码	含义
被解释变量	每千老年人口养老床位数	nbo_{it}	每一千名老年人平均所占有的养老床位数量（张）
	提供住宿的养老床位数	nba_{it}	养老机构的养老床位数量（万张）
解释变量	财政补贴政策	ss_{it}	财政是否对养老机构进行建设及运营补贴：1—是；0—否
控制变量	人均GDP	$pgdp_{it}$	衡量经济发展水平
	第三产业占比	pti_{it}	衡量服务业发展水平（%）
	城镇化率	$citizen_{it}$	城镇人口占总人口的比重（%）
	老年人口数量	na_{it}	65岁及以上老年人口数量（万人）
	老年人口抚养比	edr_{it}	65岁及以上老年人口数量占15~64岁劳动人口的比重（%）
	平均家庭户规模	hz_{it}	平均每户家庭人口数（人/户）
	大专及以上学历占比	cda_{it}	总人口中大专及以上学历占比（%）
	年份效应	$year_t$	年份
	地区效应	$area_i$	样本所属区域

二、模型构建

本书使用多时点双重差分法来评估地方政府针对养老服务业所实施的财政补贴的政策效果。模型设定如式（6-1）所示：

$$Y_{it} = \alpha_0 + \alpha_1 ss_{it} + \sum_{l=1}^{n} \alpha_{1+l} control_{it,l} + \varepsilon_{it} \qquad (6-1)$$

其中，$i=1, 2, \cdots, 29$；$t=2012, \cdots, 2018$。被解释变量 Y_{it}，解释变量 ss_{it} 为地方财政补贴政策虚拟变量，因为本书将各省份于国务院发布"35号文"后陆续出台的财政补贴政策作为研究对象，将实施养老床位建设补贴和运营补贴的省份作为实验组，其他省份作为对照组。系数 α_1 表示财政补贴政策对养老服务行业供给的影响。考虑到被解释变量具有明显的截尾特征，故本书选取随机面板 tobit 回归模型，使用统计分析软件为 Stata12.0。

同时，在式（6-1）的基础上进行平行趋势与动态检验，借鉴贝克等（Beck et al., 2010）的方法通过构建一系列虚拟变量，来检验在地方政府财政补贴政策实施前实验组与对照组的平行趋势，以及财政补贴政策实施后养老床位供给的动态响应。具体形式如式（6-2）所示：

$$Y_{it} = \eta_0 + \sum_{j=1}^{6} \eta_j ss_{it}^{-j} + \sum_{k=1}^{5} \eta_k ss_{it}^{k} + \sum_{l=1}^{9} \theta_l control_{it,l} + \xi_{it} \qquad (6-2)$$

其中，如果时间 t 为 i 省份实施财政补贴政策的前 j 年则 ss_{it}^{-j} 取值为 1，否则取值为 0；如果时间 t 为 i 省份实施财政补贴政策的后 γ 年则 ss_{it}^{γ} 取值为 1，否则取值为 0。系数 η_j 表示实施财政补贴政策前 j 年实验组与对照组中养老床位供给的差异，系数 η_k 表示在政策实施后实验组与对照组养老床位的供给差异。$control_{it}$ 为控制变量。

如果平行趋势假设满足，则系数 η_j 应显著为 0，即在控制其他变量后，地方政策财政补贴政策实施前实验组与对照组的养老床位供给差异保持不变。而在财政补贴政策实施后，如果养老床位供给对财政补贴政策的动态响应为正，则说明实验组与对照组的养老床位供给差异增大，

系数 η_k 应显著大于 0；反之则小于 0；没有动态响应则等于 0。

第五节　实证结果分析

一、财政补贴对养老床位供给数量的影响

表 6－2 列示了政府对养老服务机构实施的财政补贴对养老床位供给数量的影响，其中，模型（1）和模型（2）反映了财政补贴政策对养老机构床位供给数量的绝对影响，模型（3）和模型（4）反映了财政补贴政策的相对影响。模型（1）至模型（4）的回归结果均在 1% 的显著性水平上拒绝原假设"sigma_u＝0"，说明模型设定正确。

由模型（1）和模型（2）可知，在国务院发布"35 号文"后地方政府针对养老机构陆续出台的建设补贴与运营补贴政策使得养老机构床位供给数量增加 1.03 万～1.10 万张，但统计显著性水平较差；由模型（3）和模型（4）可知，针对养老机构进行的财政补贴使得养老床位供给增长 18.3%～19.1%，显著性水平为 1%。

表 6－2　　财政补贴政策对养老床位供给数量的面板 Tobit 模型回归结果

变量	nba (1)	nba (2)	lnnba (3)	lnnba (4)
财政补贴政策 ss	1.033	1.098 *	0.191 ***	0.183 ***
人均 GDP 对数值 lnpgdp		1.280		0.117
第三产业占比 pti		－ 0.173 *		－ 0.017 **
城镇化率 citizen		－ 0.491 ***		－ 0.022 **
老年人口对数值 lnna		2.096 **		0.262 **

变量	nba (1)	nba (2)	lnnba (3)	lnnba (4)
老年人口抚养比 edr		- 0. 185		0. 009
平均家户规模 hz		- 8. 409 ***		- 0. 786 ***
大专及以上学历占比 cda		0. 036		0. 003
年份效应 year	YES	YES	YES	YES
地区效应 area	YES	YES	YES	YES
Wald chi2	24. 39	71. 57	31. 63	81. 33
Prob > chi2	0. 000	0. 000	0. 000	0. 000

注：＊、＊＊和＊＊＊分别表示在10%、5%和1%的水平上显著。

控制变量中，人均 GDP 对行业供给数量的影响是正向的，但统计不显著。第三产业占比与城镇化率对行业供给数量的影响显著为负，笔者认为可能的原因在于：在这两个指标较高的地区通过吸引大量的青壮年劳动力的迁移和流入，使得人口老龄化程度较轻，因而形成养老床位供给数量较少的局面。老年人口对数值和老年人口抚养比分别衡量了老年人口的绝对与相对指标，因而前者对行业供给数量的影响为正、后者对行业供给数量无显著影响，是符合逻辑的。平均家户规模对供给数量的影响为负，平均家庭人口规模每增加 1 将使得养老床位供给数量减少8.41 万张，显著性水平为 1%。行业供给随地区人口整体的学历水平增加而增大，但统计不显著。

根据模型（3）和模型（4）进行平行趋势与动态检验，将系数 η_k、η_j 在95% 可置信区间上的估计值画出，结果如图 6 - 2 和图 6 - 3 所示。

首先，地方政府实施财政补贴政策之前，在 5% 的显著性水平上各年份虚拟变量的系数与零没有明显差异。这说明在实施财政补贴政策之前实验组与对照组的养老床位供给数量差异没有明显变化，符合平行趋势假设。

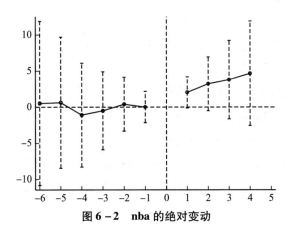

图 6 - 2 nba 的绝对变动

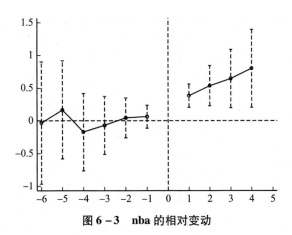

图 6 - 3 nba 的相对变动

其次，在实施财政补贴政策之后，养老机构床位供给数量对地方政府财政补贴的动态响应为正。其中，床位供给增量在财政补贴政策实施后的第 1 期显著增加，而后逐渐减弱；床位供给增长率在财政政策实施后逐年显著增大。

由此可见，当前地方政府针对养老机构实施的财政补贴政策，对于行业供给增长率具有明显的长期激励效果，但对于供给总量的激励仅具有短期效果，本书认为可能的原因在于增长率较小使得供给总量的长期增加趋势并不明显。

二、财政补贴政策对养老床位供给效率的影响

表6-3列示了财政补贴政策对养老床位供给效率——每千老年人口养老床位数的影响，其中，模型（5）和模型（6）反映了财政补贴政策对养老床位供给效率的绝对影响，模型（7）和模型（8）反映了财政补贴政策对养老床位供给效率的相对影响。模型（5）至模型（8）的回归结果均在1%的显著性水平上拒绝原假设"sigma_u = 0"，说明模型设定正确。

表6-3　　财政补贴政策对养老床位供给效率的面板 Tobit 模型回归结果

变量	nbo (5)	nbo (6)	lnnbo (7)	lnnbo (8)
财政补贴政策 ss	3. 992 ***	4. 132 ***	0. 142 **	0. 137 **
人均 GDP 对数值 lnpgdp		2. 210		0. 090
第三产业占比 pti		− 0. 174		− 0. 012 *
城镇化率 citizen		0. 117		0. 009
老年人口对数值 lnna		1. 956		0. 106 *
老年人口抚养比 edr		− 0. 782 **		− 0. 037 ***
平均家户规模 hz		− 4. 075		− 0. 124
大专及以上学历占比 cda		0. 263		0. 012 *
年份效应 year	YES	YES	YES	YES
地区效应 area	YES	YES	YES	YES
Wald chi2	69. 90	92. 27	86. 73	111. 21
Prob > chi2	0. 000	0. 000	0. 000	0. 000

注：* 、** 和 *** 分别表示在10%、5%和1%的水平上显著。

由模型（5）和模型（6）可知，在1%的显著性水平上，地方政府的财政补贴使得每千老年人口养老床位数在绝对意义上增加3.99～4.13

张；模型（7）和模型（8）的结果表明，财政补贴政策的实施使得每千老年人口在相对意义上增长 13.7% ~14.2%，显著性水平为 5%。

控制变量中，人均 GDP 对养老床位供给效率的影响是正向的，每千老年人口床位数随人均 GDP 的增长而增加，但统计不显著。第三产业占比、城镇化率、老年人口对数值对养老床位供给效率的影响不显著。老年人口抚养比作为衡量人口老龄化的相对指标，对行业供给效率的影响为负。平均家户规模对行业供给效率的影响也是负的，但统计不显著。行业供给随地区人口整体的学历水平增加而增大，但统计不显著。

平行趋势与动态趋势检验结果（见图 6-4 和图 6-5）表明：

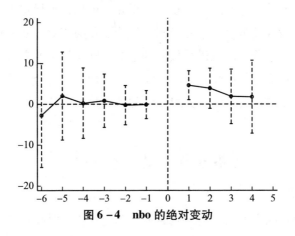

图 6-4　nbo 的绝对变动

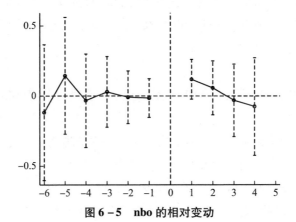

图 6-5　nbo 的相对变动

（1）地方政府实施财政补贴政策之前，各年份虚拟变量的系数与零没有明显差异，显著性水平为5%。说明实验组与对照组的养老床位供给差异没有明显变化，符合平行趋势假设。

（2）在财政补贴政策实施之后，每千老年人口床位数的绝对响应为正，尤其在政策实施后的第1年每千老年人口床位数增量显著大于0，而后逐渐减小且与0没有显著差异；而每千老年人口床位数的相对变动显著性水平不高，且仅在财政政策实施后的第1年和第2年系数为正。

综合以上分析可知，尽管财政补贴政策对养老床位供给数量与供给效率具有明显的促进作用，但政策效果并不理想；平行趋势与动态检验结果表明，财政政策仅对于养老床位供给数量的相对变动表现出长期激励效果；而对于养老床位供给数量的绝对变动与供给效率仅具有一定的短期影响，不具有长期激励效应。说明当前地方政府针对养老机构所实施的建设补贴与运营补贴政策对于增加养老机构床位供给的作用有限。

第六节　进一步分析

实证分析结果表明，地方政府针对养老机构的财政补贴政策短期效果明显，但不具备长期效应，说明目前实施的财政补贴政策尚不成熟，不利于建立促进养老床位供给的长效机制。本节从七个方面进一步展开分析和论证。

一、对公办养老机构的建设补贴高于民办养老机构

公办养老机构是指由政府或集体投资兴建的为老年人提供兜底养老保障的一类养老机构。起初公办养老机构（社会福利院、敬老院）的设立是为了安置城市的"三无"老人、农村的"五保"老人以及经济困难的失能、孤寡老人，但随着社会养老制度的不断完善，"三无"老

人、"五保"老人的数量大幅减少，使得公办养老机构的"闲置率"越来越高。然而在老龄化加速到来的时代里，老年人对养老机构的需求急剧增加，于是公办养老机构开始对社会开放，接收社会一般的老年人入住。

首先，公办养老机构的发展历史相对久远，加之早期公办养老机构属于国家的事业机关或行政单位，政府对公办养老机构的扶持保障力度远高于民办养老机构，受这种红利的影响，公办养老机构在建设、运营等方面都比民办养老机构更具优势。以表 6 - 4 中 2014 年天津市对各类养老机构的建设补贴情况为例，可以看出在同等条件下，公办养老机构能够获得的补贴是民办养老机构的两倍。

表 6 - 4　　　　　　　　2014 年天津市养老机构建设补贴标准

机构类型	建设补贴标准
公办养老机构	由政府投资新建或购置建设并形成产权的养老机构，给予每张床位 3 万元一次性建设补贴； 由政府投资改扩建的新增养老机构床位，给予每张床位 1.2 万元一次性建设补贴
民办养老机构	由社会力量投资新建或购置建设并形成产权的非营利性养老机构，给予每张床位 15000 元一次性建设补贴； 由社会力量投资改扩建的新增非营利性养老机构床位，给予每张床位 6000 元一次性建设补贴

资料来源：《关于调整养老机构补贴标准的通知》。

其次，公办养老机构具有一定的"公益性"，即公办养老机构的服务价格往往会更加便宜，经济不富裕的老年人就会优先选择入住公办养老机构。又由于政府会对公办养老机构更加"偏爱"，使得机构更容易存续，发展更加有保障，更能赢得老年人的信赖。而民办养老机构要想维持企业的良性发展，首先就要考虑"盈利"的问题，这就意味着在价格的制定上需要高于行业的长期平均成本，最终导致民办养老机构的定价远高于公办养老机构。价格上的巨大差别不可避免地会对老年人的需求偏好产生影响，进而挤出民办养老机构，破坏了养老服务业公平有序的竞争发展环境。

二、部分省份对民办养老机构的运营补贴条件苛刻

根据对各省份民政部门官网上公开发布的养老补贴政策文件的汇总整理（见表6-5），可以发现目前一些地区针对民办养老机构（含公建民营）的运营补贴条件较为苛刻，对养老机构的入住率以及所拥有的床位数量要求较高，即只有达到一定规模的养老机构才有申请政府运营补贴的资格。这样的补贴条件会过滤掉一些规模小或入住率不达标的养老机构，而往往这种养老机构在经营中面临的困难更大，更需要政府的财政补贴资助。可见，一个地区如果采用"一刀切"式的补贴方法，就会使一部分养老机构申请补贴的门槛变高。

表6-5　　　　　　　辽宁和黑龙江民办养老机构运营补贴条件

省份	补贴条件	文件
辽宁	合居型居室每张床位的使用面积不小于5平方米；居室使用面积：单人间不小于10平方米；双人间不小于14平方米，三人间不小于18平方米	《关于申报省财政民办养老机构运营补贴资金有关问题的通知》
	连续经营满6个月且继续经营，入住率在30%以上，对实际使用的床位数量进行补贴	
黑龙江	床位规模30张以上，连续经营满6个月且继续经营的，按老年人实际占用床位给予运营补贴	《关于支持民办养老产业发展的意见》

同时，以养老机构规模作为补贴单位会存在一定的道德风险问题，使一些养老机构为了多获得政府的补贴，恶意增添床位，而忽视其基础设施的质量。对此的解决之道是养老机构补贴创新，从以"数量"为补贴标准转化为以"质量"为补贴标准，实行更加灵活高效的补贴方式。例如，"星级补贴"模式，即有关部门按照一定的标准将养老机构

划分不同的星级，从而进行差别补贴；"以奖励代替直接补贴"的补贴方式，以促进养老机构运营的积极性，保证服务质量。然而目前只有北京、上海等少数养老产业发达的地区采用了前面提到的灵活补贴方式，国内的大多数省份仍采用传统僵化的补贴模式，不利于养老机构供给的增加。

三、部分省份的运营补贴政策更倾向于非营利性民办养老机构

民办养老机构，是指在国家政策引导下，由企业、组织、个人出资创办的一类养老服务机构。按照是否以营利为目的，又可以进一步将民办养老机构划分成民办营利性养老机构与民办非营利性养老机构。经整理，笔者发现我国仍有较多省份存在对民办营利性养老机构与民办非营利性养老机构实施差别补贴的现象，即只为民办非营利性养老机构提供运营补贴，不给民办营利性养老机构提供补贴。在各省份民政部公示的养老扶持政策文件中，明确指出对各类型民办养老机构提供相同运营补贴的地区仅有北京①、天津②、广州③、江苏④和浙江⑤。还有的省份虽然在政策文件中也提及了可以对民办营利性养老机构进行建设补贴或运营补贴，但补贴条件较为苛刻。比如福建在《关于进一步促进养老机构健康发展十条措施的通知》中规定，只有列入养老服务 PPP 工程包的营利性养老机构以及护理型床位达到 30% 以上的民办营利性养老机构

---

① 北京市民政局关于进一步做好养老机构运营补贴工作的通知［EB/OL］. http：//www. beijing. gov. cn/zhengce/zhengcefagui/202004/W020210301366064242827. pdf.

② 天津市城企联动普惠养老专项行动政府支持政策清单［EB/OL］. http：//www. tjhq. gov. cn/zwgk/zcwj/hongqiaozhengce/qybj80/202012/t20201211_4849852. html.

③ 广州市民政局广州市财政局关于调整经营性民办养老机构护理补贴有关事项的通知［EB/OL］. https：//www. gz. gov. cn/gfxwj/sbmgfxwj/gzsmzj/content/post_5487652. html.

④ 关于公布我省养老服务扶持政策措施清单的公告［EB/OL］. http：//mzt. jiangsu. gov. cn/art/2019/6/28/art_55002_8597232. html.

⑤ 浙江省民政厅关于养老服务扶持政策的公告［EB/OL］. http：//mzt. zj. gov. cn/art/2019/11/1/art_1632728_39708247. html.

才可以获得床位运营补贴。

然而养老服务行业收益率低、周期长的特点要求民办养老机构需投入充足的资金以维持自身的正常运转。同时，与公办养老机构相比，其在制度、医疗等方面缺乏保障，民营机构必须投入更多的运营成本提升竞争地位。因此，若不能获得政府在资金上的帮助，仅靠入住老人缴纳的费用难以实现长足发展，大大降低了社会资本创办营利性养老机构的积极性，进而影响到整个行业的供给。

四、一些省份养老政策顶层设计缺乏、补贴标准不明确

各省份关于养老机构的财政支持政策多以公告、通知、意见的形式颁布施行，发布政策的部门机构较为分散，缺乏统一的集中管理。多数省份民政部门官网的页面板块设计并不合理，各个养老政策文件之间没有关联性，条文内容往往"浅尝辄止"，建构不起一个完整的政策补贴支持体系。再加上网站的关键词检索功能不精准，为那些想要了解政府对创办养老机构有何种补贴政策的社会公众带了极大的信息搜集障碍，无形中又增加了养老机构的运营成本。

国务院办公厅在 2019 年发布的《国务院办公厅关于推进养老服务发展的意见》中要求各省份于同年 6 月底前公开本行政区域现行的养老服务扶持政策清单。然而，笔者在上海、陕西、河南的相关网站上仍查询不到公示的汇总清单。在已公布政策清单的省份里，还存在补贴内容不够明确、有较大补贴弹性的现象。如天津的"对养老机构提供养老服务适当减免行政事业性收费"[①]；贵州的"对社会力量兴办的非营利性

---

① 关于印发《天津市城企联动普惠养老专项行动政府支持政策清单》的通知 [EB/OL]. http://www.tjhq.gov.cn/zwgk/zcwj/hongqiaozhengce/qybj80/202012/W020201211516437565144. pdf.

养老机构，逐步提高运营补贴标准"①；吉林的"各地要探索建立居家养老服务补贴、养老机构运营补贴等政策"②，本书认为这种宏观指导性语言使得养老政策在落地实施过程中大打折扣。

五、各省份财政投入差异较大

对养老机构的财政补贴由地方财政负责，补贴力度严格依赖于地方经济的发展状况。以床位建设补贴为例，笔者根据各省份现有的资料，整理了各省份对养老机构床位建设补贴的情况（见表6－6）。由表6－6，可以看出地方财政与财政补贴的关联性。总的来说，东部地区的补贴力度高于中部地区、西部地区。在不同地区内部的不同省份之间，因经济实力不同补贴水平也存在较大差异。对民营养老机构的运营补贴也表现出由东向西逐渐减弱的特征。

表6－6　　　　　　　各省养老机构床位建设补贴情况　　　　单位：元/床

东部地区	床位建设补贴	中部地区	床位建设补贴	西部地区	床位建设补贴
北京	20000～25000	山西	3000～5000	重庆	5000～10000
天津	6000～15000	内蒙古	2000～6000	四川	11000
河北	2000～4000	吉林	3000	贵州	3000
辽宁	6000	黑龙江	2000	云南	500～10000
上海	10000～20000	安徽	2000～5000	陕西	2000～3000
江苏	5000～10000	江西	1000～2000	甘肃	4000～10000
浙江	1000～8000	河南	1200～9000	青海	10000
福建	5000～10000	湖北	1000～15000	宁夏	13000

---

① 省人民政府办公厅印发《关于支持社会力量发展养老服务业的政策措施》的通知 ［EB/OL］. http：//invest. guizhou. gov. cn/tzgz/tzgk/tzzc/dfzc/qdn/201703/t20170301_10996369. html.

② 吉林省人民政府关于加快养老服务业发展的实施意见 ［EB/OL］. http：//xxgk. jl. gov. cn/szf/gkml/201812/t20181205_5349628. html.

东部地区	床位建设补贴	中部地区	床位建设补贴	西部地区	床位建设补贴
山东	2000 ~ 8000	湖南	5000 ~ 10000		
广东	3000 ~ 15000				
广西	3000 ~ 5000				
海南	300 ~ 2500				

根据《中国统计年鉴 2019》数据显示（见表 6 - 7），全国每千名老年人口养老机构床位数为 29.15 张，东部每千名老年人口养老机构床位数超过全国平均水平的共有北京、河北、江苏、浙江、广东 5 个省份，占东部地区的 41.7%；中部每千名老年人口养老机构床位数超过全国平均水平的有内蒙古、安徽、湖北 3 个省份，占中部地区的 33.3%；西部每千名老年人口养老床位数超过全国平均水平的有贵州、甘肃、青海 3 个省份，占西部地区的 30%。总体上看，我国养老机构建设水平呈现出明显的区域化差异，自东部向西部逐区域递减。

表 6 - 7   我国养老机构建设情况

东部	每千名老年人口养老床位数（张）	养老机构（个）	中部	每千名老年人口养老床位数（张）	养老机构（个）	西部	每千名老年人口养老床位数（张）	养老机构（个）
北京	31.14	554	山西	20.19	550	重庆	25.14	903
天津	22.22	368	内蒙古	54.75	693	四川	28.41	2401
河北	30.09	1429	吉林	23.67	1455	贵州	30.40	925
辽宁	19.41	1838	黑龙江	27.39	1478	云南	15.05	837
上海	27.90	678	安徽	34.75	1829	西藏	8.20	14
江苏	39.45	2415	江西	26.83	1571	陕西	23.30	689
浙江	54.17	1666	河南	21.39	2527	甘肃	30.42	233
福建	26.38	539	湖北	32.77	1622	青海	30.55	68

东部	每千名老年人口养老床位数（张）	养老机构（个）	中部	每千名老年人口养老床位数（张）	养老机构（个）	西部	每千名老年人口养老床位数（张）	养老机构（个）
山东	27.54	1861	湖南	23.85	2238	宁夏	24.52	107
广东	31.02	1760				新疆	16.48	386
广西	23.95	419						
海南	11.85	20						

注：每千名老年人口养老床位数的数据来自《中国统计年鉴2019》，养老机构数（提供住宿）的数据来自民政部2019年4季度民政机构情况。

六、忽视对社区养老机构的补贴扶持

比起一般的社会养老机构，社区养老机构（如社区养老服务中心、日间照料中心）为老年人提供了更大的交通便利，其日间提供服务照料、晚间可以回家享受家庭生活的养老模式也深受老年人的喜爱。同时，社区养老机构在用地等方面具有一定的优势，若加以利用可以节省社会资源，为养老服务业的发展做出贡献。然而，受资金不足、缺乏专业护理人员等方面的影响，目前我国社区养老机构的运营并不理想。地方政府对社区养老机构的重视度不高，本书根据各省份现已出台的养老政策扶持文件做了以下梳理（见表6-8）。通过表格可以清楚地看到，在政策文件中我国有超过一半的省份鲜有提及对社区养老机构建设补贴或运营补贴的具体措施，而在已将社区养老机构纳入补贴范围的省份里仍存在着建设补贴或运营补贴标准不明确的现象。如在江苏、安徽、内蒙古的相关养老政策文件中，只是指出要加大对城市社区居家养老服务照料中心的补贴力度，没有具体的补贴标准。可见，我国社区养老机构的发展还不具规模，地方政府对其财政补贴投入力度还有待加强。

表6-8　　　　　　　　各省份针对社区养老机构的补贴情况

未进行补贴的省份	针对社区养老机构进行补贴的省份		
	补贴标准明确		补贴标准不明确
河北 辽宁 黑龙江 上海 浙江 河南 湖南 广东 广西 海南 贵州 陕西 甘肃 青海 宁夏	北京	建设资助： 1. 新建项目：在空白区新建、利用现有设施改造的，每新增一张床位补2万元，最高补300万元； 2. 扩改建项目：在空白区扩建的，每新增一张床位补2万元，最高补300万元；利用现有条件进行改造的，按改造费的50%予以补贴，最高补150万元	江苏 内蒙古 安徽
		运营资助： 1. 服务流量补贴：不低于总服务总收入50%的比例予以资助； 2. 托养流量补贴：日间托养每人每天不低于15元，短期全托每人每天不低于30元； 3. 连锁运营补贴：每连锁运营1家，给予不低于5万元的一次性补贴	
	天津	建设资助：按新建托老所每床位一万元给予一次性补助； 运营补助：按实际入住人数，每人每月100元补贴	
	山西	经过改造开办、符合条件的民办社区老年人日间照料中心，每张床位补助3000元	
	吉林	按照建设面积，给予日间照料中心5万~10万元补贴；给予城市社区居家养老服务中心30万~50万元补贴	
	福建	对已建成的城市社区居家养老服务中心（站）的运营补贴：每个每年≥20000元；农村社区居家养老服务中心，每个每年≥5000元	
	江西	对按规划和标准新建的城乡社区居家养老服务中心（站），每个补10万~20万元	

未进行补贴的省份	针对社区养老机构进行补贴的省份		
	补贴标准明确		补贴标准不明确
河北 辽宁 黑龙江 上海 浙江 河南 湖南 广东 广西 海南 贵州 陕西 甘肃 青海 宁夏	山东	符合条件的城市社区老年人日间照料中心，分别给予15万元、20万元、25万元的建设补助；不符合条件但建筑面积超过300平方米的，给予10万元建设补助；并依据其规模给予4万~6万元的开办补助	江苏 内蒙古 安徽
		面积为300~1084平方米的城市社区老年人日间照料中心，补6万元； 面积为1085~1559平方米的城市社区老年人日间照料中心，补8万元； 面积为1600平方米以上的城市社区老年人日间照料中心，补10万元；均连补三年	
	湖北	验收合格的社区老年人服务中心（站），给予每家15（9）万元的一次性建设补贴；运营考核正常的，再分别给予每年10（5）万元的运营补贴	
	重庆	新增的社区养老服务站，平均每个给予20万元补助；区域性、综合性的市级示范社区养老服务中心，平均每个给予200万元建设补贴。运营补贴同养老机构	
	四川	城市社区日间照料中心建设，每个补助30万元； 农村社区日间照料中心建设，每个补助25万元	
	云南	对城乡社区居家养老服务机构按照不同等级分别予以2万元、2.5万元、3万元、3.5万元、4万元的运营补助	

注：根据各省份民政部养老政策文件汇总整理。

七、行业准入门槛高

养老服务行业的准入门槛高，主要体现在以下三个方面：

（1）行业审批程序烦琐。我国的《养老机构设立许可办法》自2013年7月开始实施，在该《办法》的约束下，社会资本创办养老机构就需要在多个部门办理登记审批手续，烦琐的流程为社会资本进入养老服务行业设立了不小的屏障。在此背景下，2018年7月18日国务院总理李克强主持召开国务院常务会议，会议指出要取消养老机构设立许可[1]，7月25日民政部下发《关于贯彻落实国务院常务会议做好取消养老机构设立许可有关衔接工作的通知》，要求各级民政部门调整养老机构的进入程序。

尽管这一举措降低了行业准入门槛，但各省份在具体执行上有一定的滞后性。截至2020年3月31日，北京、上海、天津、山东、广东、广西、贵州、河南、甘肃、湖北、新疆、浙江等10余省份发布了取消养老机构设立许可的文件，尚有很多地方存在行政审批障碍。同时，在国务院的政策出台后，新京报记者采访了取消养老机构许可地区的一些民办养老机构负责人，负责人表示，虽然取消了许可，但以往所需要的各种资料和手续并没有相应减少。[2]

（2）"用地贵""拿地难"，养老服务设施用地供给不足，尤其是一线城市土地资源更加紧张，民办养老机构要想得到土地的"划拨"，除获得审批的时间久、流程多以外，还需要付出高昂的土地使用费用，这在一定程度上也阻碍了社会资本进入养老服务行业。

（3）"融资难"。民办养老机构在向金融机构申请贷款时，往往要用土地等固定资产进行抵押，而很多新建的民办养老机构都使用租赁土地，无法提供土地证明。如果养老机构没有一定的固定资产进行抵押，银行出于风险控制很难将充足的贷款资金批给养老机构。因此，即使养老服务行业的发展前景良好，由于深受"融资难"问题的困扰，也会使一部分社会力量望而却步。

总而言之，若想提高养老机构的供给数量，仅依靠运营补贴、建设补贴是远远不够的，财政补贴的效果具有一定的局限性。国家还需从土地、融资、税收、人才就业等方面制定和落实具体的福利政策，进而吸引更多的社会资本投入养老服务行业的建设中。

---

① 7月18日的国务院常务会定了这两件大事［EB/OL］. http：//www. gov. cn/xinwen/2018 - 07/18/content_5307521. htm.

② 养老机构设立许可放开65家上市企业提前布局［EB/OL］. http：//www. chinanews. com/sh/2019/12 - 03/9023422. shtml.

第七节 结论与政策建议

实证研究结果表明，在短期内地方财政补贴政策对养老床位的增加具有一定的正向促进作用，同时我们也可以看到，这种促进作用是有限的，并且进一步梳理了财政补贴政策具有局限性的具体原因。这意味着，地方政府还应在补贴方式等方面做出优化和调整，以提升地方政府对养老机构财政补贴的效率。为了更好地完善我国地方政府针对养老机构的财政补贴政策，本书提出以下建议：

第一，坚持平等补贴原则。平等是指要平等地看待公办养老机构与民办养老机构，使各种类型的养老机构平等地享有获得运营补助的权利，也要平等地看待民办营利性养老机构与民办非营利性养老机构。由于目前我国各省份的不平等补贴现象还很严重，地方政府应从政策层面上扭转这一局势，进而为各类型养老机构营造平等竞争的市场环境。如北京在《北京市民政局关于进一步做好养老机构运营补贴工作的通知》中明确了养老机构运营补贴的对象范围，即包含社会办非营利性养老机构、社会办营利性养老机构、公办（建）民营养老机构，为我国其他省份提供了平等补贴的新思路。

第二，构建科学合理的多元化补贴方式。我国目前多数省份养老运营补贴方式较为传统和僵化，政府的直接补贴会在一定程度上挤出私人投资，使养老机构对政府的补贴产生依赖，与现行的养老服务发展需求不相适应，难以激发养老机构的内生动力与发展活力，因此需要转变政府对养老机构的直接运营补贴模式，构建更加科学合理的多元化补贴方式。如一些省份开创的"以奖励代替直接补贴"模式、"星级补贴"模式，这种将补贴与养老机构的服务水平、经营水平联系在一起的模式，不仅可以推动养老服务机构不断向标准化、规范化改进，增强养老机构的经营动力，还可以提升本地区的养老补贴效率。对于已经实施新型灵活补贴方式的省份应进一步细化完善其补贴对象、补贴条件，根据地区经济发展水平以及养老服务发展进程对补贴金额做出适当调整。对于尚未实行该类型补贴方式的省份更要对本地区的养老补贴模式做出改进，加快制定针对地方养老机构更有效率的补贴方式。要加快实现地方政府对养老机构的财政补贴从"补床头"向"补人头"的转变，既能使机构真正获利，又可以使政府实行养老补贴政策的初衷不落空，减少道德风险。另外，还可以按照养老机构收住的老年人类型的不同实行差别补贴，不仅可以使补贴更加有针对性，还可以增强养老机构的社会责任感。总之，地方政府应使其发放的每一份养老补贴资金发挥它最大的效用，进而构建起地方政府针对养老机构科学合理的长效补贴机制。

第三，统筹规划完善各地区的养老补贴政策。推动养老机构的发展需要多个政府部门齐心合力，各部门在制定政策时需要具有统一性、连贯性。为了避免政策的分散化，地方政府的民政部门应对当地发布的与养老服务行业相关的政策文件进行整合，使其形成一个完整的政策体系，并对此进行集中管理与公示，同时要明确各项养老补贴工作的具体负责单位，做到"有文件可依"，各司其职。政策的透明化、公开化能够使社会力量在参与养老服务行业发展的过程中更加有保障。目前，上海等地在民政部门官方网站上专门搭建了养老服务平台，统计、公开该地区的养老机构状况，该项举措值得在全国范围内进行推广。在对养老机构供需状况的信息掌握方面，政府具有绝对的优势，因此地方政府应动态统计该地区养老资源的供需状况，并向社会公开，明确政府的职责与角色，引导市场更加合理地利用与调整地区养老资源。

地方政府也应重视社区养老机构的建设，加大对社区养老机构财政补贴以及政策扶持的投入力度，将社区养老机构纳入养老服务的补贴范畴中，加快制定合理适宜的补贴扶持政策，细化和完善其补贴内容，为社区养老机构的发展提供政策上的保障。

第四，降低行业准入门槛，激发市场活力。各地方政府仍要大力推进和落实取消养老机构设立许可的工作，同时重新检视梳理本地区过往公布的涉及养老机构设立许可的相关政策，深入研究其后续具体调整解决办法，确保取消许可之后的相关工作得以平稳衔接。除此之外，地方政府还应在土地、融资、人才引进、医疗保障等资金投入更大的方面对养老机构予以政策上的倾斜，缩短养老机构收回成本的期限，清除社会力量在投资建设养老机构时的阻碍，调动社会力量投入其中的积极性，进而激发养老服务市场的活力，加速我国养老服务市场化的改革步伐，使我国的养老产业形成良性循环。

|下 篇|
养老模式选择与评价

第七章

"数量—质量"权衡对老年人
居住安排的影响

20 世纪 80 年代以来，我国家庭中子女由数量向质量转变的现象十分普遍，而这种转变对老年人居住安排具有重要影响。本章使用 2015 年 CHARLS 数据并结合二元 logit 模型和多元 logit 模型分析家庭中子女"数量—质量"转变对老年人居住安排的影响。结果发现：子女数量增加不仅使得老年人与子女同住的可能性增大，同时也会缩短居住距离；而子女质量的提高则会降低同住的可能性，对居住距离的影响随老年人年龄的增长而先增加后减小，当老年人到达一定年龄后，与子女居住在同一社区或同一县/市/区的概率增加。由此可见，"数量—质量"转变将显著降低老年人与子女同住的可能性，但并不必然造成居住距离的增大。进一步分析表明，老年人与子女居住距离的缩短主要源于向下代际照顾的需要。

第一节 引 言

居住安排是影响老年人生活质量和身心健康的重要因素。千百年来，儒家传统文化以"孝"为核心，"小孝治家，大孝治国"的伦理思想，使得与子女同住、多代同堂是传统社会中老年人的主流居住方式。

但随着城镇化的发展，人口流动频繁、生活节奏加快、社会观念转变等因素极大地冲击了传统的居住方式，现代社会中代际分居已经成为家庭居住安排的主要方式。有学者基于 2011～2012 年 CHARLS 数据，指出48%的老年人独居或与配偶共同居住，这一比例远高于其他亚洲国家（Lei et al.，2015）。据第六次人口普查数据显示，2010 年老年人与子女及孙子女共同居住（直系三代户）的比例仅为 32.8%，较 1982 年的47.2%下降了 14.4 个百分点。

与此同时，受计划生育政策冲击、经济快速增长与居民收入水平提高的影响，我国家庭中子女由数量向质量转变的现象普遍存在。自1981 年五届全国人大四次会议将"限制人口的数量，提高人口的素质"制定为我国的人口政策以来，成年父母的生养决策中以质量代替数量的特征十分明显。一方面，生育率与生育意愿持续低迷。自 2016 年"二孩"政策全面放开以来，每年出生人口不升反降，其中，2019 年出生人口为 1465 万人，出生率为 10.46‰，为新中国成立以来最低水平[①]。另一方面，国民教育水平大幅提高。据教育部数据显示，2019 年高中教育和高等教育毛入学率分别高达 89.5% 和 51.6%[②]。张云月和谢宇（2015）的研究表明，尽管当前我国儿童的兄弟姐妹数量较少，但教育资源的获得与兄弟姐妹数量仍然呈显著负相关。

子女作为老年人生活决策的主要参与者，家庭以子女数量向质量的转变势必会影响父母年老时的居住安排，那么，以子女数量替代质量会如何影响老年人的居住安排呢？是否会增加子女同住概率并缩短居住距离，还是相反？相关文献鲜有提及，而对该问题的研究，在社会养老支持普遍不足的背景下尤为必要。本书以贝克尔（Becker，1960）提出的"数量—质量权衡"为理论基础，探讨子女数量与质量如何影响老年人的居住安排，在分析是否与子女共同居住的基础上，进一步考虑空间距

---

① 2019 年中国人口出生率创新低 年轻人不愿生娃了吗 [EB/OL]. http：//www. xin-huanet. com/politics/2020 – 04/28/c_1125915110. htm.

② 中国教育概况——2019 年全国教育事业发展情况 [EB/OL]. http：//www. moe. gov. cn/jyb_sjzl/s5990/202008/t20200831_483697. html.

离差异,分析居住距离的形成机制。可能的研究贡献在于,相关研究结论将为成年父母的生育决策提供参考;同时,也有利于相关政策部门在对涉及国计民生的教育、人口等制度和政策的制定与完善时,兼顾老年人的居住安排。

第二节 理论与文献综述

有关老年人居住安排的相关理论最早见于以社会学家伯吉斯(Burgess)和古德(Goode)为代表的现代化理论,该理论认为18世纪以来的工业化和城市化过程引发了家庭体系的重组,扩大家庭或联合家庭逐步被核心家庭或夫妇家庭所取代,代际同住模式日渐式微。其中,伯吉斯(Burgess,1916)提出"核心家庭"的概念,并指出其是现代社会的必然产物;古德(Goode,1963)用二分法,以亲子关系和夫妻关系的相对重要性为标准,将家庭结构划分为夫妻家庭和传统家庭,并提出现代化过程将使得所有家庭都趋向于夫妻家庭转变。原因在于工业化和城市化过程中工作机会的增加创造了人们在职业与地理位置上流动的可能性,成年子女为了更好地适应现代经济对劳动的需求而不得不拉大与父母的居住距离(石金群,2016)。而20世纪70年代以来,英国历史和人口学家斯通(Stone)和拉斯莱特(Laslett)提出了文化影响论,他们通过对欧洲历史、人口和家庭的研究发现,早在工业革命之前欧洲家庭就已具备了现代家庭的主要特点——核心家庭结构和低生育率,据此他们认为影响家庭居住安排的主要因素并非经济发展和工业化水平,而是文化因素,其基本观点是各国的家庭模式差别主要受文化的影响(Stone,1979;Laslett,1972)。现代化理论和文化影响论主要从宏观层面解释阐述居住安排的形成机制,而无法解释在同样的社会结构和文化背景下,不同家庭代际居住安排的多样性。

自20世纪80年代开始,一大批学者对家庭结构变迁进行了微观层次的研究(Caldwell,1976,1982;Becker,1976),侧重于从个体的角度探讨居住方式的形成和运作机制，认为居住安排是个体做出的理性选择，即理性选择理论，在该理论框架下老年人的居住安排是在一系列现实约束下进行理性选择的结果。现有文献主要从人口学特征（封铁英和高鑫，2017）、经济收入（陈皆明和陈奇，2016）、养老保险（张苏和王婕，2015；冷熙媛和张莉琴，2018）、现代化意识（杨舸，2017；王建平和叶锦涛，2019）、房地产市场（吴伟和周钦，2019；韦艳和张本波，2019）等角度进行阐述，相关研究结果有利于为我国实现老有所养提供丰富的经验证据和数理支持，但鲜有文献考察家庭在子女数量向质量的转变对老年人居住安排的影响。仅一篇文献使用 PSFD 数据研究我国多子女家庭中老年人居住安排的理性选择，指出根据比较优势，当老年人身体健康能够提供家务支持时将与学历较高的子女同住，而当老年人需要照料时将与学历较低的子女同住（Ma and Wen，2016）。

贝克尔（Becker，1960）在《生育率的经济分析》（An Economic Analysis of Fertility）一文中提出"数量—质量"权衡理论，他假设父母的效用函数依赖于子女的数量和质量，并基于新古典经济学的分析框架论证，在家庭预算约束下成年父母对子女的数量与质量进行权衡。1990年，贝克尔等（Becker et al.，1990）进一步在人力资本投资回报递增的理论框架下指出，当人力资本水平较低时对应着较低的人力资本投资回报，使得在生育数量与质量的权衡中数量占据主导地位，经济最终将陷入"马尔萨斯陷阱"；而当人力资本水平较高时，技术进步与人均收入水平明显增长，使得人力资本投资回报增大，此时家庭更加注重生育质量的提高而减少生育数量。

第三节　数据、变量与模型

一、数据说明

使用 2015 年中国健康与养老追踪调查（CHARLS）数据，该调查是北京大学国家发展研究院主持、北京大学中国社会科学调查中心与北京大学团委共同执行的针对我国 45 岁及以上中老年家庭和个人开展的一项调查，样本覆盖全国 28 个省（自治区、直辖市）的 150 个县、450 个社区（村），约 1 万户家庭中的 1.7 万人，问卷内容包括个人基本信息、家庭结构和经济支持、健康状况、体格测量、医疗服务利用和医疗保险、工作、退休和养老金、收入、消费、资产以及社区基本情况等。由于研究目的是关注子女数量质量权衡对其老年时居住安排的影响，因此，本书选取 60 周岁及以上、子女数量大于 0 的老年样本，经筛选后共有 5685 个有效样本。考虑到样本为 1910 ~ 1955 年出生的老年人，其生育数量受计划生育政策影响较小，适用于分析数量质量权衡对居住安排的影响。

二、变量选取

对关键变量的选取与统计特征的说明包括以下几点。

1. 被解释变量为居住安排

首先，将居住安排分为（与子女）共同居住和独立居住两种模式；其次，考虑空间距离差异，进一步将独立居住分为三种类型："（与至少一个子女）住在同一村/社区""（与至少一个子女）住在同一县/市/区""（与子女）住在不同的县/市/区"，针对以上四种居住安排分别赋值 1、2、3、4。样本中，与子女共同居住的老年人占比为 46.4%；独立居住的老年人比例为 53.6%，其中，住在同一村/社区的比重为 28.6%，住在同一县/市/区的比重为 16.0%，住在不同县/市/区的比重为 9%。

2. 核心解释变量为体现数量与质量的子女数量和子女教育水平两个变量

其中，子女数量根据问卷中"您有多少个健在子女？"得到。样本中，有 1 个子女占比为 6.9%，有 2 个子女占比为 24.1%、有 3 个子女占比 25.6%、有 4 个子女占比 20.3%、有 5 个及以上占比 23.0%；

子女教育水平依据问卷中针对老年人的每一个子女最高学历由低到高设置的 1~11 选项及子女数量求平均值得到。样本中老年人子女的平均学历在初中以下的占比为 51.8%，初中及以上占比为 48.2%。

3. 控制变量

为保证外生性，控制变量选取婚姻状况、城乡分布、年龄和性别等个体层面指标（见表 7-1）。同时，为分析居住距离缩短的成因，本书按老年人是否有未成年（外）孙子女进行子样本划分，因此，表 7-1 也列示了这一信息，样本中有 16 周岁以下未成年孙子女的老年人占比为 80.7%。

表 7-1　　　　　　　　　　　变量描述性统计

变量名称		变量符号	变量定义	样本 n=5685	
				均值（百分比）	范围
居住安排		lm	与至少一个子女共同居住 =1	46.4	1~4
			与至少一个子女住在同一村/社区 =2	28.6	
			与至少一个子女住在同一县/市/区 =3	16.0	
			与子女居住在不同的县/市/区 =4	9.0	
子女状况	子女数量	kn	存活子女数量	3.448	1~10
	平均教育水平	kedu	对问卷中学历层次求均值得到	4.800	1~11
	未成年子女	kchi	是否有 16 周岁及以下（外）孙子女	0.807	0~1
人口统计特征	婚姻状况	mar	有配偶 =1；没有配偶 =0	0.676	0~1
	城乡分布	rural	农村 =1；非农村 =0	0.717	0~1
	年龄	age	周岁	69.383	60~105
	性别	gen	男性 =1；女性 =0	0.538	0~1

三、基本事实

如图 7-1 所示，老年人的子女数量与子女平均学历层次之间存在明显的负相关关系。本书进一步进行相关性检验，结果表明在 1% 的显著性水平上，全样本数据中二者的相关系数为 -0.388，城市样本的相关系数为 -0.421，农村样本的相关系数为 -0.312。由此可见，数量质量权衡无论在城市还是农村家庭中都普遍存在。

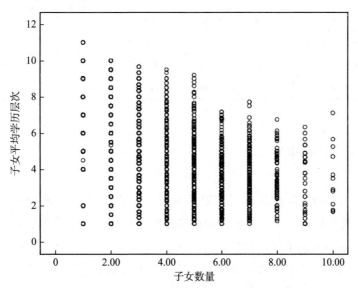

图 7-1　老年人子女数量与子女平均学历层次散点图

进一步比较不同居住模式下老年人子女的数量与质量情况（见表 7-2），结果发现：首先，从子女数量来看，全样本数据中，与子女住在不同的县/市/区的老年人平均拥有子女数量为 2.515 个，而与子女同住的老年人平均拥有子女数量 3.514 个，前者较后者小 0.999；城市样本中，与子女住在不同县/市/区老年人与子女同住老年人相比，子女数量平均少 0.988 个；农村样本中，这一数值为 0.984。其次，从子女学历层次来看，全样本数据中，与子女住在不同县/市/区老年人的子女平均学历层次为 5.566，与子女同住老年人的子女平均学历层次为 4.606，前者较后者大 0.960；城市样本中，这一数值为 0.866；农村样本中这一数值为 0.951。因此，随着居住距离的增加，整体上呈现出子女数量大致减少、子女学历层次有所增加的趋势。

表 7-2　　　　不同居住模式下老年人子女的基本情况比较

居住模式	全样本		城市		农村	
	子女数量	平均学历	子女数量	平均学历	子女数量	平均学历
与子女同住	3.514	4.606	3.053	5.724	3.690	4.179
住在同一村/社区	3.883	4.503	3.336	5.874	4.056	4.069
住在同一县/市/区	3.005	5.471	2.666	6.544	3.206	4.836
住在不同的县/市/区	2.515	5.566	2.065	6.590	2.706	5.130

四、模型构建

本书的研究框架是探讨家庭子女的"数量—质量"转变对老年人居住安排的影响，并从代际照料的角度分析居住模式的产生。首先，将居住安排分为亲子同住和独立居住两大类；其次，逐步将居住距离纳入考虑，构造更为细分的居住模式，从而逐步甄别子女数量与质量对居住安排的影响，构建模型如式（7-1）：

$$lm_i = F(a_0 + a_1 kn_i + a_2 kedu_i + a_3 gen_i + a_4 age_i + a_5 mar_i + \varepsilon_i) \quad (7-1)$$

因变量 lm_i 为居住安排，核心解释变量为子女数量 kn_i 和子女学历水平 $kedu_i$，控制变量为老年人的性别 gen_i、年龄 age_i、婚姻状况 mar_i。为考察"数量—质量权衡"是否造成居住距离的增加以及居住距离的形成机制，在式（7-1）的基础上加入子女质量与父母年龄的交互项 keduage，模型设定如式（7-2）：

$$lm_i = F(a_0 + a_1 kn_i + a_2 kedu_i + a_3 keduage_i + a_4 gen_i + a_5 age_i + a_6 mar_i + \varepsilon_i)$$

$$(7-2)$$

$F(\cdot)$ 代表模型函数形式,当因变量为"是否与子女同住"的二分类变量时,采用二元 logit 模型;当因变量为表示居住距离的多分类变量时,采用多元 logit 模型。使用 Stata 15.0 进行回归分析。

第四节 实证结果分析

一、"数量—质量"转变与共同居住和独立居住:基本结论

子女数量与质量对是否共同居住的二元 logit 模型回归结果如表 7-3 所示。

表 7-3 是否共同居住的二元 **logit** 模型回归结果
(参照组:独立居住)

变量	全样本	农村	城市
kedu	-0.112***	-0.121***	-0.152***
kn	0.040**	0.034	0.075*
gen	0.110*	0.122*	0.122
age	-0.028***	-0.024***	-0.044***
mar	-0.476***	-0.410***	-0.650***
con	2.456***	2.128***	3.904***
Pseudo R^2	0.031	0.023	0.062
n	5685	4075	1610

注: ***、**、* 分别表示显著性水平为1%、5%和10%。

首先,子女质量对共同居住具有明显的负向影响。在1%的显著性

水平上，子女学历平均每增加一个层次将使得共同居住的概率减少10.6%。这一现象在城市尤为明显，子女学历平均每增加一个层次将使得共同居住的概率减少14.1%；而在农村样本中这一数值为11.4%。

其次，子女数量对共同居住的促进作用明显。总体上，子女数量每增加1将使得共同居住的概率增加4.1%，显著性水平为5%；而在城市这一数值为7.8%，显著性水平为10%；农村这一数值为3.5%，但显著性水平不高。

由此可见，成年父母"数量—质量"转变共同居住的影响显著，减少生育数量而提高子女质量的少生优生决策将使得父母年老时与子女共同居住的概率大大降低，其中，子女质量提高对共同居住的抑制作用尤为明显。本书认为这一现象是符合经济学直觉的，可能的解释有两种：一是对子女教育投入增加将促使其流向人力资本回报率更高的地区工作和生活，进而与父母分隔两地；二是学历层次较高的子女往往由于较长时间的求学经历而养成与父母迥异的生活习惯和作息规律，价值观与传统观念的代际冲突也更为激烈，因此，出于尊重双方生活自主性、保护父母的身心健康，选择与子女独立居住更为明智。

控制变量中，年龄与婚姻状态对共同居住具有显著的负向影响且在城市样本中这一表现更为明显。在1%的显著性水平上，全样本中老年人年龄平均每增加1岁与子女共同居住的可能性将降低2.7%，城市样本中这一数值为4.3%；相较于没有配偶而言，有配偶的老年人与子女共同居住的可能性降低37.9%，城市样本中这一数值高达47.8%。

二、"数量—质量权衡"是否会使居住距离增加

二元 logit 模型回归结果表明父母的"数量—质量"转变将使得其与子女共同居住的概率降低，那么这是否意味着居住距离会增加呢？对此，本书进一步将父母的居住安排划分为"与子女共同居住""与子女居住在同一村/社区""与子女居住在相同县/市/区""与子女居住在不同的县/市/区"四种模式，并应用多元 logit 模型进行回归分析。

本书首先检验了在多种居住模式下子女教育投入对居住安排的影响，随后检验了这种影响如何随父母年龄的变化而变动，进而探讨子女质量对父母居住安排的作用机制，结果如表7-4所示。

表7-4　　　　　　居住模式的多元 logit 模型回归结果

（参照组：与子女住在不同的县/市/区）

变量	全样本		农村		城市	
	（1）	（2）	（3）	（4）	（5）	（6）
共同居住						
kedu	-0.172***	-0.396	-0.292***	-0.172	-0.109*	-0.983*
keduage		0.004		-0.002*		0.013
kn	0.388***	0.388***	0.389***	0.390***	0.526***	0.523***
gen	-0.295***	-0.298***	-0.271**	-0.273**	-0.253	-0.257
age	0.020**	-0.002	0.015	0.019	0.001	-0.081
mar	-0.330*	-0.340***	-0.288*	-0.292*	-0.406*	-0.434*
con	0.430	1.826	1.133	0.841	1.274	6.734*
居住在同一村/社区						
kedu	-0.167***	-0.885***	-0.296***	-0.781*	-0.022	-1.294**
keduage		0.011**		0.007		0.019**
kn	0.457***	0.456***	0.458***	0.458***	0.585***	0.581***
gen	-0.564***	-0.569***	-0.563***	-0.568***	-0.497**	-0.500**
age	0.061***	0.008	0.052***	0.021	0.059***	-0.055
mar	0.177	0.163	0.147	0.140	0.328	0.293
con	-3.408	0.173	-2.237	-0.128	-4.491***	3.213
居住在同一县/市/区						
kedu	0.057*	-1.181***	-0.052	-1.085**	0.117*	-1.499**
keduage		0.018***		0.016**		0.024***
kn	0.247***	0.250***	0.241***	0.242***	0.397***	0.395***
gen	-0.315***	-0.321***	-0.236	-0.241*	-0.386*	-0.391*

变量	全样本		农村		城市	
	(1)	(2)	(3)	(4)	(5)	(6)
居住在同一县/市/区						
age	0.040***	-0.056**	0.024*	-0.047	0.043**	-0.105*
mar	0.230	0.203	0.229	0.207	0.276	0.226
con	-3.083***	3.438*	-1.642*	3.162	-3.826	6.175
Pseudo R^2	0.124	0.129	0.123	0.127	0.127	0.132

注：***、**、* 分别表示显著性水平为 1%、5% 和 10%。

由模型（1）可知，父母对子女进行教育投资将使得共同居住和居住在附近的概率明显降低。具体而言，子女学历每增加 1 个层次将使得共同居住和居住在同一村/社区的概率分别下降 15.8% 和 15.4%，显著性水平为 1%。分样本回归结果如模型（3）和模型（5）所示，教育的这种抑制作用在农村尤为明显，在 1% 的显著性水平上，子女学历每提高 1 个层次将使得共同居住和居住在同一村/社区的可能性分别下降 25.4% 和 25.6%；而对于城市样本而言，这一数值仅为 10.4% 和 2.91%，且显著性水平低于 5%。但对子女进行教育投资将使得其与父母居住在同一县/市/区的概率增大，总体回归结果表明，在 10% 的显著性水平上，子女学历每提高 1 个层次，其与父母居住在同一县/市/区的概率将增加 5.9%；城市样本中该值为 12.4%，显著性水平也为 10%；农村样本中该值为 -0.51%，但不显著。

在加入子女教育水平与父母年龄交互项后，子女学历层次对父母居住安排的影响发生较大转变。由模型（2）可知：①子女学历层次对共同居住的影响变得不显著。②子女学历层次对居住在同一村/社区的系数为 -0.885 且显著性水平为 1%，子女学历层次与父母年龄交互项系数为 0.011 且显著性水平为 5%。因此，子女教育水平对居住在同一村/社区的总效应为 $\beta_1 = -0.885 + 0.011age$，这说明随着父母年龄增大，子女学历层次对其与父母居住在同一村/社区的影响将由负转正。当父母的年龄在 80 岁以上时 $\beta_1 > 0$，此时子女学历层次提高将使得其与父母居住在同一村/社区的可能性增大。③子女学历层次对居住在同一县/市/区的系数为 -1.181，其与父母年龄交互项的系数为 0.018，显著性水平为 1%，说明子女教育水平对其与父母居住在同一县/市/区的总效应为 $\beta_2 = -1.181 + 0.018\text{age}$，当父母年龄在 66 岁以上时 $\beta_2 > 0$，其与子女居住在同一县/市/区的概率将随子女学历层次的提高而增大。

分样本回归结果如模型（4）和模型（6）所示，子女学历层次对居住安排的这种正向影响在城市表现得更为明显。城市样本中，在 5% 的显著性水平上，子女学历层次对居住在同一村/社区和同一县/市/区的系数分别为 -1.294 和 -1.499，学历层次与父母年龄交互项的系数分别为 0.019 和 0.024，当父母年龄分别大于 68 岁和 63 岁时，子女教育水平提高对以上两种居住安排的影响显著为正；而在农村样本中，这种正向的促进作用仅对居住在同一县/市/区这种居住模式影响显著。当父母的年龄大于 68 岁时，子女学历层次提高将使得其与父母居住在同一县/市/区的可能性增加，显著性水平为 5%。

因此，在引入子女教育水平与父母年龄的交互项后，可以发现：①随父母年龄增加，子女教育水平对居住安排的影响将由负转正，这种现象在城市样本中尤为明显。说明父母对子女的教育投资并未在绝对意义上增加其与子女的居住距离，当父母步入老年、身体功能有所下降后，子女会减少与父母的居住距离，与父母住在同一社区、同一县/市/区的可能性增加。②在农村地区，随着父母年龄的增大，子女教育水平仅对居住在同一县/市/区有正向影响，子女教育学历层次对居住在同一村/社区的影响仍是负向的。这一结论与余央央和陈洁（2020）一致，农村青壮年子女与父母的居住模式呈现"离土不离县"的格局。本书认为之所以出现这一现象原因在于：农村的就业机会十分有限，子女回迁很难找到合适的工作；同时，由于城乡生活成本与风土人情差异巨大，农村父母也很难适应城市生活。因此，平衡家庭照料需求与子女个人发展需要，适当缩短居住距离，选择居住在同一县/市/区是最为妥帖的选择。③值得注意的是，父母对子女进行教育投资确实降低了其与子女共同居住的可能性，即使父母年龄逐渐增大这一结论也没有发生变化。

第五节　机制分析

实证分析结果表明，以质量替代数量的生育决策并未明显增加老年人与子女的居住距离，随着父母年龄的增大居住距离反而有所缩短，这一现象在城市地区尤为明显。在这部分本书进一步探讨居住距离缩短的成因，是出于代际向上照料的需要还是代际向下照顾的需要。本书针对后者进行了经验检验，主要从两个方面入手：一是，对于有未成年孩子的子女而言，家务劳动更多更需要父母的帮助；二是，教育水平越高的子女进行家务劳动的机会成本越高，因而越需要父母的帮助。在此背景下，本书进一步根据老年人是否有未成年孙子女和子女的学历层次进行子样本划分①并进行多元 logit 模型回归分析（见表 7-5），如果确实出于代际向下照顾的需要而使得居住距离有所缩短，那么，家庭子女"数量—质量"转变应该对有未成年孙子女和子女学历相对较高的老年人的居住安排影响显著，而对没有未成年孙子女和子女学历相对较低的老年人的居住安排影响不显著。

表 7-5　　　　　子样本多元 logit 模型回归结果
（参照组：与子女住在不同的县/市/区）

变量	未成年孙子女		子女学历层次	
	有	没有	初中及以上	初中以下
共同居住				
kedu	-0.788**	0.632	-0.751	-0.116
keduage	0.009*	-0.010	0.008	0.002

---

① 受样本数量限制，这里仅对全样本进行子样本划分，而不再对农村和城市样本进行子样本划分。

变量	未成年孙子女		子女学历层次	
	有	没有	初中及以上	初中以下
共同居住				
kn	0.364***	0.626***	0.353***	0.440***
gen	-0.259**	-0.601**	-0.269**	-0.408**
age	-0.026	0.053	0.035	0.016
mar	-0.272*	-0.584*	-0.412**	-0.220
con	3.464**	-2.705	4.757	-0.287
居住在同一村/社区				
kedu	-1.332***	0.466	-1.710***	-0.643
keduage	0.017***	-0.007	0.021**	0.010
kn	0.438***	0.752***	0.450***	0.504***
gen	-0.525***	-0.781***	-0.486***	-0.713***
age	-0.026	0.073	0.071	0.021
mar	0.162	0.131	0.184	0.026
con	2.500	-5.366	6.190	-1.937
居住在同一县/市/区				
kedu	-1.634***	0.437	-1.296**	-1.075
keduage	0.025***	-0.003	0.019**	0.017
kn	0.266***	0.401***	0.239***	0.287***
gen	-0.224*	-0.726**	-0.181	-0.576***
age	-0.105***	0.045	-0.068	-0.044
mar	0.294*	-0.002	0.105	0.379*
con	6.446***	-4.116	4.596	2.396
Pseudo R^2	0.117	0.179	0.113	0.087

注：***、**、*分别表示显著性水平为1%、5%和10%。

如表7-5所示，子女数量向质量的转变对于没有未成年孙子女和子女学历层次在初中以下的老年人的居住安排不显著；而在有未成年孙子女的子样本中，随着父母年龄的增加，子女教育水平对居住安排的影响发生明显变化。平均而言，在1%的显著性水平上，当父母年龄分别高于78岁和65岁时，子女学历层次提高将使得居住在同一村/社区和居住在同一县/市/区的可能性增加；在子女学历为初中及以上的子样本中，在1%的显著性水平上，父母年龄分别高于81岁和68岁时，子女教育水平提高将显著增加居住在同一村/社区和居住在同一市/县/区的概率。

至于为什么教育对居住安排的影响要随着父母年龄增加而由负转正，本书猜想可能的原因是在父母年轻时由于子女在外求学工作而与其分居两地，父母年长后由于身体机能下降而退出劳动力市场，出于满足代际向下照顾、帮助子女分担家务的需求而缩短居住距离，选择与子女居住在同一村/社区或同一县/市/区。

第六节 结论与讨论

本章使用2015年CHARLS数据并结合二元logit模型和多元logit模型分析家庭由子女数量向质量的转变对老年人居住安排的影响。结果发现：

第一，"数量—质量"转变在我国家庭中普遍存在，样本数据中老年人的子女数量与子女平均学历层次之间存在显著的负相关。在1%的显著性水平上，全样本的相关系数为-0.388，城市样本的相关系数为-0.421，农村样本的相关系数为-0.312。以子女质量替代数量的权衡将显著降低老年人与子女同住的可能性。其中，子女数量增加能够明显促进老年人与子女共同居住，而子女质量提高将使得共同居住的概率降低，因而在"重质量、轻数量"的时代背景下，"数量—质量权衡"的结果是老年人亲子同住的可能性降低而独立居住的概率增加。

第二，"数量—质量"转变并不必然带来居住距离的增加。尽管老年人与子女的居住距离将随着子女数量的减少而增大，但子女质量的提高对代际居住距离的影响随老年人年龄的增长而先增加后减小，当老年人到达一定年龄后，与子女居住在同一社区或同一县/市/区的概率增加。其中，在城市样本中，当老年人的年龄高于 68 岁和 63 岁时，子女质量提高将使得老年人与子女居住在同一社区和居住在同一县/市/区的可能性增大；在农村样本中，当老年人的年龄高于 68 岁时，子女质量提高将使得老年人与子女居住在同一县/市/区的概率增加。

第三，老年人与子女居住距离的缩短主要源于向下代际照顾的需要。按照老年人是否有未成年孙子女和子女的学历水平进一步划分子样本并进行回归分析发现："数量—质量"转变对于没有未成年孙子女和子女学历在初中以下的老年人的居住安排不显著；而对于有未成年孙子女和子女学历在初中及以上的老年人而言，"数量—质量"转变将使得其与子女住在同一村/社区和同一县/市/区的可能性随着年龄的增加而增大。

第八章

经济状况对高龄老年人
居住安排的影响

在人口老龄化形势愈发严峻和家庭养老难以为继的背景下，研究高龄老年人的居住安排具有重要意义。本章使用 2011~2018 年老年健康影响因素跟踪调查（CLHLS）数据，实证分析了高龄老年人的经济状况对其居住安排的影响及其作用机制。结果发现：经济独立促使高龄老年人选择独立居住，而经济地位提升则会提高与子女同住的可能性；随子女数量增加，经济独立的高龄老年人与子女同住的概率增加，经济地位越高的高龄老年人选择机构居住的可能性越大；经济状况对高龄老年人居住安排的影响在城乡、婚姻状态和自理能力方面存在异质性。机制分析结果表明，高龄老年人可以通过其所拥有的经济资源来交换获得子女的养老支持，从而增加与子女同住的可能性。最后提出为尊重高龄老年人的居住意愿并提高其生活质量，应加强中高端养老机构建设和发展社区居家养老服务的建议。

第一节 引 言

受计划生育政策影响，自 21 世纪以来我国人口老龄化形势愈发严峻；与此同时，随着预期寿命不断提高，老年人口高龄化特征也逐渐显现。第七次人口普查结果显示，截至 2020 年末，我国 60 岁以上老年人口占比高达 18.7%①，即将步入中度老龄化社会；80 岁及以上高龄老年人口占老年人口比重为 13.56%，较 2010 年增加 1.74 个百分点。正如联合国人口专家所言"老年人口中的高龄老人是当今世界上增长潜力最大、增长速度最快的人口群组之一"（United Nation，2015），老年人口高龄化已经成为我国社会发展的必然阶段。由于高龄老人在伴侣亲密关系、身体健康和日常生活能力方面都处于劣势地位，具有更高的情感支持、医疗护理和日常照料等需求，更加依赖家庭或社会化养老。而伴随总和生育率的持续偏低，家庭规模和结构呈现小型化、核心化特征，加之劳动力的迁移流动导致代际居住分离的家庭日益增多。老年人与子女同住比例不断下降，独居和多代同堂已并列成为主要居住方式（王跃生，2014）。由于居住安排在很大程度上决定了养老方式和养老资源的可及性，因此，具有较高养老需求的高龄老年人其居住安排值得关注和研究。

关于我国老年人居住安排影响因素的研究成果较为丰富，主要从老年人的年龄、性别、教育等自身因素（阎志强等，2019；Li Z，2015）、婚姻状况（张淑芳，2016；封铁英、高鑫，2017）、子女数量（周晓蒙、周越，2021）等角度入手。其中，经济因素也发挥重要作用，与其在许多领域中发挥决定性作用一样，老年人选择何种居住方式也可以归因于自身的经济实力。尤其对高龄老年人而言，经济基础决定了其日常照料、医疗养护等养老需求的满足程度。从经济因素的角度解释我国老年人的居住安排，主要集中在经济独立和经济地位两个方面。一些研究认为老年人经济越独立其与子女同住概率越低。张丽萍（2012）发现生活费不依赖子女的老人更倾向于不与子女同住；冷熙媛、张莉琴（2018）指出新农保的实施提高了参保老年人的经济独立性，从而对子代的经济依赖性降低，进而与子代同住概率下降；张莉（2016）通过

---

① 第七次全国人口普查公报解读 [EB/OL]. http://www.stats.gov.cn/tjsj/sjjd/202105/t20210512_1817336.html.

CLHLS 数据发现有退休金的高龄老人一般与家人同住的概率较低。一些研究则指出代际经济地位也会影响老年人的居住安排。陈皆明等（2016）研究认为老年人是否选择与子代同住是父子两代基于经济利益共同协商的结果，父代和子代经济状况越好选择同住可能越小；刘欢（2017）通过 CHARLS 数据证明了父代和子代的社会经济地位越高，与子女同住的概率越低。然而也有研究认为老年人经济水平越好与子女同住的比例越高。沈可（2010）研究指出老年人经济水平越高反而越能作为一种财富去吸引子女与老人同住并提供照料进而提高老人与家庭成员同住的比例；易成栋和任建宇（2019）通过 CLHLS 数据分析发现自评经济状况较好的老年人更容易实现与子女同住的意愿。

综上所述，经济因素与老年人居住安排的研究还可以更进一步：一是现有文献主要从经济独立或经济地位的单一视角进行解释，然而老年人经济独立并不等同于经济地位，经济独立测度了其对子女的经济依赖，经济地位衡量了老年人的经济水平和富裕程度，认为二者相等或只考察其一有失偏颇。二是在研究对象上，集中关注全体老年人，鲜有涉及老年人细分群体。而不同老年群体居住安排在形成机制上差异明显。例如，低龄老年人由于具备较好的身体素质和劳动能力，不仅对子女赡养需求较低而且还能够帮忙照顾孙子女；高龄老年人正面临丧失劳动能力和身体机能快速减退，很难实现隔代照料且对养老资源需求较高。很明显二者的居住安排存在本质不同，不能混为一谈。三是在研究内容上，集中关注老人是否与子女同住，缺少对其他居住模式的研究。而在传统家庭养老难以为继、社会化养老需求日益增大的背景下，对多种居住安排的考察具有重要意义。

因此，本章聚焦于研究高龄老年群体，将居住安排分为独居或仅与配偶同住、与子女同住以及机构居住三种模式，从经济独立和经济地位两个方面来考察经济状况的影响机制。可能的研究贡献在于：一是为老年人居住安排的形成机制提供新的证据。如前所述，现有研究鲜有关注高龄老年人群体，而作为快速增长和养老需求最高的人口群组对其居住安排进行研究的必要性毋庸置疑。因此，本章可对现有研究形成重要且有力的补充。二是具有一定的政策意义。随着经济增长和社会养老保障的完善，老年人的经济条件不断改善，对子女的经济依赖逐渐减轻，这种转变对于具有较高养老需求的高龄老年人来说，对其居住安排有何影响？处于不同经济状态的高龄老人在居住安排上有何差异？本章致力于回答以上两个问题，对于我国的社会化养老服务体系建设具有重要意义。

第二节　理论分析与研究假设

一、经济状况与老年人居住安排

有关居住安排的理论阐述比较有代表性的是现代化理论和理性选择理论。现代化理论主要从宏观视角出发，认为西方早期的工业革命拉开了世界各国现代化变迁的序幕，因其涉及社会诸多领域的变革，从而引起人们的社会生活发生根本性转变，由传统社会逐渐过渡到现代社会。在这一过程中许多社会学家注意到家庭结构也发生了变化，其中最具代表性的人物之一是古德，他认为在工业化和城市化的进程中，不同类型的联合家庭趋向转变为夫妇式家庭制度，夫妇式家庭更注重个人主义和性别上的平等主义，重视家庭个体的独立性，这种家庭观念与经济发展和技术进步所带来的社会生活和价值观的改变相吻合（古德，1982）；另一位代表人物帕森斯从结构分化的角度来阐述家庭结构的变迁，他认为工业化导致的普遍分化趋势以及社会上更强调个人主义的价值观念，使得核心家庭逐渐成为主流，子女与父母倾向于分开居住，由大家庭解体成为小家庭，彼此经济独立，代际成员之间自主权增加进而都更能满足自己的个性需要（Parsons，1943）。

因此，现代化理论认为工业化过程是家庭结构缩小的决定性因素，工业化引起的经济发展和社会进步冲击了传统的合住观念，大家庭之间关系变得松散，代际上经济更为独立，弱化了老年人对子女的经济依赖，为老年人独立居住提供了经济基础，并且削弱了同住的文化基础。不同于过于强调家庭结构变迁的现代化理论，理性选择理论主要从微观角度研究家庭内部行动主体对家庭居住安排的影响。该理论认为人们会以理性的行动满足自身偏好并实现效用最大化，人们从行动个体立场出发所做出的选择都是有其理性动机的。基于此，家庭之间形成的不同居住安排也是行动主体在特定的社会环境和家庭条件下所做出的理性选择的结果。从这一"利己"角度出发，代际同住安排会较大程度上受到双方经济利益或者资源交换的影响（Lee et. al, 1994）。以父代角度来看，经济地位较高时可以为子女提供一定经济支持，更有能力对子女提供照料支持和精神慰藉等赡养支持进行经济回馈，因此其与子女同住的可能更大。由此可见，老年人的经济状况不仅是晚年养老的一种经济保障，也在一定程度上影响老人居住安排。

据此，提出研究假设1和假设2：

假设1：经济独立会促使高龄老年人选择独立居住；

假设2：经济地位较高的高龄老年人更有可能与子女同住。

二、子女数量的调节作用

在我国传统文化中，孝道文化一直扮演着重要角色，在老年人晚年时成年子女肩负赡养的责任和义务。费孝通先生曾把中西家庭模式总结为西方的"接力模式"和中国的"反馈模式"。在接力模式下，上一代有抚育下一代的责任，下一代却无赡养上一代的义务，只代际向下承担责任，就像接力跑步一样；而在反馈模式下，每一代在抚育下一代的同时，都承担赡养上一代的义务（费孝通，1983）。这种反馈模式背后所体现的就是一种孝道文化。因此，传统文化和伦理因素对我国老年人居住安排的影响不可忽视。

传统上，多代同堂的居住方式是老年人获得养老资源的重要途径，子女通过与父母共同居住能够更好地履行赡养义务。对高龄老年人来说，在面临较为严重的健康问题、需要更多的照料支持时，子女就是其所依赖的最重要的亲属资源。尽管现代化的发展对传统文化造成一定冲击，但孝道文化仍然对代际居住安排具有重要影响。一般而言，独生子女或较少子女的老年人随着子女的迁移流动性增加或与子女关系不和等，养老风险便会随之增加（徐俊、风笑天，2012），而老人存活子女数越多，无论是在经济支持、生活照料还是情感交流上，其可获取的资源也越多，与其子女同住可能性也越高。尤其是经济不依赖子女的高龄老年人更可能与子女合住，因为老年人的主要生活来源不是子女侧面证明其子女的经济条件相对较差，在这种情况下代际同住是更好的选择，因其具有集约性从而能够有效减轻子女的经济负担。

但也有研究发现多子未必多福，随着子女数量的增多更容易在老年人赡养问题上出现相互推诿和"搭便车"等现象（刘西国，2016）。尤其对经济水平较高的老年人而言，子女在选择是否与其同住时会更为看重经济利益，而子女数量越多，利益分配和资源交换往往越容易出现失衡，从而造成代际矛盾和冲突加剧，代际分离居住可能性增大。此时，经济水平较高的老年人会倾向于选择机构养老获得完善养老服务。

因此，提出假设3和假设4：

假设3：随着子女数量的增加，经济独立的高龄老年人与子女同住的概率增加；

假设4：随着子女数量的增加，经济地位较高的高龄老年人机构居住的概率增加。

第三节　数据、变量与模型

一、数据来源与处理

本书使用中国老年健康影响因素跟踪调查（CLHLS）数据。该数据是由北京大学健康老龄与发展研究中心/国家发展研究院组织的老年人追踪调查，覆盖全国 23 个省份，调查对象为 65 岁及以上老年人和 35～64 岁成年子女，调查问卷分为存活被访者问卷和死亡老人家属问卷两种。该调查项目在 1998 年进行基线调查，随后又进行了多次跟踪调查，调查范围较广，调查内容丰富翔实，具有较强的代表性。本书使用 2011 年、2014 年和 2018 年 3 期的截面数据①，选取 80 岁及以上存活老年人的调研数据，在剔除了主要变量缺失和无效样本后最终保留有效样本数量 12713 个。

二、变量选取与描述性统计

被解释变量为高龄老年人的居住安排，根据问卷"您现在与谁住在一起？""与您同住的有多少人？"及"与老人关系"等问题将其划分为独居或仅与配偶同住（以下简称"独立居住"）、与子女同住以及机构居住三种类型。

核心解释变量为经济独立和经济地位两个变量，反映老年人的经济状况。其中，经济独立变量衡量老年人的生活来源是否依赖子女，根据调查问卷中"您现在主要的生活来源是什么？"的回答划分，将生活来源依赖子女或孙子女的视为经济不独立，其余视为经济独立；经济地位变量衡量老年人的经济水平和富足程度，依据问卷回答的老人在当地的经济水平等级，从很困难到很富裕五个层级赋值依次为 1～5。

调节变量为老年人（健在）子女数量，根据问卷中"您一生总共生过几个孩子"和"这些孩子是否健在"两个问题，将老年人生育子女数量减去已去世的子女数量得到。

基于现有研究文献，控制变量选择性别、居住地、年龄、自理能

---

① 需要说明的是，尽管 CLHLS 为追踪数据，其中部分样本可能参与多次调查，但考虑到本书考察的是在调查时点高龄老年人的经济状况与居住安排的关系，其年龄、健康状况、婚姻状态等具有典型的时间差异，因此，同一样本在不同年份差异很大，可以看作不同的样本。

力、受教育程度和婚姻状态等反映老年人的人口学特征以及社会学特征的变量。其中，自理能力根据问卷中老人日常活动能力问题中的 6 项内容是否受限的回答①，将每一项回答的分值加总，总分值在 6 ~ 18 之间，得分越高代表自理能力越差。表 8 - 1 描述了变量的基本情况。

表 8 - 1　　　　　　　　　　变量描述性统计

变量	定义	均值/比例	标准差
居住安排	1 = 独立居住	36.7%	—
	2 = 机构居住	3.6%	—
	3 = 与子女同住	59.7%	—
经济独立	1 = 是，0 = 否	0.352	0.478
经济地位	很困难、比较困难、一般、富裕、很富裕分别赋值 1 ~ 5	3.067	0.645
子女数量	生育子女数量 - 去世子女数量	3.741	1.965
性别	1 = 男，0 = 女	0.411	0.492
居住地	1 = 城镇，0 = 农村	0.524	0.499
年龄	连续变量	91.58	7.612
自理能力	连续变量	7.411	2.698
受教育程度	连续变量	1.904	3.390
婚姻状态	1 = 有配偶，0 = 没有配偶	0.226	0.418

由表 8 - 1 可以看出，高龄老人与子女同住仍是主流居住方式，与子女同住的高龄老人占比最高为 59.7%，独立居住的比例为 36.7%，机构居住的比例较小为 3.6%。实现经济独立的高龄老人比例较低仅为 35.2%，经济地位总体处于一般水平。健在子女数量平均为 3.741 个，生育水平较高，反映了多子多福、养儿防老等观念对老人生育的影响。

―――――――

　　① 6 项内容包括洗澡、穿衣、上厕所、室内活动、大小便控制力、吃饭。在每一项中，完全自理 = 1、部分自理 = 2、完全不能自理 = 3。

自理能力得分均值为 7.411，说明整体上高龄老年人在 6 项基本日常活动中至少有 2~3 项不能独立完成需要他人帮助。有配偶占比仅为 22.6%，说明高龄老年人普遍面临丧偶状态。

表 8-2 进一步列示了高龄老年人的居住安排与经济状况和子女数量的交叉统计。由该表可以看出：一是与经济不独立的高龄老年人相比，经济独立的高龄老年人与子女同住比例明显更低，仅为 46.1%，独立居住的比例（47.2%）和机构居住的比例（6.7%）更高；二是随着经济水平的提高，高龄老年人独立居住的比例不断减少，与子女同住和机构居住的比例基本呈上升趋势；三是平均而言，与子女同住的高龄老年人健在子女数量最多，为 3.852 个，独居或仅与配偶同住次之为 3.647 个，机构居住最少为 2.857 个。

表 8-2   不同经济状况老人的居住安排情况

		独立居住	机构居住	与子女同住
经济独立（%）	独立	47.2	6.7	46.1
	不独立	30.9	2.0	67.1
经济地位（%）	很困难	43.0	3.7	53.3
	比较困难	41.2	2.8	56.0
	一般	36.8	3.6	59.6
	比较富裕	32.5	4.0	63.5
	很富裕	35.6	7.2	57.2
健在子女数量（个）		3.647	2.857	3.852

从以上简单的数据描述可以看出，与理论预测相一致，对子女经济依赖的高龄老年人与子女同住的比例较高；经济水平越高的高龄老年人越表现出与子女同住的倾向，且机构养老的比例增大；健在子女数量较多时与子女同住的概率会增加。当然简单的统计分析不能得到变量之间的实质性关系，接下来本书通过实证分析进一步研究经济状况和子女数量对高龄老年人居住安排的影响。

三、模型构建

将高龄老年人的居住安排分为独立居住、与子女同住以及机构居住三种类型，为无序多分类变量，因此采用多元 logit 模型，并将与子女同住作为参照组。模型设定如式（8-1）和式（8-2）所示：

$$\ln\left(\frac{p_j}{p_3}\right) = \beta_{j0} + \sum_{k=1}^{2} \beta_{jk}eco_{ki} + \sum_{m=1}^{7} \beta_{jm}x_{mi} + \varepsilon_i,\ j = 1,\ 2 \quad (8-1)$$

$$\ln\left(\frac{p_j}{p_3}\right) = \beta_{j0} + \sum_{k=1}^{2} \beta_{jk}eco_{ki} + \sum_{f=1}^{2} \beta_{jf}eco_{fi} \times chi_i$$

$$+ \sum_{g=1}^{7} \beta_{jg}x_{gi} + \varepsilon_i,\ j = 1,2 \quad (8-2)$$

其中，式（8-1）中 j=3 时表示子女同住，j=1 表示独立居住，j=2 代表机构居住。$P_j(j=1,\ 2)$ 表示选择 j 种居住安排的概率；eco_{ki} 为解释变量，代表第 i 个样本的经济状况，包括经济独立和经济地位；x_{mi} 代表一系列控制变量；ε_i 为随机扰动项。式（8-2）引入了经济状况与高龄老年人健在子女数量的交互项，系数 β_{jf} 若显著不为 0，说明高龄老年人的经济状况与居住安排的关系受其健在子女数量的影响。

<h2 style="text-align:center">第四节 实证结果分析</h2>

一、基准回归结果

经济状况与子女数量对高龄老年人居住安排影响的估计结果如表 8-3 所示，为了便于分析该表汇报了胜算比（odds ratio），其中，列（1）和列（3）分别考察经济独立和经济地位的影响，列（2）和列（4）进一步列示子女数量在经济独立和经济地位中的调节作用，列（5）综合考察了经济状况以及子女数量的调节作用。各列中关键变量的胜算比及显著性差异不大，说明结果较为稳健。

表 8 - 3   基准回归结果

变量	(1)	(2)	(3)	(4)	(5)
	居住安排：独立居住/与子女同住				
经济独立	1.662 *** (0.084)	1.470 *** (0.102)			1.506 *** (0.105)
经济独立 × 子女数量		0.942 *** (0.021)			0.946 ** (0.022)
经济地位			0.724 *** (0.026)	0.768 *** (0.040)	0.754 *** (0.039)
经济地位 × 子女数量				1.027 (0.017)	1.023 (0.017)
子女数量	0.943 *** (0.011)	0.961 *** (0.013)	0.940 *** (0.011)	0.867 *** (0.045)	0.900 ** (0.048)
年龄	0.943 *** (0.003)	0.943 *** (0.003)	0.942 *** (0.003)	0.942 *** (0.003)	0.944 *** (0.003)
自理能力	0.850 *** (0.009)	0.850 *** (0.009)	0.843 *** (0.009)	0.843 *** (0.009)	0.844 *** (0.009)
性别	1.081 (0.054)	1.081 (0.054)	1.105 ** (0.055)	1.106 ** (0.055)	1.079 (0.054)
居住地	0.814 *** (0.038)	0.814 *** (0.038)	0.899 ** (0.042)	0.898 ** (0.042)	0.834 *** (0.039)
受教育程度	1.007 (0.008)	1.007 (0.008)	1.033 *** (0.008)	1.033 *** (0.008)	1.018 ** (0.008)
婚姻状态	5.811 *** (0.332)	5.809 *** (0.332)	6.257 *** (0.357)	6.274 *** (0.358)	5.903 *** (0.339)

续表

变量	（1）	（2）	（3）	（4）	（5）
	居住安排：独立居住/与子女同住				
常数项	148.656 *** （50.444）	132.995 *** （45.528）	589.535 *** （208.736）	841.100 *** （353.325）	483.770 *** （206.035）
	居住安排：机构居住/与子女同住				
经济独立	2.385 *** （0.287）	1.076 （0.208）			1.052 （0.204）
经济独立×子女数量		0.744 *** （0.042）			0.741 *** （0.041）
经济地位			0.977 （0.079）	1.245 （0.182）	1.217 （0.175）
经济地位×子女数量				1.088 ** （0.045）	1.085 ** （0.044）
子女数量	0.752 *** （0.022）	0.880 *** （0.037）	0.739 *** （0.022）	0.569 *** （0.075）	0.685 *** （0.091）
年龄	0.976 *** （0.007）	0.977 *** （0.007）	0.971 *** （0.007）	0.971 *** （0.007）	0.977 *** （0.007）
自理能力	1.088 *** （0.018）	1.092 *** （0.018）	1.081 *** （0.017）	1.081 *** （0.017）	1.091 *** （0.018）
性别	1.135 （0.134）	1.134 （0.134）	1.229 * （0.144）	1.226 * （0.143）	1.132 （0.134）
居住地	2.016 *** （0.267）	2.047 *** （0.272）	2.327 *** （0.303）	2.324 *** （0.303）	2.045 *** （0.272）
受教育程度	1.032 ** （0.014）	1.032 ** （0.014）	1.051 *** （0.014）	1.052 *** （0.014）	1.034 ** （0.014）
婚姻状态	0.719 * （0.131）	0.716 * （0.131）	0.768 （0.140）	0.773 （0.141）	0.716 * （0.131）

续表

变量	(1)	(2)	(3)	(4)	(5)
	居住安排：机构居住/与子女同住				
常数项	0.360 (0.267)	0.170** (0.130)	0.989 (0.756)	2.498 (2.204)	0.473 (0.431)
年份	控制	控制	控制	控制	控制
省份	控制	控制	控制	控制	控制
Pseudo R^2	0.2266	0.2282	0.2241	0.2244	0.2329

注：（1）***、**、*分别表示在1%、5%和10%的水平上显著；（2）表中回归系数为胜算比；（3）括号内为 z 统计值。

第一，经济独立能够促进代际分离居住，子女数量在其中发挥负向的调节作用。首先，相比与子女同住，经济独立的高龄老年人选择独立居住的可能性增加66.2%，显著性水平为1%；经济独立与健在子女数量交互项结果表明，在1%的显著性水平上，健在子女数量每增加1个，经济独立的高龄老年人独立居住的可能性降低5.8%。说明经济独立能够提高高龄老年人独立居住的可能性，且这种促进作用随着子女数量的增加而减弱。其次，由列（1）可知经济独立对高龄老年人机构居住的影响在1%的显著性水平上是正向的，而列（2）和列（5）中进一步加入经济独立与健在子女数量的交互项后，经济独立的影响不显著，而交互项结果表明在1%的显著性水平上，随着子女数量的增加，经济独立的高龄老年人机构居住的可能性会降低25.6%。因此，经济独立导致高龄老年人独立居住的可能性增加、与子女同住的可能性降低，假设1得到验证。同时，随着子女数量的增加，经济独立的高龄老年人独立居住和机构居住的概率下降、与子女同住概率增加，假设3得到验证。

第二，经济地位越高的高龄老年人与子女同住的可能性越大，子女数量的正向调节作用主要表现在对机构居住的影响上。首先，相较于与子女同住，在1%的显著性水平上，经济地位每提高1个等级，高龄老年人独立居住的可能性降低27.6%；经济地位与子女数量交互项系数不显著。其次，经济地位对高龄老年人机构居住的影响不显著，但其与子女数量的交互作用在 5% 的水平上显著为正，平均而言，随着子女数量的增加，经济地位越高的老年人选择机构居住的可能性增加 8.8%。由此可见，经济地位越高的老年人独立居住的可能性下降而与子女同住的可能性增加，假设 2 得到验证；同时，随着子女数量的增加，经济地位越高的老年人越有可能选择机构居住，假设 4 得到验证。

控制变量结果显示，随着健在子女数量和年龄的增加显著降低了高龄老年人独居和机构居住的概率；高龄老年人自理能力越差其独立居住概率越低，并且选择机构居住的概率越高；有配偶的高龄老年人选择独立居住的概率显著增加，选择机构居住的概率降低；教育程度越高的高龄老年人机构居住的概率显著更大。

二、稳健性检验

考虑到老年人的居住安排可能不是完全随机的选择，更可能会受到人口学和社会学特征影响而进行的一种自我选择，从而导致样本不可比，造成基准回归结果结论出现系统性偏差。对此本书选择倾向得分匹配方法（psm）采用核匹配方法重新筛选样本后再进行模型的参数估计，从而控制住可能存在的样本偏差。使用核匹配后样本进行多元 logit 模型回归的结果如表 8 - 4 所示。可以看出，经济状况及其与健在子女数量的交互项对老人居住安排的影响基本与表 8 - 3 基准回归结果一致，可以认为基准回归估计结果是稳健的。

表 8 - 4 　　　　　　　　　核匹配后样本回归结果

变量	(1)	(2)	(3)	(4)	(5)
	居住安排：独立居住/与子女同住				
经济独立	1. 662 *** (0. 084)	1. 478 *** (0. 103)			1. 516 *** (0. 106)

续表

变量	(1)	(2)	(3)	(4)	(5)
	居住安排：独立居住/与子女同住				
经济独立×子女数量		0.945 ** (0.022)			0.949 ** (0.022)
经济地位			0.722 *** (0.026)	0.758 *** (0.039)	0.744 *** (0.039)
经济地位×子女数量				1.023 (0.017)	1.019 (0.017)
子女数量	0.941 *** (0.011)	0.958 *** (0.013)	0.938 *** (0.011)	0.876 ** (0.046)	0.909 * (0.048)
年龄	0.943 *** (0.003)	0.943 *** (0.003)	0.942 *** (0.003)	0.942 *** (0.003)	0.944 *** (0.003)
自理能力	0.850 *** (0.009)	0.850 *** (0.009)	0.843 *** (0.009)	0.843 *** (0.009)	0.844 *** (0.009)
性别	1.081 (0.054)	1.081 (0.054)	1.105 ** (0.055)	1.106 ** (0.055)	1.079 (0.054)
居住地	0.815 *** (0.038)	0.815 *** (0.038)	0.900 ** (0.042)	0.899 ** (0.042)	0.836 *** (0.040)
受教育程度	1.007 (0.008)	1.007 (0.008)	1.033 *** (0.008)	1.033 *** (0.008)	1.018 ** (0.008)
婚姻状态	5.813 *** (0.332)	5.811 *** (0.332)	6.262 *** (0.357)	6.276 *** (0.358)	5.903 *** (0.339)
常数项	149.827 *** (50.953)	134.394 *** (46.125)	600.700 *** (213.143)	811.409 *** (341.524)	467.453 *** (199.516)
	居住安排：机构居住/与子女同住				
经济独立	2.390 *** (0.287)	1.075 (0.208)			1.052 (0.204)

续表

变量	（1）	（2）	（3）	（4）	（5）
	居住安排：机构居住/与子女同住				
经济独立×子女数量		0.743 *** （0.042）			0.740 *** （0.041）
经济地位			0.976 （0.079）	1.241 （0.181）	1.212 （0.174）
经济地位×子女数量				1.087 ** （0.045）	1.084 ** （0.044）
子女数量	0.753 *** （0.022）	0.881 *** （0.037）	0.739 *** （0.022）	0.571 *** （0.076）	0.688 *** （0.091）
年龄	0.977 *** （0.007）	0.978 *** （0.007）	0.972 *** （0.007）	0.972 *** （0.007）	0.978 *** （0.008）
自理能力	1.088 *** （0.018）	1.092 *** （0.018）	1.081 *** （0.017）	1.081 *** （0.017）	1.092 *** （0.018）
性别	1.150 （0.135）	1.148 （0.136）	1.245 * （0.146）	1.242 * （0.145）	1.146 （0.136）
居住地	2.018 *** （0.267）	2.047 *** （0.272）	2.329 *** （0.303）	2.327 *** （0.303）	2.045 *** （0.272）
受教育程度	1.031 ** （0.014）	1.031 ** （0.014）	1.051 *** （0.014）	1.051 *** （0.014）	1.033 ** （0.014）
婚姻状态	0.709 * （0.130）	0.706 * （0.130）	0.758 （0.139）	0.763 （0.140）	0.706 * （0.130）
常数项	0.340 （0.253）	0.159 ** （0.122）	0.943 （0.722）	2.344 （2.071）	0.437 （0.399）
年份	控制	控制	控制	控制	控制
省份	控制	控制	控制	控制	控制
Pseudo R^2	0.2262	0.2278	0.2237	0.2240	0.2325

注：（1）***、**、*分别表示在1%、5%和10%的水平上显著；（2）表中回归系数为胜算比；（3）括号内为z统计值。

三、异质性分析

考虑到我国典型的城乡二元经济，老年人在城乡之间的生活质量、价值观念等存在较大差异，并且婚姻状态和自理能力在高龄老年人中也存在明显差异，因此，根据高龄老年人居住地是城镇还是农村、婚姻状态中有无配偶情况、自理能力得分①，将样本进行城乡、有无配偶以及自理能力划分，来考察经济状况与高龄老年人居住安排的异质性影响，结果如表8-5所示。

表8-5 异质性回归结果

变量	(1)城镇	(2)农村	(3)有偶	(4)无偶	(5)自理能力较好	(6)自理能力较差
	居住安排：独立居住/与子女同住					
经济独立	1.331*** (0.127)	1.596*** (0.170)	1.611*** (0.236)	1.433*** (0.119)	1.540*** (0.111)	1.029 (0.295)
经济独立×子女数量	0.915*** (0.030)	0.943* (0.032)	0.994 (0.047)	0.925*** (0.025)	0.940*** (0.022)	1.001 (0.102)
经济地位	0.803*** (0.057)	0.676*** (0.052)	0.713*** (0.078)	0.758*** (0.046)	0.754*** (0.041)	0.999 (0.194)
经济地位×子女数量	1.032 (0.025)	1.002 (0.024)	0.985 (0.035)	1.028 (0.020)	1.025 (0.018)	1.039 (0.071)
健在子女数量	0.935 (0.072)	0.928 (0.070)	1.006 (0.114)	0.891* (0.055)	0.888** (0.049)	0.929 (0.187)

---

① 在平均分及以上的老人视为自理情况较差，平均分以下的老人视为自理情况较好。

续表

变量	(1) 城镇	(2) 农村	(3) 有偶	(4) 无偶	(5) 自理能 力较好	(6) 自理能 力较差
	居住安排：机构居住/与子女同住					
经济独立	1.030 (0.228)	1.277 (0.520)	0.431 (0.292)	1.099 (0.223)	1.239 (0.268)	0.657 (0.298)
经济独立 × 子女数量	0.776 *** (0.052)	0.681 *** (0.072)	0.579 *** (0.114)	0.748 *** (0.044)	0.746 *** (0.046)	0.803 * (0.118)
经济地位	0.988 (0.167)	2.087 *** (0.563)	1.680 (0.756)	1.182 (0.180)	1.240 (0.199)	0.931 (0.316)
经济地位 × 子女数量	1.016 (0.050)	1.242 *** (0.083)	1.157 (0.137)	1.085 * (0.047)	1.099 ** (0.049)	0.975 (0.104)
健在子女数量	0.834 (0.133)	0.448 *** (0.103)	0.577 (0.235)	0.687 *** (0.096)	0.655 *** (0.096)	0.930 (0.303)
Pseudo R^2	0.2351	0.2345	0.1398	0.1670	0.2071	0.3042
N	6662	6051	2868	9845	11300	1413

注：（1）***、**、*分别表示在1%、5%和10%的水平上显著；（2）表中回归系数为胜算比；（3）括号内为z统计值；（4）限于篇幅，控制变量未列出。

经济独立与子女数量对高龄老年人独居和机构居住的影响在城乡之间基本相同，并且随着老年人子女的增多基本抑制了经济独立对独居和机构居住的正向影响；但是经济地位对高龄老年人居住安排的影响存在城乡差异。在城镇，经济地位较高的老人仅显著降低了独居概率，但对机构居住无显著影响，而在农村，经济地位越高的老人机构居住的概率越高，并且子女数量的强化作用也比全样本下更明显。可能的解释是在农村高龄老年人生活便利性较差，并且随着子女的增多，农村子女间关于赡养问题的互相推诿现象更为突出，从而增加了机构居住的概率。

不同于全样本和无配偶子样本的结果，对于有配偶的高龄老年人而言，子女数量基本不再具有调节作用。随着子女数量的增多，经济独立的高龄老年人并没有增加与子女同住的概率；经济地位与子女数量的交互项对其机构居住的影响也不显著。出现这一现象可能的原因是，实现经济独立且有配偶的高龄老年人由于能够获得配偶之间的相互照料和扶持而不再迫切地需要依靠子女或机构养老。

在自理能力较好和较差的高龄老年人之间经济状况及其与子女数量的交互影响存在较大差异。对于自理能力较好的老人来说，经济状况和子女数量的调节效应与全样本的回归结果大致相同；而对于自理能力较差的老年人来说，经济状况不再影响其居住安排，而健在子女数量也仅与经济独立对机构居住发挥负向的交互作用。

第五节　进一步分析

一、研究策略

实证结果表明与经济独立的作用方向相反，经济地位越高的高龄老年人子女同住的可能性越大。对此本书认为可能的原因在于高龄老年人具有较大的养老需求，当其经济地位较高时，更有能力对子女的养老支持进行经济补偿，而子女因为能够获得经济支持而更愿意提供养老服务，此时，代际同住无疑是最好的选择，因为这种居住安排更便于子女提供养老支持且独享经济补偿。由此推断，随着高龄老年人经济地位的提高，其与子女同住的可能性增加。

本节对上述推断进行经验检验，具体思路为：首先，检验高龄老年人的经济地位对子女经济支持的影响；其次，结合高龄老年人群的自身特征，其养老需求主要为日常照料和精神慰藉两个方面，考察高龄老年人对子女的经济支持是否会影响其获得子代的养老支持；最后，估计子女的养老支持对高龄老年人居住安排的影响。如果本书的推断成立，那么预期的检验结果应该是：随着高龄老年人经济地位的提高，其对子女的经济支持就越多；而子女获得的经济支持越多，就越有可能提供日常照料和精神慰藉等养老支持；而老年人获得的养老支持越多就越有可能与子女同住。

其中，老年人对子女的经济支持以问卷中老人一年来给子女提供的现金（或实物折算成现金）来衡量①；精神慰藉根据问卷中关于精神需求的3个问题②的回答，其中至少一项回答为子女的视为能得到子女精神慰藉，否则为不能；照料支持根据问卷中老人身体不舒服或生病时的主要照料者是否为子女来衡量，能得到子女照料支持记为1，否则记为0。基于变量特征，使用 OLS 模型估计高龄老年人的经济地位对其向子女提供经济补偿的影响，使用二元 logit 模型检验经济补偿对高龄老年人获得子女照料支持和精神慰藉的影响；使用多元 logit 模型判断子女照料支持和精神慰藉对高龄老年人居住安排的影响。

二、参数估计结果

参数估计结果如表8-6所示，其中列（1）和列（2）显示了经济地位对经济支持的影响，列（3）和列（4）为经济支持对子女照料支持和精神慰藉的影响，列（5）和列（6）为子女照料支持与精神慰藉对老年人居住安排的影响。由表8-6可知，高龄老年人能够通过为子女提供经济支持而获得其养老支持，进而增加与子代同住的可能性，因此本书的猜想得到证实。具体分析如下：

---

① 为避免异方差影响，将现金值整体加1后取对数。
② 三个问题分别为："您平时与谁聊天最多？""如果您有心事或想法，最先向谁说？"以及"如果您遇到问题和困难，最先想找谁解决？"。

表 8 - 6　　　　经济地位、经济支持与养老支持和居住安排（一）

变量	(1) 经济支持	(2) 经济支持	(3) 子女照料支持	(4) 子女精神慰藉	(5) 独立居住/与子女同住	(6) 机构居住/与子女同住
子女照料支持					0.370 *** (0.030)	0.054 *** (0.008)
子女精神慰藉					0.489 *** (0.043)	0.308 *** (0.058)
经济支持			1.030 ** (0.013)	1.039 *** (0.014)	0.976 ** (0.010)	0.968 (0.024)
经济地位	0.242 *** (0.039)	0.082 * (0.042)	1.156 *** (0.058)	1.293 *** (0.071)	1.535 *** (0.121)	1.321 (0.292)
经济独立 × 经济地位		0.390 *** (0.082)				
经济独立	0.488 *** (0.058)	- 0.704 *** (0.248)	0.520 *** (0.036)	0.535 *** (0.040)	0.748 *** (0.044)	1.059 (0.167)
子女数量	- 0.007 (0.012)	- 0.007 (0.012)	1.168 *** (0.020)	1.139 *** (0.022)	0.941 (0.056)	0.902 (0.133)
年龄	- 0.002 (0.004)	- 0.002 (0.004)	1.019 *** (0.005)	1.000 (0.005)	0.944 *** (0.004)	0.975 *** (0.009)
自理能力	0.001 (0.009)	- 0.001 (0.009)	0.954 *** (0.012)	0.990 (0.014)	0.835 *** (0.011)	1.054 ** (0.022)
性别	- 0.018 (0.057)	- 0.018 (0.056)	0.821 *** (0.057)	1.100 (0.086)	1.044 (0.060)	1.015 (0.148)
居住地	0.254 *** (0.048)	0.245 *** (0.048)	1.001 (0.067)	0.955 (0.069)	0.866 *** (0.046)	2.011 *** (0.321)
受教育程度	0.054 *** (0.010)	0.047 *** (0.011)	0.972 *** (0.009)	0.986 (0.010)	1.020 ** (0.009)	1.021 (0.018)

续表

变量	(1) 经济支持	(2) 经济支持	(3) 子女照料 支持	(4) 子女精神 慰藉	(5) 独立居住/ 与子女同住	(6) 机构居住/ 与子女同住
婚姻状态	−0.086 (0.065)	−0.093 (0.065)	0.066 *** (0.005)	0.039 *** (0.003)	3.009 *** (0.230)	0.117 *** (0.027)
常数项	−0.632 (0.388)	−0.142 (0.387)	1.320 (0.663)	8.507 *** (4.782)	1861.224 *** (905.745)	8.185 * (9.038)
年份	控制	控制	控制	控制	控制	
省份	控制	控制	控制	控制	控制	
N	10407	10407	10407	10407	10407	
R^2	0.049	0.052	0.3045	0.3464	0.2785	

注：(1) ***、**、* 分别表示在1%、5%和10%的水平上显著；(2) 表中列 (3) ~ (6) 的回归系数为胜算比；(3) 括号内为 z 统计值。

首先，列 (1) 和列 (2) 结果显示高龄老年人的经济地位越高，其对子女提供的经济支持越多。列 (1) 表明在1%水平上经济地位对子女经济补偿具有显著正向影响，平均而言，老年人的经济地位每提高一个等级其对子女的经济补偿增长24.2%；列 (2) 进一步加入经济独立和经济地位的交互项后，交互项系数在1%水平上显著为正，平均而言，经济独立的样本中，经济地位每提升1个等级其对子女的经济补偿增长39.0%。这说明老年人对子女的经济补偿还受到其经济是否独立的影响，对于经济独立的高龄老年人而言，随经济地位的提升其对子女的经济补偿更多。这一结果与经验事实相符：如果老年人在经济上更加独立，那么其对金钱的支配更加自由，可以按照自己的偏好和子女的实际需要提供经济支持；而如果老年人在经济上更加依赖某个（些）子女，那么即使老年人比较富裕，出于公平和避免代际冲突方面的顾虑，老年人也会减少对其他有实际需要的子女提供经济支持。

其次，列 (3) 和列 (4) 结果显示高龄老年人对子女提供的经济支持越多，其获得子女养老支持的概率就越大。列 (3) 表明平均而言，在5%的显著性水平上，高龄老年人对子女提供的经济支持每增长1%，其获得子女照料支持的可能性增加3.0%；列（4）表明平均而言，在1%的显著性水平上，高龄老年人对子女经济支持每增加1%，其获得子女精神慰藉的可能性增加3.9%。因此，高龄老年人对子女提供的经济支持与其所获得的子女照料和精神慰藉呈显著正相关，这意味着子女获得的经济补偿越多，提供养老支持的可能性越大。

最后，列（5）和列（6）结果显示子代养老支持对高龄老年人居住安排的影响。列（5）表明子代养老支持能够显著降低高龄老年人独立居住的可能性，平均而言，在1%的显著性水平上，能够获得子女照料支持和精神慰藉的样本独立居住的可能性将降低63.0%和51.1%；列（6）表明子代养老支持能够显著降低高龄老年人机构居住的可能性，平均而言，在1%的显著性水平上，能够获得子女照料支持和精神慰藉的样本机构居住的可能性将减少94.6%和69.2%。由此可见，子代的养老支持能够显著增加高龄老年人与子女同住的概率。

三、稳健性检验

为检验表8-6中回归结果的稳健性，进一步将高龄老年人对子女的经济支持划分为0~1二分类变量，其中，子女获得经济支持赋值为1，没有获得赋值为0。再次进行上述回归，结果如表8-7所示，列（1）和列（2）表明随着高龄老年人经济地位的提升其为子女提供经济支持的可能性越大，对经济独立的样本而言这种现象尤其明显；列（3）和列（4）表明对子女提供经济支持的高龄老年人越可能得到子女的照料支持和精神慰藉；列（5）和列（6）则表明获得子代养老支持的高龄老年人，独立居住和机构居住的可能性越小，与子女同住的可能性越大。由此可见，表8-7结果基本与表8-6一致，说明机制分析的结论是稳健的。

表 8 −7　　　经济地位、经济支持与养老支持和居住安排（二）

变量	(1) 经济支持	(2) 经济支持	(3) 子女照料 支持	(4) 子女精神 慰藉	(5) 独立居住/ 与子女同住	(6) 机构居住/ 与子女同住
子女照料支持					0.369 *** (0.030)	0.053 *** (0.008)
子女精神慰藉					0.490 *** (0.043)	0.307 *** (0.057)
经济支持			1.242 ** (0.116)	1.380 *** (0.138)	0.828 ** (0.064)	0.758 (0.140)
经济地位	1.627 *** (0.109)	1.133 * (0.077)	1.158 *** (0.058)	1.294 *** (0.071)	0.734 *** (0.029)	0.992 (0.093)
经济独立 × 经济地位		1.275 *** (0.118)				
经济独立	1.289 *** (0.061)	0.761 (0.225)	0.521 *** (0.036)	0.534 *** (0.040)	1.576 *** (0.091)	2.032 *** (0.297)
子女数量	1.001 (0.016)	1.002 (0.016)	1.168 *** (0.020)	1.138 *** (0.022)	0.963 *** (0.013)	0.877 *** (0.031)
年龄	0.997 (0.005)	0.997 (0.005)	1.019 *** (0.005)	1.000 (0.005)	0.944 *** (0.004)	0.974 *** (0.009)
自理能力	0.999 (0.012)	0.998 (0.012)	0.955 *** (0.012)	0.990 (0.014)	0.835 *** (0.011)	1.053 ** (0.022)
性别	0.968 (0.066)	0.966 (0.066)	0.822 *** (0.057)	1.101 (0.086)	1.043 (0.060)	1.020 (0.149)
居住地	1.365 *** (0.091)	1.362 *** (0.091)	1.002 (0.067)	0.953 (0.069)	0.866 *** (0.046)	2.014 *** (0.321)
受教育程度	1.039 *** (0.009)	1.035 *** (0.009)	0.973 *** (0.009)	0.987 (0.010)	1.020 ** (0.009)	1.021 (0.018)

变量	(1) 经济支持	(2) 经济支持	(3) 子女照料 支持	(4) 子女精神 慰藉	(5) 独立居住/ 与子女同住	(6) 机构居住/ 与子女同住
婚姻状态	0.906 (0.070)	0.904 (0.070)	0.066 *** (0.005)	0.039 *** (0.003)	3.007 *** (0.229)	0.116 *** (0.027)
常数项	0.025 *** (0.012)	0.037 *** (0.018)	1.309 (0.657)	8.445 *** (4.747)	1707.156 *** (706.776)	10.642 ** (10.050)
年份	控制	控制	控制	控制	控制	
省份	控制	控制	控制	控制	控制	
N	10407	10407	10407	10407	10407	
Pseudo R^2	0.0557	0.0566	0.3045	0.3466	0.2781	

注：（1） *** 、** 、* 分别表示在1%、5%和10%的水平上显著；（2） 表中回归系数为胜算比；（3） 括号内为 z 统计值。

第六节 结论与讨论

本章基于 2011～2018 年中国老年健康影响因素跟踪调查（CLHLS）数据，实证分析了高龄老年人的经济状况对其居住安排的影响，同时考察了子女数量的调节作用并探讨了经济地位的影响机制。

研究结果表明：①经济独立会使高龄老年人独立居住的概率增加，与子女同住概率下降；并且子女数量发挥负向调节作用，随着子女数量增加，高龄老年人与子女同住的概率增加，独立居住和机构居住的概率下降。与之相反，随着经济地位的提升，高龄老年人独立居住的概率下降，与子女同住概率增加；且随着子女数量的增加，经济地位较高的高龄老年人选择机构居住的可能性越大。②经济状况对高龄老年人居住安排的影响存在城乡、婚姻状态和自理能力上的差异。其一，不同于城镇，经济地位越高的农村高龄老年人选择机构居住的概率越大，且子女数量发挥显著的正向调节作用；其二，对有配偶的高龄老年人而言，子女数量对其独立居住的调节作用不显著；其三，对于自理能力较差的高龄老年人而言，经济状况影响不显著。③进一步就经济地位的影响进行机制分析，结果表明高龄老年人的经济地位越高其对子女提供的经济支持越多，从而可以获得子女照料支持和精神慰藉的可能性越大，进而使得其与子女同住的概率增加。这意味着经济地位较高的高龄老年人可以通过其所拥有的经济资源来交换获得子女的养老支持。

研究结论的政策启示是，为尊重高龄老年人的居住意愿并提高其生活质量，应从两个方面入手：一是促进中高端养老机构建设，高龄老年人的经济地位越高越可能选择机构养老，随着经济发展与社会保障体系的逐渐完善，老年人的经济地位将会不断提高，可以预见未来机构养老需求，尤其中高端自费项目将会不断增加。因此，大力推动机构养老行业建设，对于保障老年人的晚年生活具有重要意义。二是发展社区居家养老服务。因为经济独立的高龄老年人更倾向于独立居住，这部分群体由于正面临身体机能迅速减退，衣、食、住、行等基本日常活动能力（ADL）和购物、洗衣、做饭等功能性日常活动能力（IADL）很难得到自我满足，而独立居住使得子代能够提供的养老支持有限，此时，社会化的居家养老服务将具有很大的发展空间，具体地，应结合高龄老年人的实际需要从生活照料、家政服务、康复护理和精神慰藉等多方面提供便利。

第九章

机构养老的老年人生活质量

我国人口老龄化形势愈发严峻，家庭养老难以为继，社会化养老需求逐年增大。在此背景下，本章基于中国老年健康影响因素跟踪调查（CLHLS）数据，利用熵权法构建老年人生活质量指数，然后运用倾向得分匹配法（PSM）建立回归模型实证比较机构养老与非机构养老方式下老年人的生活质量差异，并进行异质性分析。研究发现，在其他条件相同的情况下：①机构养老的老年人整体生活质量均高于非机构养老（独居、与配偶同住和与子女同住）方式下的老年人。②异质性分析结果表明，机构养老的老年人生活质量存在城乡、性别和区域差异。与非机构养老方式相比，城市中机构养老的老年人生活质量显著低于农村；机构养老中女性老年人生活质量高于男性；东部和西部地区机构养老的老人生活质量较高，而中部地区机构养老的老人生活质量则略低。

第一节　引　　言

我国自 21 世纪进入老龄化社会以来，其发展速度之迅猛前所未见。根据第七次人口普查结果显示，截至 2020 年末，我国 60 岁及以上人口占比为 18.70%，65 岁及以上人口占比达到 13.5%①。国家统计局预计在"十四五"期间，60 岁和 65 岁以上人口比重将超过 20% 和 14%，从轻度老龄化迈入中度老龄化社会②。联合国的人口预测结果显示，到 2050 年，我国 60 岁以上人口占比将超过 30%③，人口老龄化形势愈发严峻。而与此同时，家庭养老难以为继，子女的迁移流动性增加导致代际居住分离式家庭日益增多，生育和抚幼成本增大使得人们的生育意愿及数量不断减少，从而造成我国家庭规模小型化和结构核心化，而这又使得家庭对老年人的生活照料能力不足，由此可见，传统的家庭养老模式逐渐瓦解。在此背景下，社会化养老需求将逐年增大。

少子人口老龄化程度的不断加深将对我国的经济发展、公共服务、医疗保障及社会和家庭养老等方面带来一系列挑战，其中尤为值得关注的是，如何在老年人预期寿命普遍提升的背景下，提高老年人的生活质量使其安享晚年。我国在"十四五"规划纲要中明确提出"实施积极应对人口老龄化国家战略"，构建居家社区机构相协调、医养康养相结合的养老服务体系，建成以居家为基础、社区为依托、机构为补充、医养结合的多层次养老服务体系，并提出要加强养老机构建设，使养老机构充分发挥兜底保障作用，满足老年人多样化的养老需求。

机构养老作为我国多层次养老体系的重要组成部分，选择机构养老的老年人生活质量是高还是低？与传统的养老方式相比，老年人的生活质量是否存在结构性差异？这些差异是否存在城乡、性别以及区域异质性？现有文献鲜有涉及，而本章试图回答以上问题，从而为我国社会化养老服务体系的发展完善与优化提升提供数理依据。

可能的研究贡献在于：一是运用熵权法对生活质量的评价指标赋

---

① 第七次全国人口普查公报解读［EB/OL］. http：//www. stats. gov. cn/tjsj/sjjd/202105/t20210512_1817336. html.

② 我国人口发展呈现新特点与新趋势［EB/OL］. http：//www. stats. gov. cn/tjsj/sjjd/202105/t20210513_1817394. html.

③ Department of Economic and Social Affairs Population Division［EB/OL］. https：//population. un. org/wpp/.

权，根据熵值提供信息量的大小决定权重，进一步构建老年人生活质量指数，从而更全面客观地评价老年人生活质量；二是以机构养老的老年人为分析主体，比较机构养老的老年人生活质量与独居、与配偶同住和与子女同住等非机构养老模式下老年人生活质量的差异，研究结论对于切实提高老年人生活质量具有重要现实意义。

第二节　文献综述

一、老年人生活质量评价

"生活质量"这一概念，最早在 1958 年由美国经济学家加尔布雷思（J. K. Calbraith）在其《富裕社会》（*The Affluent Society*）一书中提出，最初作为一个社会学指标，用来衡量社会发展及福利情况，而后在不同领域被广泛使用。在生活质量的测度上，目前尚未达成一致意见。有些学者注重在客观的物质层面刻画生活质量，认为生活质量是一定经济发展阶段上人们生活条件的综合反映（冯立天，1991；邬沧萍，2002）；有些学者在主观层面度量生活质量，关注人们对生活状况的主观评价或满意程度（Kahneman，1999；Diene et al.，2003；Lang，2007）。风笑天（2007）指出，鉴于我国经济发展不充分与不均衡的基本情况，对生活质量的客观和主观评价反映了生活质量的不同侧面，二者相互补充不可或缺。我国的相关研究主要从客观和主观两个层面来度量生活质量，包括身体健康、心理健康、行为能力、经济状况、生活满意度评价等多个维度（周长城等，2011；李建新，2014；程翔宇，2016；李明锋，2019）。

老年人的生活质量与上述生活质量存在一定程度的共性，与此同时，老年人在身心健康、医疗服务与文化生活和社会参与等方面也存在特殊需求（邬沧萍，2002）。其中，社会参与作为积极应对人口老龄化的三大支柱之一愈发受到重视，孔泽宇（2019）和谢立黎（2019）认为参与不同性质的社会活动不仅能够满足老年人的异质性需要，同时对自身价值的实现和生活质量的提高也有重要意义。因此，本书认为老年人的生活质量应包含健康状况、经济与社会保障、家庭关系、公共服务和社会文化生活五个维度。

在评价方法上，现有文献主要使用评分平均数（蒋志学，2003）、加权综合评分法（陈英姿等，2011）、因子分析法（王化波等，2012）、层次分析法（中国老年人生活质量发展报告，2019）等方法。本书使用的熵权法作为一种客观的赋权方法，能够对个体主观赋分结果的熵值进行客观分析，相较于层次分析、因子分析等方法而言具有一定精确性。

二、机构养老的老年人生活质量研究

国外关于机构养老的老年人生活质量的研究比较充分，主要有：①在机构老年人生活质量变动趋势的研究中，巴尼（Barney，1974）在使用幸福感指标评价老年人生活质量的基础上，分析发现社区参与及养老院护理质量对机构老年人生活质量能有所提高；格里森等（Gerritsen et al.，2004）认为根据 SPF（社会生产函数）理论构建的以幸福指数、身体健康、社会福利为主要指标的生活质量框架较适合描述养老院老人生活质量，并可以通过满足其中养老院舒适度、社会地位等工具性目标来优化老年人生活质量；布兰克等（Burack et al.，2012）使用《养老院居民生活质量量表》（Quality of Life Scales for Nursing Home Residents），从 11 个方面考察了老年人的生活质量：自主性、尊严、食物享受、功能能力、个性、有意义的活动、身体舒适度、隐私、人际关系、安全感和精神健康，发现在这些领域中，精神健康及尊严对养老院老人生活质量来说是重要预测因子。②在机构老年人生活质量的所有制结构差异研究中，哈林顿等（Harrington et al.，2001）比较养老院的所有权差异对生活质量的影响，发现非营利或公共机构的老人生活质量比营利机构的更好；徐等（Xu et al.，2013）的研究也认同了这一结论，其在梳理分析了养老院特征对生活质量影响的文献后，发现养老院的特征与更好的生活质量密切相关，其中所有权特征起到了一定作用，非营利机构的生活质量优于营利性机构。③在机构养老与其他养老模式下老年人生活质量的差异比较中，埃文－祖海尔（Even－Zohar，2014）采用量化方法，比较了社区成员和居住在养老院的老年人的生活质量水平，结果表明社区成员的生活质量高于养老院老人；泰斯顿等（Teston et al.，2015）基于老人自我报告生活质量从健康、社会关系、经济和总体满意度方面测量生活质量，研究表明机构居住与社区居住的老年人在这些因素的重要程度上存在差异，不过养老院老人的总体生活满意度要高于社区居住老人。

国内研究文献相对较少，主要集中在：①杨宜勇等（2017）和王立剑等（2017）主要从理论层面探索提升养老机构服务质量的途径。②对机构老年人生活质量的影响因素研究。裴先波等（2016）根据生活质量量表调查老年人生活质量，结论表明养老院生活质量得分偏低，并且居住满意度、健康状况及自理能力等会影响养老院老人生活质量。李文娟等（2021）通过对老人一般情况调查及生活质量测定简表（WHOQOL－BREF）考察机构老人生活质量，并发现文化程度、运动与否和户籍情况等是影响老人生活质量的主要因素。③对不同养老模式下老年人生活质量差异的研究。程翔宇（2016）从生活满意度、自评健康、生活自理能力、心理健康和经济收入维度评价老年人生活质量，以与子女共同居住老人为参照组比较了不同养老模式下老年人生活质量的差异，分析显示共同居住老年人生活质量最好，养老院和独立居住的老年人较差；蔡吉梅等（2014）和罗娅等（2015）都使用世卫组织生活质量简表（WHOQOL－BREF）以及幸福感来衡量生活质量，研究表明老年人 QOL 总分社区养老最高、家庭和机构养老较低。

由此可见，国内现有文献对机构养老的老年人生活质量的研究评价指标不足，并且在比较不同居住安排的老年人生活质量差异时，主要以传统家庭养老方式作为参照主体，对机构养老模式下老年人生活质量考察不够深入。因此，本章在用熵权法构建老年人生活质量指数的基础上，评价机构养老的老年人生活质量；然后以机构养老的老年人作为参照对象，比较其与独居、与配偶同住以及与子女同住等非机构居住安排下老年人生活质量的差异，并进一步分析这些差异是否存在城乡、性别及区域异质性。

第三节　老年人生活质量评价

一、数据来源

本部分使用 2017 ～ 2018 年中国老年健康影响因素跟踪调查（CLHLS）数据。该数据是由北京大学健康老龄与发展研究中心／国家发展研究院组织的老年人追踪调查，调查范围覆盖全国 23 个省份，调查对象为 65 岁及以上老年人和 35 ～ 64 岁成年子女，调查问卷分为存活被访者问卷和死亡老人家属问卷两种。

该调查项目在 1998 年进行基线调查，随后又进行了多次跟踪调查，最近的一次跟踪调查（2017 ～ 2018 年）共访问 15874 名 65 岁以上的老年人，收集了 2014 ～ 2018 年期间死亡的 2226 位老年人的信息。调查覆盖范围较广，调查内容丰富翔实，具有较强的代表性。选取存活老年人的调研数据，在剔除了缺失和无效样本后最终保留有效样本数量 7735 个。

二、指标体系的构建

本书将老年人生活质量在以往文献的基础上分为健康状况、经济与社会保障、家庭关系、公共服务和社会文化生活 5 个具体维度，此为一级指标，其下又共分为 12 个二级指标，以此构建老年人生活质量指标体系（见表 9 - 1），进而全面综合地评价老年人生活质量。其中，"精神慰藉""照料支持""经济支持"二级指标根据问卷回答，将每一项答案分为家人和他人两类。

表 9 - 1   老年人生活质量评价指标体系

一级指标	二级指标	二级指标含义与赋值	指标正负
健康状况	身体健康	E0：日常活动能力是否受限 1—是，2—部分受限，3—没有	+
	心理健康	B2 - 1：遇到事情是否想得开 1—很想得开，2—想不开，3——般，4—想不开，5—很想不开	−
	健康自评	B1 - 2：觉得自己健康状况怎么样 1—很好，2—好，3——般，4—不好，5—很不好	−
经济与社会保障	经济自评	F3 - 4：生活在当地比较起来属于？ 1—很富裕，2—富裕，3——般，4—困难，5—很困难	−
	社会保障	F6 - 4：目前社会保障 1—有退休金或养老金，2—没有	−
家庭关系	精神慰藉	a. 您平时与谁聊天最多？1 - 家人，2 - 他人； b. 您有心事或想法，最先向谁说？1—家人，2 - 他人； c. 您遇到问题和困难，最先找谁解决？1 - 家人，2 - 他人 1—其中一项是家人，2—其中两项是家人，3—三项都是家人	+
	照料支持	F5：身体不舒服时或生病时主要是谁来照料？ 1—家人，2—他人	−
	经济支持	F3 - 2：其他生活来源 1—家人，2—他人	−

续表

一级指标	二级指标	二级指标含义与赋值	指标正负
公共服务	医疗服务可及性	F-652a：从家到最近的医疗机构距离有多远？	-
	社区服务支持	F-14：所在社区有哪些为老年人提供的社会服务？ （起居照料、上门看病/送药、精神慰藉、聊天解闷、日常购物、组织社会和娱乐活动、提供法律援助（维权）、提供保健知识、处理家庭邻里纠纷等8种社区服务） 1—8依次表示提供的社会服务数量	+
社会文化生活	社会活动	D11：1-8. 您现在从事/参加以下活动吗？ （家务（做饭、带小孩等）、太极拳、广场舞、串门/与朋友交往、其他户外活动、种花养宠物、阅读书报、饲养家禽/家畜、打牌或打麻将等、看电视听广播、参加有组织的社会活动等11项社会活动） 1—11依次表示参加活动的数量	+
	外出旅游	D12：近两年外出旅游次数	+

三、指标权重的确定

在计算生活质量指数时，主要运用二级指标权重计算最终综合得分，因此各指标赋权方法为：

首先，采用专家评分法 AHP 对 5 个一级指标平均赋权，即 $weight_{1i} = 0.2$。

其次，对二级指标进行无量纲处理①，根据熵权法②确定每个一级指标下二级指标的权重 $weight_{2i}$。

---

① 对于正指标：$X'_{ij} = (X_{ij} - minX_{ij})/(maxX_{ij} - minX_{ij})$；对于负指标：$X'_{ij} = (maxX_{ij} - X_{ij})/(maxX_{ij} - minX_{ij})$。

② 在使用熵权法时，不能对取值为0的指标赋权。因此，本书对无量纲处理后的变量取值加上 0.0001 后再计算权重。

最后，各级指标最终权重的确定：使用二级指标的权重 $weight_{2i}$ 乘以所对应的一级指标权重 $weight_{1i}$ 就得到该指标在整个指标体系中的权重。老年人生活质量指标评价权重体系如表9－2所示。

表9－2　　老年人生活质量指标评价权重体系

	一级指标（权重）	二级指标（权重）	最终权重
生活质量	健康状况（0.2）	身体健康（0.9104）	0.1821
		心理健康（0.0290）	0.0058
		自评健康（0.0607）	0.0121
	经济与保障（0.2）	经济自评（0.0654）	0.0131
		社会保障（0.9346）	0.1869
	家庭关系（0.2）	精神慰藉（0.0614）	0.0123
		照料支持（0.0775）	0.0155
		经济支持（0.8610）	0.1722
	公共服务（0.2）	医疗服务可及性（0.0012）	0.0002
		社区服务支持（0.9988）	0.1998
	社会文化生活（0.2）	社会活动（0.1047）	0.0209
		外出旅游（0.8953）	0.1791

注：表中括号内为指标权重。

由表9－2可以看出，在健康状况维度上，身体健康权重较大，这是由于随着年龄增长，相对于心理健康，老年人的身体各项机能下降幅度更大，因而提升身体健康水平能够明显提高老年人的生活质量；在经济与社会保障维度上，社会保障权重较大，说明社会保障的增进对提高生活质量具有重要作用；在家庭关系维度上，经济支持权重大，因而家庭经济支持对老年人生活质量的提高作用更大；在公共服务维度上，社区服务的可得性对老年人生活质量的提升作用更大；在社会文化生活维度上，外出旅游次数增加对老年人生活质量提升作用更大，本书认为这可能是随着生活水平的提高，老年人向往更丰富的文化休闲活动。

四、老年人生活质量比较：机构养老 VS 非机构养老

根据 CLHLS 问卷中的两个问题："您现在与谁住在一起？""与老人关系"将老年人的居住安排分为机构居住、独居、与配偶同住以及与子女同住四种，对应的子样本数量分别为 316 个、1525 个、2325 个和 3569 个。

根据表 9-2 的权重体系计算形成老年人生活质量指数是一个连续变量，范围在 0~1 之间，数值越高表示生活质量越好，本书为便于观察和后续研究进行百分制转换，将表 9-2 中的指数乘以 100，转换后老年人生活质量得分在 0~100 之间，最高分为 78.794。由于各个维度权重赋权为 0.2，所以各个维度转换后得分在 0~20 之间。

表 9-3 显示了不同居住安排下老年人的生活质量以及各个维度得分情况的描述性统计。从整体生活质量上看，机构居住的老年人生活质量指数均值最高，为 35.506 分，明显高于其他居住安排下的老人生活质量；其次为与子女同住的老年人生活质量，这两种居住安排下的生活质量都高于全样本均值。独居和与配偶同住的老人生活质量都低于全样本均值，并且独居老人生活质量指数最低。

从各个维度上看，机构养老的老人在健康状况、经济与保障和公共服务方面要高于其他居住类型的老人，且都高于总体均值；与配偶同住的老年人社会文化生活要优于其他人；与子女同住的老人家庭关系方面最好；独居老人不论是在总的生活质量还是其他各个维度上得分都较低。这与我们的认知和以往研究结果相类似，独居老人通常由于生活上缺乏照料、生病时无人看护以及精神上孤独空虚等原因，生活质量普遍偏低。

表9－3 生活质量及各个维度描述性统计

变量	机构居住 （N＝316） 均值 （标准差）	独居 （N＝1525） 均值 （标准差）	与配偶同住 （N＝2325） 均值 （标准差）	与子女同住 （N＝3569） 均值 （标准差）	全样本 （N＝7735） 均值 （标准差）
生活质量	35.506 （13.404）	29.184 （13.712）	29.392 （12.909）	33.342 （12.871）	31.423 （13.247）
健康状况	7.509 （6.629）	4.382 （5.306）	3.821 （5.046）	6.119 （6.473）	5.143 （5.969）
经济与保障	13.625 （8.706）	9.499 （9.361）	11.289 （9.299）	8.900 （9.304）	9.930 （9.375）
家庭关系	6.041 （7.770）	10.094 （8.751）	8.390 （8.117）	13.421 （8.383）	10.950 （8.699）
公共服务	7.857 （7.315）	4.582 （5.451）	5.031 （5.351）	4.441 （5.091）	4.786 （5.390）
社会文化生活	0.472 （1.062）	0.626 （0.503）	0.861 （0.815）	0.462 （0.700）	0.614 （0.743）

注：表中括号内为标准差。

为比较机构养老与其他居住模式下老年人生活质量是否存在显著差异，进一步对老年人总体及各个维度的生活质量均值进行独立样本t检验，结果如表9－4所示。从总体生活质量上看，机构居住的老年人生活质量显著高于其他两种居住类型下的老年人生活质量，与非机构居住下的老年人差异显著。在各个维度上，机构居住的老年人与其他居住类型的老年人生活质量也基本都通过显著性检验，主要表现为机构养老模式下的老年人在健康状况、经济与社会保障及公共服务维度上的得分显著高于其他居住安排下的老年人，而在家庭关系和社会文化生活维度上相对于非机构养老处于劣势地位。

表 9 - 4 　　　　　　　　　　　　　　生活质量均值差异

变量	机构居住 VS 独居	机构居住 VS 与配偶同住	机构居住 VS 与子女同住	机构居住 VS 非机构居住
生活质量	6. 322 ***	6. 113 ***	2. 164 ***	4. 256 ***
健康状况	3. 127 ***	3. 688 ***	1. 390 ***	2. 467 ***
经济与保障	4. 126 ***	2. 335 ***	4. 724 ***	3. 853 ***
家庭关系	- 4. 053 ***	- 2. 348 ***	- 7. 378 ***	- 5. 118 ***
公共服务	3. 275 ***	2. 826 ***	3. 415 ***	3. 202 ***
社会文化生活	- 0. 154 ***	- 0. 389 ***	0. 011	- 0. 148 ***

注：*** 表示在 1% 的水平上显著。

另外，值得注意的是，在社会文化生活维度上，机构居住的老年人与子女同住的老年人并无显著差异，而在其他维度前者显著高于后者。因此，本书认为尽管两种居住模式下老年人的社会文化生活无显著差异，但二者背后的机制可能不同，与子女同住的老年人帮忙照看（外）孙子女而无暇参与社会活动；而居住在养老机构的老年人更可能是因为外出程序较多或无人陪伴而较少外出参与社会活动。

五、基于 PSM 方法的老年人生活质量比较

考虑到老年人的居住安排并非随机选择而可能受到其自身的人口学和社会学特征等因素影响而进行的自我选择，进而造成表 9 - 4 中的结论存在系统性偏差，进一步比较不同居住安排下老年人在这些因素上的差异，表 9 - 5 列示了不同居住安排下老年人的人口学与社会学特征的描述性统计结果，表 9 - 6 列示了机构居住与其他居住安排下老年人的基本特征的独立样本 t 检验结果。

表 9 - 5　　　不同养老方式下人口学与社会学特征的描述性统计

变量	机构居住 (N = 316)	独居 (N = 1525)	与配偶同住 (N = 2325)	与子女同住 (N = 3569)	全样本 (N = 7735)
	均值 (标准误)	均值 (标准误)	均值 (标准误)	均值 (标准误)	均值 (标准误)
人口学特征					
性别 (男性 = 1)	0.38 (0.49)	0.36 (0.48)	0.60 (0.49)	0.31 (0.46)	0.41 (0.49)
居住地 (城镇 = 1)	0.86 (0.34)	0.55 (0.50)	0.59 (0.49)	0.55 (0.50)	0.57 (0.49)
年龄	88.34 (9.32)	84.77 (9.91)	77.05 (8.38)	90.76 (10.63)	85.36 (11.43)
社会经济特征					
受教育程度	4.47 (5.08)	2.69 (3.85)	5.15 (4.76)	2.14 (3.54)	3.25 (4.28)
婚姻状况 (有配偶 = 1)	0.11 (0.31)	0.05 (0.22)	0.99 (0.09)	0.06 (0.24)	0.34 (0.47)
子女数量	3.28 (2.06)	4.17 (2.06)	3.35 (1.67)	4.42 (2.08)	4.00 (2.02)

注：（1）已婚，并与配偶住在一起定义为有配偶；（2）表中括号内为标准差。

表 9 - 6　　　不同养老方式下老年人的人口学与社会学差异

变量	机构居住 VS 独居	机构居住 VS 与配偶同住	机构居住 VS 与子女同住	机构居住 VS 非机构居住
性别	0.020	- 0.218 ***	0.065 **	- 0.033
居住地	0.312 ***	0.279 ***	0.311 ***	0.301 ***
年龄	3.568 ***	11.294 ***	- 2.414 ***	3.111 ***
受教育程度	1.779 ***	- 0.683 **	2.329 ***	1.272 ***

续表

变量	机构居住 VS 独居	机构居住 VS 与配偶同住	机构居住 VS 与子女同住	机构居住 VS 非机构居住
婚姻状况	0.058 ***	− 0.881 ***	0.047 ***	− 0.241 ***
子女数量	− 0.893 ***	− 0.069	− 1.138 ***	− 0.753 ***

注：*** 、** 分别表示在 1%、5% 的水平上显著。

　　由表 9 – 5 和表 9 – 6 可知，老年人的人口学和社会学特征在机构居住与非机构居住之间基本存在显著差异，仅机构居住与独居的老年人不存在显著性别差异，机构居住和与配偶同住的老年人在子女数量上不存在显著差异。由此可见，老年人的居住安排确实存在自我选择问题。

　　由于老年人的居住安排存在自我选择问题而造成子样本之间老年人的生活质量不具有可比性，因此，本书运用倾向得分匹配（PSM）方法，控制人口学和社会学特征，以机构居住老年人作为实验组，其他居住类型的老年人依次作为对照组进行核匹配，来消除个体差异并在此基础上再次比较其生活质量。

　　表 9 – 7 的核匹配平均处理效应（ATT）结果显示，控制了自我选择偏差之后，在生活质量上，机构居住的老年人生活质量与匹配之前有所不同，其和与配偶同住的老年人生活质量不再有显著差别，相应地，在各个维度上机构居住老年人得分相对于与配偶同住老年人生活质量的差别基本不显著。其他生活质量及各个维度上，机构居住的老年人与其他居住类型的老年人差异仍然较为显著，与匹配之前分析结果基本类似。

表 9 – 7　　　　　　机构居住与非机构居住安排下老年人
生活质量的 ATT 估计结果

变量	机构居住 VS 独居	机构居住 VS 与配偶同住	机构居住 VS 与子女同住	机构居住 VS 非机构居住
生活质量 ATT	5.068 ***	5.832	2.015 **	3.138 ***

变量	机构居住 VS 独居	机构居住 VS 与配偶同住	机构居住 VS 与子女同住	机构居住 VS 非机构居住
健康状况 ATT	2.638 ***	−2.251	1.693 ***	1.971 ***
经济与保障 ATT	1.890 ***	4.748	2.288 ***	2.434 ***
家庭关系 ATT	−2.020 ***	−1.859	−4.598 ***	−3.946 ***
公共服务 ATT	2.721 ***	5.213 ***	2.749 ***	2.817 ***
社会生活 ATT	−0.161 **	−0.018	−0.118 *	−0.138 *

注：*** 、** 、* 分别表示在 1%、5% 和 10% 的水平上显著。

第四节　老年人生活质量差异的实证分析

一、模型建立

为了更具体地进行分析，本书以机构养老的老人作为对照组，独居、与配偶同住以及与子女同住类型的老人分别作为实验组，运用稳健标准误的 OLS 回归，探究机构养老与独居、与配偶同住及与子女同住这三种非机构养老对老年人生活质量影响是否具有差异性。具体模型如下：

$$Y_i = \beta_0 + \beta_1 X_1 + \beta_2 X_2 + \beta_3 X_3 + \sum \gamma_i Z_i + \mu$$

其中，Y_i 表示第 i 个老年人生活质量，是一个连续变量；X_1、X_2、X_3 为 0~1 虚拟变量，将机构居住定为基准组，X_1、X_2、X_3 依次表示独居、与配偶同住、与子女同住；Z_i 为一系列控制变量，包括性别、居住地、年龄、受教育程度、婚姻状况和子女数量。本书主要研究机构养老与独居、与配偶同住以及与子女同住的老人生活质量是否具有差异，因此重点关注回归系数 β_1、β_2 以及 β_3 是否显著和符号的正负。

二、回归结果分析

使用 PSM 核匹配后的数据进行回归估计，结果列示在表 9 - 8 中。分析发现，在整体生活质量状况上，对比机构居住，独居和与配偶同住以及与子女同住的居住安排与老人生活质量都显示为负相关，且显著性水平较高，即机构养老对比非机构养老方式对老人生活质量有显著的正向影响。这与以往多数研究的结论有所不同。传统观念及研究普遍发现家庭式养老更能提高老年人生活质量，适合老人安享晚年。同时老人本身也多拒绝进入养老院等机构养老，认为是家庭不和睦的表现。本书认为，可能是随着我国目前养老服务业的发展，深化养老机构作用和地位的情况下，老人观念有所转变，多数不再排斥在无人照顾时选择机构养老。

表 9 - 8　　　　　　　　　　　　　　基准回归结果

变量	(1) 生活质量	(2) 健康状况	(3) 经济与保障	(4) 家庭关系	(5) 公共服务	(6) 社会文化生活
独居	-4.362 *** (0.595)	-2.201 *** (0.278)	-0.178 (0.359)	0.176 (0.334)	-2.346 *** (0.286)	0.188 *** (0.049)
与配偶同住	-1.699 ** (0.807)	-1.201 *** (0.360)	0.313 (0.494)	1.437 *** (0.435)	-2.451 *** (0.389)	0.204 *** (0.056)
与子女同住	-1.260 ** (0.524)	-1.312 *** (0.257)	-0.309 (0.318)	2.680 *** (0.298)	-2.451 *** (0.264)	0.134 *** (0.049)
性别	-2.348 *** (0.330)	-0.885 *** (0.153)	0.135 (0.218)	-1.458 *** (0.192)	-0.160 (0.144)	0.021 (0.024)
居住地	0.105 (0.365)	0.140 (0.168)	2.387 *** (0.241)	-2.460 *** (0.218)	-0.032 (0.141)	0.069 *** (0.018)
年龄	0.193 *** (0.017)	0.159 *** (0.008)	0.004 (0.011)	0.051 *** (0.010)	-0.003 (0.007)	-0.018 *** (0.001)

续表

变量	(1) 生活质量	(2) 健康状况	(3) 经济与保障	(4) 家庭关系	(5) 公共服务	(6) 社会文化生活
受教育程度	0.207 *** (0.041)	− 0.010 (0.022)	0.433 *** (0.026)	− 0.321 *** (0.023)	0.077 *** (0.020)	0.027 *** (0.003)
婚姻状况	− 0.660 (0.677)	− 0.533 * (0.279)	0.064 (0.415)	− 0.292 (0.379)	0.050 (0.306)	0.051 (0.041)
子女数量	0.152 * (0.086)	− 0.099 ** (0.040)	− 0.046 (0.055)	0.500 *** (0.051)	− 0.202 *** (0.035)	− 0.001 (0.005)
_cons	19.711 *** (1.689)	− 5.700 *** (0.798)	10.071 *** (1.069)	2.642 *** (0.956)	10.821 *** (0.763)	1.878 *** (0.108)
省份固定	是	是	是	是	是	是
N	7207	7207	7207	7207	7207	7207
R^2	0.089	0.112	0.237	0.312	0.108	0.165

注：*** 、** 、* 分别表示在1%、5%和10%的水平上显著；(2)括号内为 z 统计值。

各个维度上的回归结果显示，机构居住相对于其他居住安排下的老人对其健康状况和公共服务具有正向作用，这与前面分析的结果相似。由于养老机构配套有一定的医疗服务设施以及提供日常照料，满足了老人一定的养老需求从而能够提高其生活质量。机构养老老人的健康状况较好，本书认为可能是由于老人在机构预期会得到相对较好的照护服务和健康支持，使得老人对自己的身体健康较有信心。

相对于机构居住的老年人，独居、与配偶同住及与子女同住的老年人对家庭关系和社会文化生活基本存在显著正效应，只有独居与机构居住的老人的家庭关系不存在差异，侧面反映出不同的养老方式与家庭关系和谐与否有一定关系。这也与我们的经验认知较为符合，并且非机构养老的老人家庭关系较好，生活自由方面不如养老机构中的老人限制多，有时间去参与丰富的社会活动从而拥有较高的生活质量。

经济与保障方面虽然机构居住老人较好，但是没有通过显著性检验，即不同的居住安排之间经济与保障状况相差不大。

三、异质性分析

考虑到我国典型的城乡二元经济以及地区发展仍不均衡，加之男女性别差异所带来的不同影响，导致养老机构的发展情况以及老人的某些个体特征等在此背景下也会存在差异，从而在城乡、性别以及不同地区之间会产生异质性的影响，因而有必要对异质性进行考察。

（一）城乡异质性分析

根据居住地，将核匹配后的数据划分为城镇样本与农村样本，按上述回归模型进行估计，结果显示在表9-9中。分析发现，机构居住的老人生活质量相对于其他三种居住安排老人的生活质量在城乡之间差异较大。

表9-9　　　　　　　　　分城乡回归结果

变量	生活质量	健康状况	经济与保障	家庭关系	公共服务	社会文化生活
城市样本（N=4898）						
独居	-2.567*** (0.673)	-2.328*** (0.319)	1.091*** (0.405)	0.274 (0.371)	-1.792*** (0.329)	0.189*** (0.061)
与配偶同住	-0.660 (0.902)	-0.965** (0.415)	1.060* (0.544)	0.989** (0.473)	-1.952*** (0.459)	0.209*** (0.067)
与子女同住	0.500 (0.562)	-1.349*** (0.288)	0.552 (0.345)	2.866*** (0.325)	-1.708*** (0.298)	0.139** (0.059)
_cons	19.763*** (1.963)	-5.370*** (0.945)	11.730*** (1.251)	0.375 (1.120)	10.978*** (0.928)	2.052*** (0.159)
R²	0.094	0.127	0.236	0.298	0.108	0.150

变量	生活质量	健康状况	经济与保障	家庭关系	公共服务	社会文化生活
农村样本（N=2309）						
独居	-10.026 *** （1.383）	-1.532 ** （0.633）	-4.844 *** （0.900）	1.106 （0.879）	-4.859 *** （0.591）	0.106 *** （0.032）
与配偶同住	-6.928 ** （2.887）	-0.507 （1.255）	-4.869 *** （1.803）	4.198 *** （1.567）	-5.721 *** （0.963）	-0.027 （0.068）
与子女同住	-7.142 *** （1.287）	-0.785 （0.607）	-4.377 *** （0.854）	3.149 *** （0.819）	-5.185 *** （0.566）	0.058 * （0.030）
_cons	12.731 *** （3.424）	-8.920 *** （1.857）	11.065 *** （2.525）	-0.639 （2.344）	9.206 *** （1.188）	2.018 *** （0.182）
R^2	0.143	0.098	0.156	0.161	0.171	0.186
省份固定	是	是	是	是	是	是

注：（1）***、**、*分别表示在1%、5%和10%的水平上显著；（2）括号内为z统计值；（3）回归模型中同时控制了性别、居住地、年龄、受教育程度、婚姻状况和子女数量以及省份虚拟变量，限于篇幅，此处未列示。

从整体生活质量来看，相比非机构养老，农村机构养老的老年人生活质量要高于城市。在城市，机构居住老人生活质量与全样本回归结果有所不同，机构居住只与独居老人生活质量在1%的水平上有显著差别，与另外两种养老类型不再有所差异；农村中，机构居住老人生活质量与全样本回归结果相似，机构养老生活质量高于非机构养老并且显著性水平较高。一个可能的解释是农村在生活资源、便捷度以及医疗服务可及性方面不如城市，因此住在养老院等机构中接受日常生活照护，能够显著提高农村老人的生活质量。在城市，由于各种资源的便捷性，选择何种居住安排养老的区别较小，但是独居老人生活质量相比之下较低，更适合去机构居住。

具体维度上，城市老人和农村老人在公共服务方面没有显著差异性且与全样本回归结果相似。

第一，在健康状况上，与城市机构养老相比其他养老安排与其呈正相关关系，而在农村其只与独居老人有显著差异。

第二，在家庭关系上，不论城市还是农村老年人的结果都与全样本回归结果相似，从侧面反映出机构养老和独居安排下的老人无显著差异，一般家庭关系都较差。

第三，在社会文化生活方面，城市机构养老相比非机构养老方式的老人显著较差，而农村在此方面机构养老与非机构养老的差异显著性水平则较低，只有和独居老人相比差异显著。本书认为可能是社会生活评价方面外出旅游次数权重较高，城市非机构老人由于公共娱乐事业发展充分、交通便利等原因旅游次数多，社会生活丰富。在农村老人由于经济发展缓慢、资源不足等原因文化娱乐设施较少，鲜少出门旅游，因此选择何种养老方式对其社会生活无显著影响，而农村中独居老人社会文化生活水平较高则可能由于其在农村独自居住顾虑事情较少，并且不像养老机构老人对其行动自由有所限制，有时间参与文化活动。因此加强农村公共娱乐基础建设对于提高农村老年人生活质量具有重要作用。

第四，在经济与保障方面，城市和农村在不同的养老方式下相差水平较大。对比机构养老这个基准组，在城市，机构养老比独居和与配偶同住的老人经济与保障状况较差，说明在经济状况较好的情况下，城市独居老人没有选择去养老院居住，但是在农村，机构养老的老人比非机构养老的老人的经济保障水平显著都高，反映出经济能力较好的老人在农村更有可能去养老院。出现这种差异的原因可能在于：相较于城市，农村的生活便利性较差，维持老年人基本生活所需的衣食住行等各方面很难依靠其自身得到满足，而对于居住在农村经济条件更好的老年人，其子女更有可能在城市工作和生活，因而这部分人为了获取更好的生活条件而不得不选择机构养老。而随着经济社会的快速发展，城市的生活十分便利，基本上所有日常生活所需的购物、外卖、医疗、家政等都发展出了成熟的有酬上门服务模式，因此，如果不受经济条件约束，老年人完全可以实现居家生活，所以，我们看到独居或与配偶共同居住的城市老年人经济条件较好。

（二）性别异质性分析

表 9 – 10 列示了性别的异质性分析结果。结果显示，与非机构养老相比，机构养老的女性老年人整体生活质量高于男性。男性样本中，相比于机构养老，独居老人生活质量较差，其他两种养老方式的老人与机构养老的老人生活质量无显著差异，但在女性样本中发现机构养老比非机构养老的老人生活质量显著都高。

表 9 – 10　　　　　　　　　　分性别回归结果

变量	生活质量	健康状况	经济与保障	家庭关系	公共服务	社会文化生活
男性样本（N = 2779）						
独居	− 2. 257 ** (0. 937)	− 0. 967 ** (0. 432)	− 0. 178 (0. 608)	1. 545 *** (0. 504)	− 2. 612 *** (0. 475)	− 0. 044 (0. 123)
与配偶同住	1. 431 (1. 080)	− 0. 810 (0. 508)	1. 124 (0. 710)	2. 264 *** (0. 577)	− 1. 271 ** (0. 537)	0. 124 (0. 096)
与子女同住	0. 592 (0. 793)	− 0. 478 (0. 396)	− 0. 321 (0. 537)	3. 865 *** (0. 444)	− 2. 385 *** (0. 437)	− 0. 089 (0. 118)
_cons	13. 259 *** (2. 726)	− 7. 115 *** (1. 326)	5. 011 *** (1. 804)	1. 740 (1. 574)	11. 309 *** (1. 278)	2. 315 *** (0. 262)
R^2	0. 097	0. 094	0. 233	0. 310	0. 107	0. 107
女性样本（N = 4428）						
独居	− 5. 662 *** (0. 753)	− 2. 948 *** (0. 362)	− 0. 026 (0. 429)	− 0. 667 (0. 436)	− 2. 339 *** (0. 358)	0. 318 *** (0. 025)
与配偶同住	− 4. 621 *** (1. 220)	− 1. 391 *** (0. 525)	− 0. 720 (0. 694)	1. 169 * (0. 660)	− 3. 886 *** (0. 574)	0. 208 *** (0. 079)
与子女同住	− 2. 530 *** (0. 679)	− 1. 893 *** (0. 337)	− 0. 119 (0. 379)	1. 845 *** (0. 389)	− 2. 624 *** (0. 334)	0. 262 *** (0. 025)

续表

变量	生活质量	健康状况	经济与保障	家庭关系	公共服务	社会文化生活
			女性样本（N = 4428）			
_cons	22. 571 *** (2. 216)	− 5. 092 *** (1. 027)	12. 890 *** (1. 375)	2. 284 * (1. 255)	10. 852 *** (0. 985)	1. 639 *** (0. 095)
R^2	0. 089	0. 121	0. 245	0. 290	0. 117	0. 249
固定省份	是	是	是	是	是	是

注：（1）*** 、** 、* 分别表示在1%、5%和10%的水平上显著；（2）括号内为 z 统计值；（3）回归模型中同时控制了性别、居住地、年龄、受教育程度、婚姻状况和子女数量以及省份虚拟变量，限于篇幅，此处未列示。

本书认为老年人生活质量的性别差异源于家庭分工不同。长期以来，两性生理差异在很大程度上导致男女双方在家庭分工中具有各自的比较优势。一般女性要承担更多的家务和照料配偶及家庭的责任，因此对男性来说独居时由于无人照顾会导致其生活质量较低，而女性一般来说晚年不在机构养老时要付出更多精力照顾家庭，所以女性选择机构养老对其生活质量的提高有显著正向影响。其生活质量各个维度的结果与全样本回归结果相似，且男性和女性之间无太大差异，只有社会文化生活维度上差异较为显著，这也从侧面证明了以上看法，男性的社会文化生活在不同的居住安排之间无太大区别，而女性可能由于社会活动中的家务等活动参与较多使其相对于机构养老的老人社会文化生活较为丰富。

（三）地区异质性分析

将全国按省份划分为东、中、西部地区进行回归，表9 – 11 汇报了分地区估计结果，从中可以看出，东、中、西部地区机构养老与非机构养老的生活质量存在明显差异。

表 9-11　　　　　　　　　　分地区回归结果

变量	生活质量	健康状况	经济与保障	家庭关系	公共服务	社会文化生活
东部样本（N=3885）						
独居	-4.747*** (0.716)	-3.006*** (0.347)	0.208 (0.437)	-0.137 (0.394)	-2.093*** (0.378)	0.282*** (0.033)
与配偶同住	-1.303 (0.978)	-1.519*** (0.454)	0.997* (0.573)	0.685 (0.502)	-1.815*** (0.510)	0.350*** (0.053)
与子女同住	-2.265*** (0.626)	-1.958*** (0.315)	-0.290 (0.381)	2.160*** (0.345)	-2.395*** (0.339)	0.219*** (0.033)
_cons	20.286*** (2.283)	-5.701*** (1.108)	9.915*** (1.414)	3.423*** (1.325)	10.867*** (1.139)	1.785*** (0.116)
R^2	0.082	0.128	0.297	0.293	0.078	0.226
中部样本（N=1716）						
独居	-0.450 (1.254)	-0.259 (0.628)	0.162 (0.843)	2.514*** (0.915)	-3.074*** (0.579)	0.207*** (0.033)
与配偶同住	0.096 (1.814)	1.057 (0.760)	-1.883 (1.209)	4.331*** (1.182)	-3.642*** (0.738)	0.232*** (0.061)
与子女同住	4.569*** (1.129)	0.766 (0.606)	0.644 (0.766)	5.350*** (0.850)	-2.342*** (0.562)	0.149*** (0.035)
_cons	10.221*** (3.704)	-8.763*** (1.751)	7.331*** (2.542)	2.985 (2.287)	6.846*** (1.218)	1.826*** (0.247)
R^2	0.144	0.108	0.173	0.269	0.061	0.207
西部样本（N=1606）						
独居	-3.445** (1.747)	0.311 (0.684)	-1.024 (1.034)	0.238 (0.947)	-2.520*** (0.667)	-0.448 (0.339)
与配偶同住	-3.292 (2.199)	-0.560 (0.955)	0.104 (1.468)	1.976 (1.235)	-4.143*** (0.878)	-0.667** (0.334)
与子女同住	-1.927 (1.547)	0.438 (0.630)	-1.355 (0.936)	2.756*** (0.852)	-3.298*** (0.610)	-0.466 (0.324)

变量	生活质量	健康状况	经济与保障	家庭关系	公共服务	社会文化生活
西部样本（N＝1606）						
_cons	11.787 *** (3.532)	－7.698 *** (1.491)	3.023 (2.193)	7.304 *** (1.993)	6.743 *** (1.295)	2.416 *** (0.441)
R^2	0.096	0.095	0.148	0.267	0.091	0.098
省份固定	是	是	是	是	是	是

注：（1）***、**、*分别表示在1%、5%和10%的水平上显著；（2）括号内为z统计值；（3）回归模型中同时控制了性别、居住地、年龄、受教育程度、婚姻状况和子女数量以及省份虚拟变量，限于篇幅，此处未列示。

在东部地区，机构养老相对于独居和与子女同住的老人生活质量更高，其和与配偶同住的老人生活质量则无明显差异。

在中部地区，与子女同住对老人生活质量提高有显著的正效应，即机构养老相比与子女同住的老人生活质量显著较低，与另外两种养老方式无太大差异，进一步发现控制变量中子女数量的增加对于生活质量的提高具有显著的正向影响，反映出中部地区可能由于传统家庭养老观念影响更倾向于由子女养老。

在西部地区，机构养老的老人生活质量明显高于独居老人，与其他养老方式的老人生活质量差异不显著。

从各个维度上看，东部地区结果与全样本结果相似，中西部地区与东部地区在健康状况方面有较大区别，与全样本回归结果有所不同。本书认为是由于中西部养老机构发展尚需完善，日常照护和医疗服务水平较低，对机构养老老人的健康水平提升没有显著作用。

第五节　稳健性检验

本书通过以下两种方式进行检验以验证表9-7估计结果的稳健性。首先，不考虑内生性的问题，对全样本不匹配直接进行回归估计，结果显示不论是整体生活质量还是具体各个维度上与基准回归结果都较一致（见表9－12），虽然与子女同住和基准组机构居住的回归结果没有通过显著性检验，但估计系数符号相同，说明基准回归结果较为稳健。

表 9－12　　　　　　　　　样本直接回归结果

变量	生活质量	健康状况	经济与保障	家庭关系	公共服务	社会生活
独居	−4.237*** (0.846)	−2.373*** (0.408)	−0.068 (0.497)	0.306 (0.464)	−2.328*** (0.433)	0.227*** (0.070)
与配偶同住	−2.270** (1.031)	−1.206** (0.470)	0.079 (0.617)	1.123** (0.563)	−2.441*** (0.507)	0.175** (0.075)
与子女同住	−1.245 (0.800)	−1.502*** (0.395)	−0.331 (0.471)	2.827*** (0.440)	−2.410*** (0.421)	0.171** (0.069)
性别	−2.242*** (0.321)	−0.699*** (0.142)	0.244 (0.213)	−1.588*** (0.191)	−0.182 (0.132)	−0.017 (0.021)
居住地	0.696** (0.322)	−0.006 (0.139)	2.494*** (0.215)	−1.956*** (0.194)	0.084 (0.121)	0.081*** (0.016)
年龄	0.212*** (0.016)	0.154*** (0.007)	0.009 (0.011)	0.058*** (0.010)	0.008 (0.007)	−0.018*** (0.001)
受教育情况	0.203*** (0.040)	−0.021 (0.021)	0.430*** (0.027)	−0.325*** (0.023)	0.090*** (0.019)	0.030*** (0.003)
婚姻状况	−0.179 (0.733)	−0.444 (0.294)	0.294 (0.457)	−0.237 (0.426)	0.123 (0.310)	0.084* (0.044)
子女数量	0.133 (0.085)	−0.092** (0.038)	−0.030 (0.054)	0.440*** (0.050)	−0.185*** (0.032)	−0.000 (0.005)
_cons	17.914*** (1.776)	−4.681*** (0.833)	9.469*** (1.124)	1.733* (0.998)	9.578*** (0.808)	1.816*** (0.116)
省份固定	是	是	是	是	是	是
N	7735	7735	7735	7735	7735	7735
R²	0.088	0.110	0.208	0.272	0.090	0.181

注：（1）***、**、*分别表示在1%、5%和10%的水平上显著；（2）括号内为z统计值。

其次，倾向值匹配的方法种类较多，考虑到运用核匹配后的数据进行回归估计可能存在偏差，因此本书选择采用另一种匹配方法即半径匹配法对数据进行匹配（见表9-13），然后进行稳健标准误的 OLS 回归，结果表明机构居住老人生活质量均显著高于另外三种类型，且回归系数也与基准估计结果较为一致。

表 9 – 13　　　　　　　　　　半径匹配样本回归结果

变量	生活质量	健康状况	经济与保障	家庭关系	公共服务	社会文化生活
独居	− 4. 391 *** （0. 595）	− 2. 210 *** （0. 278）	− 0. 209 （0. 359）	0. 208 （0. 334）	− 2. 367 *** （0. 286）	0. 196 *** （0. 055）
与配偶同住	− 1. 774 ** （0. 810）	− 1. 240 *** （0. 361）	0. 296 （0. 496）	1. 461 *** （0. 435）	− 2. 493 *** （0. 390）	0. 222 *** （0. 064）
与子女同住	− 1. 299 ** （0. 524）	− 1. 323 *** （0. 257）	− 0. 327 （0. 319）	2. 684 *** （0. 298）	− 2. 466 *** （0. 265）	0. 124 ** （0. 056）
性别	− 2. 391 *** （0. 329）	− 0. 892 *** （0. 153）	0. 116 （0. 218）	− 1. 465 *** （0. 192）	− 0. 172 （0. 144）	0. 030 （0. 030）
居住地	0. 145 （0. 364）	0. 148 （0. 167）	2. 356 *** （0. 241）	− 2. 401 *** （0. 218）	− 0. 029 （0. 140）	0. 084 *** （0. 021）
年龄	0. 193 *** （0. 017）	0. 160 *** （0. 008）	0. 002 （0. 011）	0. 052 *** （0. 010）	− 0. 004 （0. 007）	− 0. 017 *** （0. 001）
受教育情况	0. 211 *** （0. 041）	− 0. 008 （0. 022）	0. 435 *** （0. 026）	− 0. 321 *** （0. 023）	0. 079 *** （0. 020）	0. 028 *** （0. 003）
婚姻状况	− 0. 616 （0. 679）	− 0. 499 * （0. 280）	0. 077 （0. 416）	− 0. 320 （0. 379）	0. 074 （0. 307）	0. 031 （0. 052）
子女数量	0. 153 * （0. 086）	− 0. 109 *** （0. 039）	− 0. 020 （0. 055）	0. 475 *** （0. 050）	− 0. 193 *** （0. 034）	− 0. 010 （0. 008）
_cons	19. 686 *** （1. 694）	− 5. 803 *** （0. 800）	10. 135 *** （1. 071）	2. 604 *** （0. 959）	10. 866 *** （0. 763）	1. 772 *** （0. 132）

变量	生活质量	健康状况	经济与保障	家庭关系	公共服务	社会文化生活
N	7222	7222	7222	7222	7222	4722
R^2	0.089	0.112	0.236	0.312	0.108	0.151

注：（1）***、**、*分别表示在1%、5%和10%的水平上显著；（2）括号内为z统计值。

第六节　结论与讨论

本章使用2018年CLHLS数据，利用熵权法构建了老年人生活质量指数，运用倾向得分匹配法并建立OLS模型实证研究机构养老和三种非机构养老（独居、与配偶同住及与子女同住）方式下老年人的生活质量差异，得出以下结论：

第一，机构养老的老年人在整体生活质量上显著高于独居、与配偶同住以及与子女同住三种非机构养老的老年人生活质量。具体维度上，除经济与保障方面，机构养老与其他三种养老方式基本都存在显著差异。虽然家庭关系和社会文化生活维度机构养老的老人对比非机构居住的老人处于劣势地位，但健康状况和公共服务方面机构养老较好，并且整体生活质量上机构养老的老人显著较高。可以看出，选择机构养老对于提升老年人生活质量具有重要作用，进一步落实加强养老机构建设、培育和打造高质量养老服务机构和企业，健全社会化养老服务体系能显著提高老年人生活质量。

第二，异质性分析发现机构养老与非机构养老的老年人生活质量存在城乡、性别和地区差异。

（1）农村机构养老的老年人生活质量显著高于城市老年人。因此，应该在农村更多地发展和完善养老机构设施和公共养老服务，大力发展普惠型养老，对农村养老机构提质提量以促进老年人选择机构养老，对于农村老年人生活质量提高具有重要意义。

（2）与非机构养老相比，选择机构养老的女性总体比男性的生活质量更高。机构养老的男性只比独居男性老人生活质量较高，而女性则比非机构养老的女性老年人生活质量都高。由此可见，对于女性老年人而言，选择入住养老院等机构能使其获得更高的生活质量。《老年人生活质量发展报告（2019）》指出，我国人口老龄化过程中，女性老年人口的比重将会越来越高，因此要注重由于性别差异而带来的养老服务需求的不同，鼓励女性老年人选择机构养老。

（3）东中西部地区之间，机构养老相对于非机构养老的老年人生活质量存在明显差异，但差异表现在不同的方面。对于东部地区的老年人，选择机构养老更能提高其生活质量，因此，应注重提供更多更好的机构养老服务；对于中部地区，机构养老相比于与子女同住老人的生活质量较低，应注重转变老人传统社会观念，加强养老机构建设，宣传吸引非机构养老人群选择机构养老方式，加强养老服务行业的专业性与特色性发展，满足老人多样化养老需求；在西部地区，机构养老的老人生活质量相比较高，但目前西部地区社会性养老服务发展还不完善，规模较小，需要逐步扩大养老服务有效供给，发挥养老机构兜底保障作用，稳步健全其社会化养老服务体系。

第十章

居住安排对高龄鳏寡老年人
生活满意度的影响

本章在探讨居住安排对高龄鳏寡老年人生活满意度的理论影响机制的基础上，使用 2014 年和 2017~2018 年全国老龄健康影响因素跟踪调查（CLHLS）数据进行实证研究。结果表明：相较于与子女同住，独居和住在养老机构的高龄鳏寡老年人的生活满意度明显更低；社区养老服务会提高住在养老机构老年人的生活满意度，但对独居老年人的生活满意度无显著影响；独居对农村、中部地区、经济状况一般、健康状况较差、仅有一个子女的老年人生活满意度的负向作用更大，住在养老机构对农村、中部地区、经济状况较好、健康状况一般、仅有 1 个子女的老年人生活满意度的负向作用更大；独居老年人生活满意度较低的原因主要在于缺乏精神慰藉、医疗支持和日常照料，而住在养老机构的老年人生活满意度较低的原因是缺乏精神慰藉。对此，社区养老服务应真正"落在实处"，同时，养老机构也应多关注老年人的情感需求，为老年人提供更好的社会支持。

第一节 引 言

自新中国成立以来，随着人们生活水平的不断提高以及医疗卫生技术的快速发展，我国居民健康保障水平大幅提升，人均寿命不断延长。根据中国国家卫生健康委员会公布的数据，中国居民的人均预期寿命从1949 年的 35 岁提高到 2019 年的 77 岁①。可以预见，未来随着我国经济实力的增长与科学技术水平的提升，人均预期寿命还将进一步提高。与此同时，人口老龄化趋势日益严峻，据历次人口普查数据显示，我国老年人口占比不断增加，按照联合国《人口老龄化及其社会经济后果》的划分标准，我国 65 岁及以上老年人口占比于 2000 年达到 6.96%，正式进入老龄化社会；到 2020 年该数值增至 13.50%，步入深度老龄化社会。其中，80 岁及以上的高龄老年人口占比不断增加，由 2000 年的1.07% 增至 2.54%，截至 2020 年底，我国高龄老年人口数量已达 3580万人。

经济发展、户籍制度改革以及城镇化等因素使得人口迁移流动愈加频繁、思想观念发生改变，传统的居住模式日渐式微，老年人与子代同住的比例不断下降。据历次人口普查数据显示，2000～2020 年家户三代及以上的比例由 19.0% 降至 13.78%。而高龄老年人，尤其是丧偶老年人正面临身体机能衰退、社会活动减少、伴侣亲密关系缺失等状况，日常生活多需要依赖他人，情感上也较为脆弱。在此背景下，高龄鳏寡老年人的居住安排尤其值得关注：独居、机构养老和与子代同住的模式是否存在差异？哪一种模式更好？在不改变居住安排的情况下，如何提高其生活质量？由此可见，探究居住安排对高龄鳏寡老年人生活满意度的影响及其作用机制，在提高老年人的生活质量、积极应对人口老龄化以及促进社会和谐发展等方面具有一定意义。

生活满意度是主观幸福感的重要组成部分，从心理层面衡量了个体的生活质量。国内外关于老年人生活幸福感的研究较为丰富，主要从人口学特征、健康状况、经济水平、社会支持网络、代际关系等方面入手（郑志丹、郑研辉，2017；余泽梁，2017），而居住安排在近年来才逐渐

---

① 卫健委：70 年来中国人均预期寿命从 35 岁提高到 77 岁 [EB/OL]. https：//www. chinanews. com. cn/edu/shipin/cns – d/2019/09 – 26/news832844. shtml.

受到学者的关注。目前关于居住安排的研究，主要涉及"与谁住""住多远"两个维度。已有研究大多认为与伴侣同住能够有效提高生活满意度（任强、唐启明，2014；Han et al.，2021）。与子代同住是否能提高生活满意度无统一定论，部分学者对此持肯定态度，认为代际支持有益于老年人提高生活满意度（董晓芳等，2018；Chen et al.，2018；张莉，2015）；但也有学者持否定态度，认为代际冲突会降低老年人生活满意度，并指出老年人与子代分开居住，但居住距离不远最为合适（熊杰，2018；周慧，2020），有学者建议老年人与子女之间应该保持"一碗汤的距离"（孙涛等，2018）。也有学者对与子代居住进行细分，研究二代家庭、三代家庭与隔代家庭，但尚未形成统一结论（任强、唐启明，2014；Han et al.，2021；叶徐婧子等，2017）。关于住在养老机构对老年人生活满意度的影响研究较少。程翔宇（2016）认为，相较于独立居住，居住在养老机构的老年人有更高的主观幸福感；潭影波（2018）则将与家人同居和居住在养老院两种居住模式进行对比，认为这两种居住方式不会对老年人的主观幸福感产生显著的影响，但两者都好于独居。在异质性分析中，现有研究发现居住安排对老年人生活满意度的影响因其年龄（Han et al.，2021）、户籍类型（Han et al.，2021；董晓芳、刘茜，2018）、性别（Chen，2019）、收入水平（肖云等，2016）、同住子女性别（任强、唐明，2014；Chen et al.，2008）等差异而不同。在作用机制的研究中，王金水（2020）等从家庭（代际）支持与冲突理论出发，认为老年人生活满意度的高低取决于他是否能够从家人中得到支持；乐章和马珺（2017）认为包括物质支持和精神支持在内的社会支持是居住安排影响老年人生活满意度的重要路径；徐等（Xu et al.，2019）基于现代化理论指出，在现代技术的支持下，代际共居与否并不再对老年人生活满意度起决定性作用。

综上所述，第一，当前研究较多集中在与子代同住对老年人生活满意度的影响，探讨与子代同住下各种细分模式的差异，而对于独居和住在养老机构以及与子代同住这三种居住模式的比较研究相对较少。在少子老龄化以及居住模式转变的背景下，越来越多的老年人主动或被动地选择了独居或住在养老机构，因此，探讨不同的居住安排对老年人生活满意度的影响及作用机制具有较大的现实意义。第二，在研究主体的选择上，现有研究大多着眼于高龄老年人（张莉，2015）、高龄失能老年人（肖云等，2016）、丧偶老年人（叶欣，2018）、农村老年人（黄建宏、邱幼云，2021；戴常、余康，2018）等。对高龄鳏寡老年人的研究较少，而伴随着人口老龄化和高龄化演进，这部分群体将逐渐增多，因而有必要探讨不同居住方式对高龄鳏寡老年人生活满意度的影响。第三，机制分析较少且较多围绕家人（代际）支持展开，而较少研究亲友、邻居、社区等社会支持的影响。本书将以精神慰藉、医疗服务可及、日常照料为中介变量，探讨居住安排对高龄鳏寡老年人生活满意度的影响机制。第四，社区养老服务作为独居和机构养老的老年人的重要支持，鲜有文献探讨社区养老服务是否能够提高老年人生活满意度，对此，本章在基准回归模型的基础上加入社区养老服务与居住模式的交互项，探讨社区养老服务是否真正发挥"助老"作用。

第二节 理论阐述与研究假设

高龄鳏寡老年人的居住安排主要指在缺乏伴侣陪伴的情况下，高龄老年人和谁一同居住，大致可划分为独居、住在养老机构和与子代同住三种。不同的居住模式下，老年人的生活满意度存在较大差异，其影响机制可以划分为直接和间接两个方面。

一、居住安排对高龄鳏寡老年人生活满意度的直接影响机制

首先，家庭养老是中国传统养老模式，"老来从子"一直是传统中国老年人晚年养老的理想模式（杜鹏、曲嘉瑶，2013）。当前，大部分老年人仍持有"养儿（子）防老"的观点，认为育有子女将使自己的晚年生活有所保障；且相比于城市、低龄老年人，农村、高龄老年人对

这种观念更加认同（王一笑，2017；纪竞垚，2016）。因此，受传统观念影响，老年人并不认同独居和机构养老的居住模式，更倾向于认为与子女同住能获得更好的晚年照料，因而生活满意度更高（赵蒙蒙、罗楚亮，2017）。

其次，多代同堂的居住氛围会使老年人有更高的幸福感（沈可等，2013）。老年人在退休后社会关系逐渐减少，与家庭尤其是子代的相处更显珍贵。一方面，与子代同住的居住模式能够有效保障老年人与子代之间的互动交流、亲情传递；另一方面，良好的家庭氛围，正符合中国传统文化中人们对"儿孙满堂""享天伦之乐"的向往（张玉银等，2007）。因而本书推断，相比独居和住在养老机构，与子代同住的居住方式更能纾解高龄鳏寡老年人的孤独感，提高其生活满意度。

据此，本章提出以下研究假设：

假设1：相比与子代同住，独居高龄鳏寡老年人的生活满意度更低；

假设2：相比与子代同住，住在养老机构高龄鳏寡老年人的生活满意度更低。

二、居住安排对高龄鳏寡老年人生活满意度的间接影响机制

20世纪70年代，拉什克（Raschke，1978）率先提出了社会支持的概念，是指个体从他人或集体中获得的一般或特定的支持性资源，以应对工作或生活中的挫折与困难。而后索茨（Thoits，1982）进一步将社会支持定义为"重要的他人如家庭成员、朋友、同事、亲属和邻居等为某个人所提供的帮助功能，包括社会情感帮助、实际帮助和信息帮助"。中国学者徐勤（1995）从提供社会支持的主体出发，认为社会支持可分为正式社会支持和非正式社会支持，前者是指由各级政府、各级组织、机构、企业、社区等提供的支持，往往具有政策或法律支持；后者来自家庭成员、邻居、朋友、志愿者等人的支持，一般无政策或法律可依。同时，他提出社会支持按照功能又可以划分为工具性支持和感情性支持。

　　本书结合高龄鳏寡老年群体的需求，将其所需的社会支持划分为主观情感支持和客观物质支持，具体包括精神慰藉、经济支持、日常生活照料、医疗服务可及性四个方面。精神慰藉体现了在精神层面给予老年人的支持，经济支持体现了在金钱或物质方面给予老年人的支持（赵芳、许芸，2003），日常生活照料体现了在日常生活行动方面给予老年人的支持，医疗服务可及性体现了在看病便利度和治疗及时程度方面给予老年人的支持（张瑞玲，2016）。其中，由于数字普惠金融的发展，不论老年人处于何种居住安排，其都能通过移动支付、网上购物等方式较为便利地获得经济支持，因此，老年人能否获得经济支持与居住安排的相关性较小，经济支持作为老年人物质生活的保障将直接影响老年人的生活满意度；而精神慰藉、医疗服务可及性和日常生活照料严格依赖于居住环境和条件，将会受到居住安排的影响而对高龄鳏寡老年人的生活满意度发挥中介作用。

　　首先，对于独居的老年人而言，因其与家人的交流互动频率较低而较少得到精神慰藉，日常行动不便时难以得到他人照拂，甚至生病时也无法及时就医，所以独居老年人往往会伴随较低的生活满意度；其次，住在养老机构的老年人虽仍然缺乏与家人和邻里之间的情感互动，但基本的医养护理与生活起居需求能够得到满足。因而机构养老能够使老年人获得较好的客观物质支持而主观情感支持较差；最后，对于与子代同住老年人而言，他们时常能够与亲朋好友进行交流，日常生活多有子女照料，生病也能及时送医治疗。因此，与子代同住老年人由于能够获得精神慰藉、日常生活照料和及时的医疗服务，而可能拥有更高的生活满意度。

　　此外，《"十三五"国家老龄事业发展和养老体系建设规划》提出要构建"居家为基础、社区为依托、机构为补充、医养相结合的养老服务体系"。其中，社区养老服务作为养老服务体系的调节中枢，既可内嵌家庭，填补家庭养老服务的空缺，也可链接机构，激发养老机构为老年人提供更多的专业化服务，亦可联结社会，将商业服务、志愿服务引入社区（童星、高钏翔，2017）。因此，本书认为，良好的社区养老服务能够真正发挥"养老助老"的中枢调节作用，提高独居和住在养老机构老年人的生活满意度。

据此，提出以下假设：

假设3：社区养老服务能提高独居高龄鳏寡老年人的生活满意度；

假设4：社区养老服务能提高机构养老的高龄鳏寡老年人的生活满意度；

假设5：相较于子代同住，独居老年人因缺乏精神慰藉、医疗服务可及以及日常照料而生活满意度较低；

假设6：相较于子代同住，机构养老的老年人因缺乏精神慰藉而生活满意度较低。

第三节　实证策略

一、数据来源

本书使用中国老龄健康影响因素跟踪调查（CLHLS）数据，该数据由北京大学健康老龄与发展研究中心和国家发展研究院组织调查收集，样本范围覆盖全国23个省份（北京、天津、河北、山西、辽宁、吉林、黑龙江、上海、江苏、浙江、安徽、福建、江西、山东、河南、湖北、湖南、广东、广西、海南、重庆、四川、陕西），调查对象为65岁及以上老年人及其35~64岁成年子女。为保证样本数据的代表性，本书使用的是2014年和2017~2018年两期的截面数据。

结合研究需要，对初始样本做如下处理：①筛选出年龄在80岁及以上的老年人；②根据问卷中"您现在的婚姻状况是"和"您目前是否有虽未正式结婚，但在一起居住生活的老伴？"剔除婚姻状况为已婚和未婚但有同居老伴的样本；③剔除关键变量存在缺失值的样本。本研究最终样本数量为9259个。

二、变量选取

被解释变量：生活满意度。用问卷中"您觉得您现在的生活怎么样"来测度，将生活满意度划分为"非常不满意"到"非常满意"五个层次分别赋值为1～5，数值越高表示生活满意度越高。

核心解释变量：居住安排。根据问卷中的"您现在与谁住在一起"与"与您一起居住的住户成员的一些有关情况"，将居住安排分为独居、住在养老机构和与子代同住三种模式，形成三个虚拟变量。具体地，"您现在与谁住在一起"的选项为"家人（包括常住在一起的保姆）""独居"和"养老机构"，"与您一起居住的住户成员的一些有关情况"将同住成员分为"配偶""子女""子女配偶"等9个选项，对在前一个问题选择"独居"或"住在养老机构"的样本直接进行分类，将在前一个问题选择"家人"并在后一问题中选择子女、子女配偶、孙子女、孙子女配偶或重孙子女任一选项的样本，划归为与子代同住。

中介变量：社会支持包括精神慰藉、医疗服务可及、日常照料三个维度。根据问卷中"如果您有心事或想法，最先向谁说"衡量老年人是否获得精神慰藉。定义选择"无人可说"＝0，否则＝1。根据"如果您生重病，请问能及时到医院治疗吗"衡量医疗服务可及性，选择"不能"＝0，"能"＝1。根据"您认为您目前在洗澡、穿衣、上厕所、室内活动、控制大小便、吃饭六项日常活动中得到的帮助能够满足您的需要吗"衡量是否获得足够的日常照料，定义"不满足"＝0，"完全满足"和"基本满足"＝1。

控制变量：根据现有文献本书选取"性别""年龄""居住地""性格特征""健康状况""受教育年限""子女个数""经济状况""社区养老服务"作为控制变量，同时控制"年份"和"省份"固定效应。

三、描述性分析

各变量的基本情况见表 10-1，由该表可知：从生活满意度看，均值为 3.853，接近 4（满意），说明大多数高龄鳏寡老年人对自己的生活感到满意；从居住安排看，70% 的高龄鳏寡老年人与子代居住在一起，25.3% 独自居住，住在养老机构只占 4.7%，这说明和子代住在一起仍是当前我国高龄鳏寡老年人的首选，住在养老机构的比例较小。

表 10-1　　　　　　　　变量的基本情况统计

	变量	问卷问题	赋值	均值	标准差
被解释变量	生活满意度	您觉得您现在的生活怎么样	非常满意 = 5；满意 = 4；一般 = 3；不满意 = 2；非常不满意 = 1	3.853	0.788
核心解释变量	独居	您现在与谁住在一起	独居 = 1；其他 = 0	0.253	0.435
	住在养老机构	您现在与谁住在一起	养老机构 = 1，其他 = 0	0.047	0.211
	与子代同住	您现在与谁住在一起；与您一起居住的住户成员的一些有关情况	老年人子女、子女配偶、孙子女、孙子女配偶或重孙子女 = 1；其他 = 0	0.700	0.458
中介变量	精神慰藉	如果您有心事或想法，最先向谁说	无人聊天 = 0；其他 = 1	0.958	0.201
	医疗服务可及	如果您生重病，请问能及时到医院治疗吗	能 = 1；不能 = 0	0.959	0.198
	日常照料	您认为您目前在洗澡、穿衣、上厕所、室内活动、控制大小便、吃饭六项日常活动中得到的帮助能够满足您的需要吗	完全满足，基本满足 = 1；不满足 = 0	0.981	0.137

变量		问卷问题	赋值	均值	标准差
控制变量	性别	被访老年人的性别	男=1；女=0	0.314	0.464
	年龄	被访老年人的年龄	根据实际情况填写（周岁）	92.879	7.526
	居住地	被访老年人居住地类别	城市，镇=1；乡=0	0.510	0.500
	性格特征	不论遇到什么事您是不是都想得开	很想得开=5；想得开=4；一般=3；想不开=2；很想不开=1	3.890	0.701
	健康状况	您觉得现在您自己的健康状况怎么样	很好=5；好=4；一般=3；不好=2；很不好=1	3.395	0.891
	受教育年限	您一共上过几年学	离散变量，根据受访者实际情况填写	1.621	3.155
	子女个数	请问您一生总共生过几个孩子	离散变量，根据受访者实际情况填写	4.567	2.151
	经济状况	您的生活在当地比较起来，属于	很富裕=5；比较富裕=4；一般=3；比较困难=2；很困难=1	3.086	0.635
	社区养老服务	您所在社区有哪些为老年人提供的社会服务，包括：起居照料；上门看病、送药；精神慰藉、聊天解闷；日常购物；组织社会和娱乐活动；维权服务；提高保健知识；处理家庭邻里纠纷；其他9项	离散变量，加总提供的社区养老服务数量	1.763	2.136

表 10-2 为居住安排和生活满意度分布情况。总体上，高龄鳏寡老年人生活满意或非常满意的比例较高，为 70.20%，生活不满意和非常

不满意占比为 3.95%。不同居住模式下老年人的满意度按由高到低排序依次为与子代同住、机构养老与独居，其中，与子代同住、养老机构和独居的老年人中对生活非常满意或满意的比例依次为 73.78%、64.28% 和 61.42%，与子代同住、养老机构和独居的老年人中对生活非常不满意或不满意的比例依次为 3.16%、4.84% 和 5.98%。平均而言，与子代同住老年人的生活满意度得分为 3.91、机构养老得分为 3.78、独居得分为 3.70，卡方检验结果表明三者之间在 1% 的水平上存在显著差异①。

表 10－2　　　　　高龄鳏寡老年人居住安排与生活满意度状况

满意度	独居	住在养老机构	与子代同住	总体
非常不满意（%）	0.94	0.23	0.48	0.58
不满意（%）	5.04	4.61	2.68	3.37
一般（%）	32.61	30.88	23.06	25.85
满意（%）	45.84	45.16	52.58	50.52
非常满意（%）	15.58	19.12	21.20	19.68
均值	3.70	3.78	3.91	3.85

表 10－3 显示总体上高龄鳏寡老年人的精神慰藉、医疗服务可及和日常照料都处在一个较高的水平，分别为 95.8%、95.9% 和 98.1%，只有极少部分老年人无法获得足够支持。从居住安排与中介变量交互统计进行横向对比发现：在精神慰藉方面，与子代同住老年人获得的精神支持率最高为 96.98%，住在养老机构老年人获得的精神支持率最低为 89.52%；在医疗服务可及方面，住在养老机构老年人的支持率最高为 98.13%，独居老年人最低为 94.06%；在日常照料方面，住在养老机构和与子代同住老年人支持率较高分别为 98.25% 和 98.43%，独居老年

---

①　采用 Pearson 卡方检验，结果显示 $\chi^2 = 148.4043$，$P = 0.000$，拒绝原假设，认为独居、住在养老机构和与子代同住老年人的生活满意度具有显著差异。

人的支持率相对较低为95.95%。总体而言，与子代同住老年人具有较好的社会支持，独居老年人伴随着较弱的医疗服务可及和日常照料支持；住在养老机构老年人精神支持率较低，但医疗服务可及率和日常照料率都较高。此外，社区养老服务作为高龄鳏寡老年人重要的社会支持来源，其平均值只有1.763（满分为9），说明整体而言社区提供的服务较少，其中，独居和与子代同住老年人获得的社区养老服务低于整体水平（分别为1.673和1.695），而住在养老机构老年人明显能得到更多的社区养老服务（均值为3.244）。

表 10 - 3　　　　　高龄鳏寡老年人居住安排和社会支持状况

社会支持	独居	住在养老机构	与子代同住	总体
精神慰藉（%）	93.63	89.52	96.98	95.8
医疗服务可及（%）	94.06	98.13	96.44	95.9
日常照料（%）	95.95	98.25	98.43	98.1
社区养老服务	1.673	3.244	1.695	1.763

四、模型构建

（一）基准模型

由于被解释变量为生活满意度，是取值为 1~5 的有序离散变量，因此本书选取多分类有序 Logistic 模型进行分析。假设因变量满意度 $Satisfaction^* = X'\beta + \varepsilon$，其选择规则为：

$$Satisfaction = \begin{cases} 1 & Satisfaction^* \leqslant R_1 \\ 2 & R_1 \leqslant Satisfaction^* \leqslant R_2 \\ 3 & R_2 \leqslant Satisfaction^* \leqslant R_3 \\ 4 & R_3 \leqslant Satisfaction^* \leqslant R_4 \\ 5 & Satisfaction^* \geqslant R_4 \end{cases} \quad (10-1)$$

在模型（10-1）中，Satisfaction* 为生活满意度的隐变量，$R_1 < R_2 < R_3 < R_4$ 为待估临界点参数。生活满意度的有序 Logistic 模型如下：

$$Sat_i = \alpha_0 + \alpha_1 \, alone_i + \alpha_2 \, ins_i + \sum \alpha_j \, Control_i + \varepsilon_i \quad (10-2)$$

其中，Sat 表示生活满意度，alone 表示独居，ins 表示住在养老机构，$Control_i$ 为一系列控制变量；下角标 i 表示第 i 个样本。

（二）调节效应模型

为了检验不同居住安排下高龄鳏寡老年人的生活满意度是否会因社区养老服务的提供而有所提高，在模型（10-2）的基础上加入社区养老服务以及其与独居、住在养老机构的交互项，具体如模型（10-3）所示：

$$Sat_i = \alpha_0 + \alpha_1 \, alone_i + \alpha_2 \, ins_i + \alpha_3 \, alone_i \times ser_i + \alpha_4 \, ins_i \times ser_i$$
$$+ \sum \alpha_j \, Control_i + \varepsilon_i \qquad\qquad (10-3)$$

（三）中介效应模型

为了检验社会支持是否在高龄鳏寡老年人居住安排和生活满意度之间起到了中介传导效应，构建模型（10-4）和模型（10-5）：

$$med_i = \beta_0 + \beta_1 \, alone_i + \beta_2 \, ins_i + \sum \beta_j \, Control_i + \mu_i \quad (10-4)$$

$$Sat_i = \gamma_0 + \gamma_1 \, alone_i + \gamma_2 \, ins_i + \gamma_3 med_i$$
$$+ \sum \gamma_j \, Control_i + \nu_i \qquad\qquad (10-5)$$

其中，med_i 为中介变量，包括精神慰藉、医疗服务可及、日常照料。

由于本书研究中因变量为五分类变量，中介变量为二分类变量，原则上模型（10-2）和模型（10-5）应采用有序 Logistic 模型，模型（10-4）采用二元 Logit 回归，此时模型的回归系数不在同一个尺度上，因此不能简单采用连续变量中介效应的处理方式——直接将回归系数 β 和 γ 相乘得到中介效应大小。为检验中介效应及其大小需要对模型进行调整，具体策略如下：

第一步，模型简化。刘红云（2013）指出当因变量的类别数为 5 及以上时，Logistic 回归和线性回归差距较小，可以使用线性回归的方法替代 Logistics 模型（刘红云等，2013）。在线性回归中，连续因变量的方差是可观察且恒定的，其回归系数具有相同的尺度，这能在保证精确度的前提下简化问题。因此，采用线性回归方法代替有序 Logistic 回归检验模型（10-2）和模型（10-5）。

第二步，中介效应检验。首先，采用逐步回归法进行中介效应检验，通过观察回归系数显著性判断中介效应是否存在，具体做法为：对模型（10-2）、（10-4）和（10-5）回归，得到回归系数，如果 α_1（或 α_2）显著，这说明居住安排对生活满意度的总效应存在；如果 β_1（或 β_2）和 γ_3 都显著，这说明存在中介效应，在此基础上，如果模型（10-5）中 γ_0（或 γ_1）也显著，说明为部分中介效应，如果 γ_0（或 γ_1）不显著，则说明为完全中介效应。其次，考虑到线性模型和二元 Logit 模型间回归系数尺度不一的问题，参考麦金农和德威尔（1993）和麦金农（2007）的建议，通过标准化系数的方式让回归系数处在同一个尺度上，并采用犯错概率更低的乘积系数法对以上逐步回归法的结果加以验证。其中，对于模型（10-2）与模型（10-5），可以直接使用原始数据进行标准化，而模型（10-4）的转换方法为：

$$\beta^{std} = \beta \cdot \frac{SD(X)}{SD(M')} \qquad (10-6)$$

其中，$SD(X)$ 可以通过原始数据直接计算获得，而 $SD(M')$ 可根据麦金农的方法计算：

$$SD(M') = \sqrt{\sum_{i=1,j=1}^{n} cov(a_i x_i, a_j x_j) + \frac{\pi^2}{3}} \qquad (10-7)$$

x_i，x_j 为模型中的自变量，$\pi^2/3$ 为标准 Logistic 分布的残差方差。同时，参考麦金农等（2004）的研究成果，本书采用无须正态分布假设前提并具有较高准确度的偏差校正百分位 Bootstrap 法，并设置自抽样 $N=500$。

第三步，中介效应计算。基于第二步的检验结果，对认定存在中介效应的路径，根据公式 β_1^{std}（或 β_2^{std}）* $\gamma_3^{std}/\beta_1^{std}$（或 β_2^{std}）* $\gamma_3^{std} + \gamma_1^{std}$（或

γ_2^{std}）即可计算出中介效应的大小。在具体的做法上，第二步标准化后的偏差校正百分位 Bootstrap 法以及第三步计算中介效应量都可以利用 Stata 软件中的 Binary_mediation 程序包进行运算，该程序将直接输出直接效应、间接效应、总效应大小。

综上所述，本书以有序 Logistic 模型为基础，并在中介效应分析中引入线性模型以及二元 Logit 模型进行实证检验。使用的统计软件为 Stata17.0 和 R4.1.1。

第四节 实证结果分析

一、基准回归与调节效应结果分析

表 10 - 4 列示了基准回归模型和调节效应模型的参数估计结果。其中，第（1）列为核心解释变量居住安排直接对生活满意度进行回归的结果，第（2）列为加入一系列控制变量的回归结果，第（3）列为在此基础上进一步控制省份变量和年份变量的回归结果。结果显示，相比与子代同住，独居和住在养老机构对生活满意度有显著负向影响。因此，H1 与 H2 成立。

表 10 - 4　　　　　　　　基准回归与调节效应检验结果

变量	生活满意度			
	（1）	（2）	（3）	（4）
独居	- 0.512 *** (0.047)	- 0.525 *** (0.055)	- 0.531 *** (0.057)	- 0.513 *** (0.073)
住在养老机构	- 0.332 *** (0.100)	- 0.415 *** (0.124)	- 0.344 *** (0.131)	- 0.616 *** (0.172)

续表

变量	生活满意度			
	(1)	(2)	(3)	(4)
社区养老服务				0.022 (0.015)
独居×社区养老服务				−0.009 (0.027)
住在养老机构×社区养老服务				0.080* (0.045)
性别		−0.132** (0.053)	−0.142*** (0.054)	−0.137** (0.055)
年龄		−0.003 (0.003)	−0.004 (0.003)	−0.004 (0.003)
城乡		0.112** (0.047)	0.100** (0.050)	0.095* (0.050)
性格特征		0.798*** (0.045)	0.776*** (0.045)	0.773*** (0.046)
健康状况		1.124*** (0.037)	1.095*** (0.038)	1.094*** (0.038)
受教育年限		0.017** (0.008)	0.016* (0.009)	0.012 (0.009)
子女个数		0.016 (0.011)	0.026** (0.011)	0.025** (0.011)
经济状况		0.606*** (0.043)	0.608*** (0.044)	0.603*** (0.044)
年份变量	No	No	Yes	Yes
省份变量	No	No	Yes	Yes
Observations	9,259	7,609	7,609	7,424
Pseudo R^2	0.006	0.187	0.199	0.199
χ^2	123.83	2115.24	2260.31	2229.09

注：（1）***、**、*分别表示在1%、5%和10%的水平上显著；（2）括号内为稳健标准误。

第（4）列加入了社区养老服务及其与独居和机构养老模式的交互项，结果显示：独居和住在养老机构仍会显著降低高龄鳏寡老年人对生活感到满意的概率；社区养老服务对不同居住安排下高龄鳏寡老年人生活满意度的影响存在差异，对于独居老年人生活满意度没有显著的影响，而在10%的显著性水平下会提高住在养老机构老年人的生活满意度。因此，拒绝H3，认为社区养老服务不能提高独居高龄鳏寡老年人的生活满意度；接受H4，社区养老服务能提高机构养老的高龄鳏寡老年人的生活满意度，但这一效应仅在10%的显著性水平下成立。

此外，在控制变量中，在5%的显著性水平下，男性老年人生活满意度要低于女性老年人，居住在城镇老年人生活满意度要高于居住在乡村老年人，且更乐观的性格特征、更好的健康状况和经济状况都能显著提高老年人的生活满意度。

表10-5列示了表10-4模型（4）中核心解释变量和调节变量的边际效应。由该表可知：①相比与子代同住，独居和住在养老机构会显著降低高龄鳏寡老年人对生活感到满意或非常满意的概率，并相应提高其对生活感到一般、不满意或非常不满意的概率。其中，独居使高龄鳏寡老年人对生活感到非常满意的概率下降6.2%，对生活评价为一般的概率增加6.1%；而对于住在养老机构高龄鳏寡老年人而言则分别下降7.5%和增加7.3%。②调节效应的边际效应结果显示，社区养老服务仅在10%的显著性水平下能够提高住在养老机构高龄鳏寡老年人的生活满意度且边际效应较小，从各级生活满意度来看边际效应皆不超过1%。这说明对于独居高龄鳏寡老年人而言，社区养老服务没有起到改善其生活质量的作用；对于住在养老机构高龄鳏寡老年人而言，养老服务的边际效应较小，即尽管社区养老服务能提高老年人对生活感到满意的概率，但提升水平有限。

表10-5 核心解释变量与调节变量的边际效应

居住安排	非常不满意	不满意	一般	满意	非常满意
独居	0.002 ***	0.013 ***	0.061 ***	-0.014 ***	-0.062 ***

居住安排	非常不满意	不满意	一般	满意	非常满意
住在养老机构	0.003 ***	0.015 ***	0.073 ***	− 0.016 ***	− 0.075 ***
社区养老服务	− 0.000	− 0.001	− 0.003	0.001	0.003
独居 × 社区养老服务	0.000	0.000	0.001	− 0.000	− 0.001
住在养老机构 × 社区养老服务	− 0.000 *	− 0.002 *	− 0.010 *	0.002 *	0.010 *

注：*** 、** 、* 分别表示在1% 、5% 和10% 的水平上显著。

二、异质性分析

我国幅员辽阔、文化丰富，经济和社会发展水平存在较大的结构差异，在此背景下，老年人的居住观念也可能因城乡和区域差异而不尽相同；同时，健康水平、经济状况、子女数量上的差异也可能会造成居住安排对老年人生活满意度的影响不同。表10 – 4 基于总体样本的检验可能会掩盖特定群体的异质性，因此，本书进一步考察居住安排对高龄鳏寡老年人生活满意度的异质性影响。

（一）城乡异质性

将样本按照居住地类型划分为城镇老年人和农村老年人分别进行估计，结果如表10 – 6 第（1）组所示。在10% 的显著性水平下，不论是城镇老年人还是农村老年人，独居和住在养老机构都会降低其对生活感到满意的概率，且总体而言对农村老年人的负向作用要大于城镇老年人；从表10 – 7 边际效应的角度看，独居和住在养老机构会使城镇老年人对生活感到非常满意的概率下降6.2% 和7.9% ，感到一般的概率增加5.5% 和7.1% ；使农村老年人对生活非常满意的概率下降5.9% 和9.6% ，对生活评价一般的概率增加6.6% 和10.7% 。

表 10 - 6 居住地类型、居住区域、经济状况异质性回归结果

变量	(1) 居住地类型		(2) 居住区域			(3) 经济状况		
	城镇	农村	东部	中部	西部	较好	一般	较差
独居	-0.471*** (0.106)	-0.552*** (0.106)	-0.484*** (0.105)	-0.730*** (0.146)	-0.423*** (0.161)	0.028 (0.204)	-0.576*** (0.086)	-0.551*** (0.204)
住在养老机构	-0.604*** (0.185)	-0.899* (0.503)	-0.580*** (0.194)	-1.070** (0.514)	-0.594 (0.491)	-0.925* (0.476)	-0.809*** (0.203)	0.739 (0.556)
社区养老服务	0.008 (0.018)	0.042* (0.024)	0.019 (0.020)	-0.036 (0.036)	0.057** (0.028)	0.024 (0.031)	0.015 (0.017)	0.100** (0.051)
独居×社区养老服务	-0.027 (0.039)	0.009 (0.039)	-0.004 (0.033)	0.198** (0.082)	-0.140** (0.062)	-0.072 (0.068)	0.003 (0.031)	-0.051 (0.086)
住在养老机构×社区养老服务	0.051 (0.046)	0.285** (0.128)	0.030 (0.048)	0.453*** (0.135)	0.175 (0.120)	0.025 (0.088)	0.150*** (0.056)	-0.002 (0.172)
城乡			0.103 (0.074)	0.347*** (0.103)	-0.119 (0.096)	0.170 (0.121)	0.062 (0.059)	0.221 (0.151)
性别	-0.117 (0.074)	-0.188** (0.085)	0.007 (0.079)	-0.413*** (0.108)	-0.205* (0.109)	-0.128 (0.125)	-0.161** (0.066)	0.016 (0.166)
年龄	-0.004 (0.005)	-0.003 (0.005)	-0.008 (0.005)	-0.010 (0.007)	0.009 (0.006)	-0.014* (0.008)	-0.001 (0.004)	-0.010 (0.010)
性格特征	0.764*** (0.062)	0.772*** (0.069)	0.826*** (0.066)	0.675*** (0.091)	0.780*** (0.090)	0.650*** (0.116)	0.805*** (0.056)	0.777*** (0.122)
健康状况	1.108*** (0.051)	1.078*** (0.058)	1.118*** (0.054)	1.207*** (0.080)	0.967*** (0.073)	1.074*** (0.090)	1.089*** (0.045)	1.111*** (0.112)
受教育年限	0.006 (0.010)	0.031* (0.019)	-0.009 (0.012)	0.060*** (0.021)	0.025 (0.018)	0.017 (0.016)	0.019 (0.012)	-0.022 (0.035)
子女个数	0.005 (0.016)	0.052*** (0.017)	0.027 (0.017)	0.048** (0.023)	0.004 (0.021)	-0.022 (0.027)	0.028** (0.014)	0.053* (0.030)

续表

变量	（1）居住地类型		（2）居住区域			（3）经济状况		
	城镇	农村	东部	中部	西部	较好	一般	较差
经济状况	0.526 *** （0.059）	0.724 *** （0.068）	0.540 *** （0.065）	0.710 *** （0.089）	0.652 *** （0.082）			
年份变量	Yes	Yes	Yes	Yes	Yes	Yes	Yes	Yes
省份变量	Yes	Yes	Yes	Yes	Yes	Yes	Yes	Yes
Observations	4001	3423	3567	1922	1935	1416	5236	772
Pseudo R^2	0.203	0.200	0.205	0.213	0.170	0.175	0.169	0.181

注：（1）　***、**、*分别表示在1%、5%和10%的水平上显著；（2）括号内为稳健标准误。

表 10 - 7　　居住地类型、居住区域、经济状况异质性检验的边际效应

子样本		非常不满意	不满意	一般	满意	非常满意
城镇	独居	0.002 ***	0.011 ***	0.055 ***	- 0.005 ***	- 0.062 ***
	住在养老机构	0.002 ***	0.014 ***	0.071 ***	- 0.007 ***	- 0.079 ***
乡村	独居	0.003 ***	0.015 ***	0.066 ***	- 0.025 ***	- 0.059 ***
	住在养老机构	0.005 *	0.024 *	0.107 *	- 0.041 *	- 0.096 *
东部	独居	0.001 ***	0.011 ***	0.053 ***	0.002	- 0.067 ***
	住在养老机构	0.002 **	0.013 ***	0.064 ***	0.002	- 0.081 ***
中部	独居	0.005 ***	0.021 ***	0.086 ***	- 0.041 ***	- 0.071 ***
	住在养老机构	0.007 *	0.031 **	0.126 **	- 0.060 **	- 0.103 **
西部	独居	0.002 **	0.010 ***	0.056 ***	- 0.024 ***	- 0.045 ***
	住在养老机构	0.003	0.015	0.079	- 0.034	- 0.063
经济状况较好	独居	- 0.000	- 0.000	- 0.002	- 0.002	0.005
	住在养老机构	0.001	0.005 *	0.074 *	0.075 *	- 0.156 *
经济状况一般	独居	0.001 **	0.010 ***	0.080 ***	- 0.021 ***	- 0.070 ***
	住在养老机构	0.001 **	0.014 ***	0.112 ***	- 0.029 ***	- 0.098 ***

	子样本	非常不满意	不满意	一般	满意	非常满意
经济状况较差	独居	0.017 **	0.046 ***	0.031 **	- 0.060 ***	- 0.034 ***
	住在养老机构	- 0.023	- 0.061	- 0.042	0.081	0.046

注: *** 、 ** 、 * 分别表示在1%、5%和10%的水平上显著。

　　在居住安排与社区养老服务的交互项中,对于农村样本,住在养老机构与社区养老服务交互项的系数在5%的显著性水平下为正,独居与社区养老服务交互项的系数不显著;对于城镇样本,二者均不显著。这说明社区养老服务对住在养老机构的农村老年人发挥了较好的助老作用,但对城镇样本并无显著影响。

　　在控制变量中,性格特征、健康状况、经济状况仍会显著影响高龄鳏寡老年人的生活满意度;且农村男性老年人对生活感到满意的概率在5%的显著性水平下低于女性老年人;子女个数在1%的显著性水平下提高了农村老年人对生活感到满意的概率。

(二) 区域异质性

　　按照经济发展水平与自然地理位置,将样本划分为东部、中部、西部进行异质性检验,回归结果如表10-6第(2)组所示。结果显示,居住安排对老年人生活满意度的影响存在显著的区域异质性,和与子代同住相比,独居和机构养老对中部地区高龄鳏寡老年人的负向影响最大、东部次之、西部最小。其中,值得一提的是,对于西部地区的高龄鳏寡老年人而言,机构养老与子代同住没有显著差异。

　　表10-7的边际效应结果表明,居住安排对中部地区老年人的生活满意度在各个层次上都有显著且较大的影响。其中,在1%的显著性水平下,独居会使中部高龄鳏寡老年人生活满意和非常满意的概率分别下降4.1%和7.1%,生活不满意和一般的概率分别增加2.1%和8.6%;机构养老的影响更大,在5%的显著性水平上会使老年人生活满意和非常满意的概率下降6.0%和10.3%,生活不满意和一般的概率下降

3.1%和12.6%。对东部地区而言,居住安排主要影响老年人生活非常满意和一般发生的概率,作用方向与中部地区相同,但作用强度明显更低。而对于西部地区而言,独居对高龄鳏寡老年人生活满意度的影响也主要表现在降低非常满意、满意的概率（4.5%、2.4%）和增加一般的概率（5.6%）,但机构养老对该地区老年人生活满意度的边际效应不显著。

本书认为以上情况出现原因可能是:①中东部地区的差异主要源于思想观念不同。相对于东部地区,中部地区的社会经济发展较为缓慢、人们受新观念和新思想的冲击较少,因而思想观念相对比较保守,对非传统居住模式的认可较差。②而西部地区经济发展较为落后,基础医疗设施不够完善。尽管与子代同住能够得到较好的精神支持,但其基本的医疗养护需求难以得到满足,而住在养老机构虽然缺乏精神慰藉但能为老年人提供基本的医疗保障,因而正负相抵之后表现出西部地区的高龄鳏寡老年人在机构养老和与子代同住之间不存在显著差异。

从社区养老服务和居住安排的交互项来看,相比其他地区,中部地区社区养老服务建设较为有效,社区养老服务在5%和10%的显著性水平下对独居老年人、住在养老机构老年人生活满意度影响为正。此外,西部地区社区养老服务虽在整体上能显著提高老年人生活满意度,但却在5%的显著性水平下降低了独居老年人的生活满意度。

（三）经济状况异质性

根据问卷中的"您的生活在当地比较起来属于?"将选择"很富裕"和"比较富裕"的样本划归为"较好",将选择"比较贫穷"和"很贫穷"的样本划归为"较差",将剩下的样本划归为"一般",并分别进行估计,表10-6第（3）组为回归结果。对于经济状况较好的老年人而言,独居和与子代同住的生活满意度无显著差异,这说明即使在高龄老年人中,也存在收入缓冲效应,即较好的经济状况能缓解独居对老年人生活满意度的不利影响。

但与前人研究有所不同的是,本研究发现,对于经济状况较差的高龄鳏寡老年人而言，住在养老机构和与子代同住的生活满意度无显著差异。这可能是因为高龄鳏寡老年人自身活动能力差，在日常生活多需依赖他人帮助，经济状况较差的老年人往往难以获得较好的日常照料、医疗照料等，而住在养老机构至少能为老年人的生命健康与基础生活提供保障。

在社区养老服务及其与居住安排的交互项中，社区养老服务能显著提高经济状况较差老年人对生活感到满意的概率，且社区养老服务对提高住在养老机构、经济状况一般的老年人的生活满意概率也有显著的作用，但对其他居住安排与经济状况的老年人无显著影响。

（四）健康状况异质性

根据问卷中的"您觉得现在您自己的健康状况怎么样"将选择"很好""好"的样本划归为"较好"；将选择"不好""很不好"的样本划归为"较差"，剩下的划归为"一般"，分别进行回归，表10-8列（4）为回归结果。结果表明，居住安排对高龄鳏寡老年人生活质量的影响因其健康状况的不同而存在明显差异。具体表现在：

表 10-8   健康状况和子女个数异质性回归结果

变量	(4) 健康状况			(5) 子女数量		
	较好	一般	较差	0个	1个	2个及以上
独居	-0.376 *** (0.119)	-0.466 *** (0.112)	-0.839 *** (0.207)		-0.699 ** (0.343)	-0.526 *** (0.075)
住在养老机构	-0.519 * (0.275)	-0.773 *** (0.292)	-0.678 (0.417)	0.008 (0.848)	-1.347 * (0.689)	-0.677 *** (0.175)
社区养老服务	0.018 (0.020)	0.023 (0.022)	0.027 (0.048)	-0.130 (0.207)	0.058 (0.056)	0.018 (0.015)

续表

变量	(4)健康状况			(5)子女数量		
	较好	一般	较差	0个	1个	2个及以上
独居×社区养老服务	-0.009 (0.039)	-0.032 (0.043)	0.100 (0.091)		0.131 (0.138)	-0.011 (0.028)
住在养老机构×社区养老服务	0.062 (0.062)	0.062 (0.068)	0.259 ** (0.112)	0.378 (0.285)	0.469 ** (0.211)	0.037 (0.043)
城乡	0.219 *** (0.076)	0.059 (0.080)	-0.111 (0.127)	-0.491 (0.457)	0.250 (0.228)	0.110 ** (0.051)
性别	-0.078 (0.085)	-0.115 (0.084)	-0.311 ** (0.147)	-1.633 *** (0.575)	-0.320 (0.229)	-0.126 ** (0.057)
年龄	-0.007 (0.005)	0.000 (0.005)	-0.015 * (0.008)	0.001 (0.029)	-0.002 (0.015)	-0.005 (0.003)
性格特征	1.092 *** (0.079)	0.752 *** (0.068)	0.792 *** (0.101)	1.306 ** (0.624)	0.834 *** (0.208)	0.785 *** (0.047)
健康状况				0.387 (0.322)	1.300 *** (0.182)	1.079 *** (0.039)
受教育年限	0.008 (0.013)	0.014 (0.014)	0.008 (0.026)	-0.025 (0.053)	-0.018 (0.030)	0.017 * (0.009)
子女个数	0.016 (0.017)	0.023 (0.018)	0.034 (0.029)			
经济状况	0.447 *** (0.066)	0.669 *** (0.073)	0.901 *** (0.104)	1.257 *** (0.434)	0.515 *** (0.165)	0.611 *** (0.046)
年份变量	Yes	Yes	Yes	Yes	Yes	Yes
省份变量	Yes	Yes	Yes	Yes	Yes	Yes
Observations	3477	2924	1023	107	398	7160
Pseudo R^2	0.108	0.0835	0.117	0.288	0.255	0.200

注：（1）***、**、*分别表示在1%、5%和10%的水平上显著；（2）括号内为稳健标准误。

第一，和与子女同住相比，在1%的显著性水平上，独居对健康状况较差老年人生活满意度的负向影响最大，健康状况一般次之，健康状况较好最小。边际效应结果也印证了这一结论，独居对健康状况较差老年人的影响广泛且深入，使其生活非常满意和满意的概率下降6.1%和10.3%，生活不满意和一般的概率增加7.9%和6.6%；而对健康状况一般的老年人影响有所降低，使其生活非常满意和满意的概率下降4.3%和5.5%，生活一般的概率增加8.9%；对健康状况较好的老年人影响最为温和，仅会使其非常满意的概率减少7.0%，而生活满意的概率增加4.1%。

第二，和与子女同住相比，在1%的显著性水平上，机构养老对健康状况一般老年人的负向影响最大；边际效应结果表明，这种居住模式主要会使其生活非常满意和满意的概率分别下降7.1%和9.2%，生活一般的概率增加14.8%。机构养老对健康状况较好的老年人也会产生负向影响，但显著性水平仅为10%；边际效应结果表明，机构养老主要使生活非常满意的概率减少9.6%，一般和满意的概率增加3.6%和5.7%。机构养老对健康状况较差的老年人影响不显著，边际效应也显示出同样的结果。

由此可见，与总体样本相比，健康状况较差的子样本表现出较大的差异性，本书认为可能的原因在于，对于健康状况较差的高龄鳏寡老年人而言，其主要诉求是饮食起居等基本日常活动能够得到满足。而在独居模式下老年人日常需求很难得到他人帮助，因而生活满意度较低；而住在养老机构或与子女同住，都能够使老年人的基本生活需求得到满足，故二者差异不大。

居住安排与社区养老服务的交互项结果表明，在5%的显著性水平下，社区养老服务对健康状况较差且居住在养老机构的老年人影响为正，而对其他群体无显著影响。

（五）子女数量异质性

子女数量不同的高龄鳏寡老年人在不同居住安排下生活满意度可能

有所不同：子女数量较多可能会给予老年人更多的物质和情感支持，但也可能会带来更多代际冲突。因此，本书将样本分为 0 个子女、1 个子女和 2 个及以上子女分别进行估计，结果如表 10 - 8 列（5）所示。

当没有子女时，独居或住在养老机构对老年人的生活满意度无显著差异；子女数量为 1 个时，独居和住在养老机构对老年人生活满意度分别在 5%、10% 的显著性水平下为负；子女数量在 2 个及以上时，独居和住在养老机构对老年人生活满意度在 1% 的显著性水平下为负。总体来看，子女数量为 1 个时，独居和与子代同住对高龄鳏寡老年人生活满意度的负向影响更大。

从边际效应的角度看（见表 10 - 9），独居和住在养老机构会显著提高仅有 1 个子女的老年人对生活感到不满意的概率（2.4% 和 4.6%）和感到一般的概率（7.3% 和 14.1%），并降低其对生活感到满意的概率（2.6% 和 5.1%）和非常满意的概率（7.5% 和 14.5%）；对于有 2 个及以上子女的老年人而言，独居和住在养老机构的边际效应也表现出以上结果，且总体上更为缓和；但在此基础上，独居和住在养老机构会显著提高有 2 个及以上子女老年人对生活感到非常不满意的概率。

表 10 - 9   健康状况和子女个数异质性检验的边际效应

子样本	居住安排	非常不满意	不满意	一般	满意	非常满意
健康状况较好	独居	0.000	0.002 **	0.026 ***	0.041 ***	- 0.070 ***
	住在养老机构	0.000	0.002 *	0.036 *	0.057 *	- 0.096 *
健康状况一般	独居	0.001 **	0.008 ***	0.089 ***	- 0.055 ***	- 0.043 ***
	住在养老机构	0.002 *	0.013 **	0.148 ***	- 0.092 ***	- 0.071 ***
健康状况较差	独居	0.019 ***	0.079 ***	0.066 ***	- 0.103 ***	- 0.061 ***
	住在养老机构	0.015	0.064	0.053	- 0.083	- 0.049
0 个子女	独居	—	—	—	—	—
	住在养老机构	0.000	0.000	0.001	- 0.000	- 0.001

续表

子样本	居住安排	非常不满意	不满意	一般	满意	非常满意
1 个子女	独居	0.005	0.024 **	0.073 **	-0.026 **	-0.075 **
	住在养老机构	0.009	0.046 *	0.141 *	-0.051 *	-0.145 **
2 个及以上子女	独居	0.002 ***	0.013 ***	0.063 ***	-0.015 ***	-0.063 ***
	住在养老机构	0.003 ***	0.016 ***	0.081 ***	-0.019 ***	-0.081 ***

注：*** 、 ** 、 * 分别表示在1%、5%和10%的水平上显著。

此外，在5%的显著性水平上，住在养老机构与社区养老服务的交互项对子女个数为1个的老年人存在正向影响，对其他老年人则无显著影响。

三、稳健性检验

进一步采用二元 Logit 模型①和线性模型②进行稳健性检验，表10-10第（1）~第（4）列为二元 Logit 模型回归结果，第（5）~第（8）列为线性模型回归结果。二元 Logit 模型和线性模型的回归结果显示，相比与子代同住，独居和住在养老机构都会显著降低高龄鳏寡老年人的生活满意度。对于调节效应，与基准有序 Logistic 回归结果一致，线性回归结果也表明养老服务对住在养老机构的高龄鳏寡老年人影响为正，且显著性水平也较低仅为10%；而在二元 Logit 回归结果中，这一结果不显著。总体而言，本章基准回归结果较为稳健。

---

① 根据问卷中"您觉得您现在的生活怎么样"将选择"很好""好"的样本标记为1，代表对生活满意；将选择"一般""不好""很不好"的样本标记为0，代表对生活不满意，作为因变量进行二元 Logit 模型检验。

② 刘红云（2013）指出，当因变量的类别数为5及以上时，Logistic 回归和线性回归差距较小，可以使用线性回归的方法替代 Logistics 模型。

表 10 - 10 基准回归与调节效应稳健性检验结果

变量	(1)	(2)	(3)	(4)	(5)	(6)	(7)	(8)
独居	-0.569*** (0.051)	-0.581*** (0.068)	-0.607*** (0.071)	-0.555*** (0.090)	-0.212*** (0.019)	-0.169*** (0.018)	-0.167*** (0.018)	-0.163*** (0.023)
住在养老机构	-0.446*** (0.104)	-0.540*** (0.142)	-0.424*** (0.153)	-0.712*** (0.198)	-0.130*** (0.040)	-0.114*** (0.039)	-0.089** (0.040)	-0.182*** (0.054)
社区养老服务				0.038* (0.020)				0.006 (0.004)
独居×社区养老服务				-0.022 (0.033)				-0.002 (0.009)
住在养老机构×社区养老服务				0.087 (0.056)				0.026** (0.013)
性别		-0.168** (0.067)	-0.191*** (0.068)	-0.178*** (0.069)		-0.041** (0.017)	-0.043** (0.017)	-0.041** (0.017)
年龄		0.005 (0.004)	0.005 (0.004)	0.006 (0.004)		-0.001 (0.001)	-0.001 (0.001)	-0.001 (0.001)
城乡		0.011 (0.061)	0.050 (0.064)	0.050 (0.065)		0.036** (0.015)	0.034** (0.015)	0.032** (0.016)
性格特征		0.627*** (0.047)	0.615*** (0.048)	0.605*** (0.049)		0.239*** (0.013)	0.228*** (0.013)	0.227*** (0.014)
健康状况		1.023*** (0.040)	1.009*** (0.040)	1.003*** (0.041)		0.337*** (0.010)	0.324*** (0.010)	0.323*** (0.010)
受教育年限		0.005 (0.010)	0.012 (0.011)	0.010 (0.011)		0.005* (0.003)	0.005* (0.003)	0.003 (0.003)
子女个数		0.010 (0.014)	0.020 (0.014)	0.024* (0.015)		0.005 (0.003)	0.008** (0.003)	0.008** (0.003)
经济状况		0.750*** (0.057)	0.753*** (0.058)	0.747*** (0.059)		0.202*** (0.014)	0.198*** (0.014)	0.196*** (0.014)

变量	(1)	(2)	(3)	(4)	(5)	(6)	(7)	(8)
Constant	1.034*** (0.028)	-7.313*** (0.469)	-6.992*** (0.521)	-7.071*** (0.530)	3.913*** (0.010)	1.295*** (0.112)	1.588*** (0.122)	1.577*** (0.125)
年份变量	No	No	Yes	Yes	No	No	Yes	Yes
省份变量	No	No	Yes	Yes	No	No	Yes	Yes
Observations	9259	7609	7609	7424	9259	7609	7609	7424
R^2	0.012	0.215	0.228	0.227	0.014	0.345	0.363	0.363

注：(1) ***、**、*分别表示在1%、5%和10%的水平上显著；(2) 括号内为稳健标准误。

第五节　影响机制检验

一、中介效应检验

不同的居住安排可能会通过影响高龄鳏寡老年人受到的社会支持水平进而间接影响其生活满意度。对精神慰藉、医疗服务可及、日常照料三种社会支持的中介效应进行检验，结果如表10-11、表10-12所示。

表10-11　　　　　　　　逐步回归法检验结果

变量	(1) 生活满意度	(2) 精神慰藉	(3) 生活满意度	(4) 医疗服务可及	(5) 生活满意度	(6) 日常照料	(7) 生活满意度
独居	-0.167*** (0.018)	-0.876*** (0.138)	-0.166*** (0.018)	-0.676*** (0.139)	-0.161*** (0.018)	-1.237*** (0.394)	-0.196*** (0.040)

续表

变量	（1）生活满意度	（2）精神慰藉	（3）生活满意度	（4）医疗服务可及	（5）生活满意度	（6）日常照料	（7）生活满意度
住在养老机构	-0.089 ** (0.040)	-1.228 *** (0.235)	-0.093 ** (0.041)	0.746 (0.523)	-0.091 ** (0.041)	-0.860 (0.712)	-0.123 ** (0.061)
精神慰藉			0.087 ** (0.043)				
医疗服务可及					0.177 *** (0.045)		
日常照料							0.199 * (0.120)
性别	-0.043 ** (0.017)	-0.098 (0.139)	-0.043 ** (0.017)	-0.140 (0.149)	-0.042 ** (0.017)	0.002 (0.407)	-0.028 (0.030)
年龄	-0.001 (0.001)	0.015 * (0.009)	-0.001 (0.001)	-0.023 *** (0.009)	-0.001 (0.001)	0.044 * (0.023)	-0.003 (0.002)
城乡	0.034 ** (0.015)	0.018 (0.135)	0.036 ** (0.015)	0.300 ** (0.139)	0.032 ** (0.015)	-0.248 (0.381)	0.046 * (0.027)
性格特征	0.228 *** (0.013)	0.132 (0.091)	0.226 *** (0.014)	0.170 * (0.096)	0.225 *** (0.014)	0.314 (0.229)	0.232 *** (0.023)
健康状况	0.324 *** (0.010)	0.240 *** (0.082)	0.323 *** (0.010)	0.246 *** (0.086)	0.323 *** (0.010)	0.241 (0.238)	0.322 *** (0.017)
受教育年限	0.005 * (0.003)	0.022 (0.022)	0.005 * (0.003)	-0.007 (0.030)	0.005 * (0.003)	0.139 (0.130)	0.006 (0.005)
子女个数	0.008 ** (0.003)	0.027 (0.031)	0.008 ** (0.003)	0.046 (0.031)	0.008 ** (0.003)	-0.051 (0.068)	0.013 ** (0.006)
经济状况	0.198 *** (0.014)	0.441 *** (0.116)	0.197 *** (0.014)	1.240 *** (0.105)	0.190 *** (0.014)	1.602 *** (0.248)	0.167 *** (0.023)

续表

变量	(1) 生活满意度	(2) 精神慰藉	(3) 生活满意度	(4) 医疗服务可及	(5) 生活满意度	(6) 日常照料	(7) 生活满意度
Constant	1.588 *** (0.122)	-1.213 (0.990)	1.513 *** (0.128)	0.620 (1.126)	1.443 *** (0.129)	-6.284 *** (2.106)	1.571 *** (0.239)
年份变量	0.003	0.135	0.002	0.188	0.002	0.564	0.011
省份变量	Yes	Yes	Yes	Yes	Yes	Yes	Yes
Observations	7609	7480	7537	7452	7549	1909	2784
R – squared	0.363	0.09	0.363	0.173	0.365	0.259	0.352

注：（1）***、**、*分别表示在1%、5%和10%的水平上显著；（2）括号内为稳健标准误。

表10-12   偏差校正百分位 Bootstrap 法检验结果及中介效应大小

中介变量	独居			住在养老机构		
	95% 置信区间	是否显著	比例	95% 置信区间	是否显著	比例
精神慰藉	[-0.0093, -0.0002]	是	4.6%	[-0.0070, -0.0006]	是	10.8%
医疗服务可及	[-0.0121, -0.0029]	是	7.2%	[-0.0004, 0.0130]	否	—
日常照料	[-0.0127, -0.0030]	是	7.6%	[-0.0004, 0.0134]	否	—

表10-11 为逐步回归检验结果：第（1）列总效应回归显示，在5%的显著性水平下，相比与子代同住，独居和住在养老机构分别使老年人的生活满意度下降0.167与0.089；第（2）、第（4）、第（6）列为中介效应检验第二阶段回归结果，可以看出在1%的显著性水平下，相比与子代同住，独居对高龄鳏寡老年人的精神慰藉、医疗服务可及、日常照料系数分别为-0.876、-0.676和-1.237，即独居老年人获得

这三类支持的概率显著低于与子代同住；在1%的显著性水平下，住在养老机构老年人的精神慰藉系数为 – 1.228，但医疗服务可及和日常照料系数皆不显著，说明其获得精神支持的概率显著低于与子代同住，而在另外两种社会支持上与子代同住无显著差异；第（3）、第（5）、第（7）列为中介效应检验第三阶段的回归结果，在5%、1%与10%的显著性下，精神慰藉会使老年人的生活满意度下降0.087，医疗服务可及会使老年人的生活满意度下降0.177，日常照料会使老年人的生活满意度下降0.199，且居住安排对生活满意度的回归系数仍在5%的显著性水平下为负。以上结果说明精神慰藉、医疗服务可及、日常照料对独居老年人生活满意度具有显著的中介效应，H5得到验证；精神慰藉对住在养老机构老年人生活满意度具有显著的中介效应，H6得到验证。

考虑到当回归中包含非线性模型时需要统一尺度的问题，本书进一步采用乘积系数法检验 $\beta^{std}\gamma^{std}$ 显著性。考虑到样本数据分布以及检验效度，本书采用偏差校正百分位 Bootstrap 法得到 $\beta^{std}\gamma^{std}$ 的区间估计，自抽样 N = 500，表10 – 12为检验结果。在95%置信水平下，精神慰藉、医疗服务可及、日常照料对独居高龄鳏寡老年人中介效应检验的置信区间分别为 [– 0.0093， – 0.0002]、[– 0.0121， – 0.0029]、[– 0.0127， – 0.0030]，则有理由认为 $\beta^{std}\gamma^{std} \neq 0$，即存在显著的中介效应；同时，精神慰藉、医疗服务可及、日常照料对住在养老机构高龄鳏寡老年人中介效应检验置信区间分别为 [– 0.0070， – 0.0006]、[– 0.0004，0.0130]、[– 0.0004，0.0134]，即对于住在养老机构老年人而言，只有精神慰藉路径的中介效应是显著的。

进一步对统计意义上显著的中介效应路径量化其中介效应大小，计算公式为：$\beta_1^{std}(\beta_2^{std})^* \gamma_3^{std}/\beta_1^{std}(\beta_2^{std})^* \gamma_3^{std} + \gamma_1^{std}(\gamma_2^{std})$。利用 Stata 的 Binary_mediation 程序进行计算，结果如表10 – 12所示。独居对高龄鳏寡老年人生活满意度的负面影响会通过社会支持中的精神慰藉、医疗服务可及、日常照料传导。其中，日常照料的中介效应值相对最大，为7.6%；医疗服务可及次之，为7.2%；最后是精神慰藉，为4.6%。这说明物质方面的支持对独居高龄鳏寡老年人的生活满意度有更大的影响，而部分高龄的独居老年人尚不能获得较好的健康支持与生活支持。同时，对于住在养老机构的高龄鳏寡老年人而言，能否获得精神慰藉对其生活满意度的中介效应大小为10.8%，而医疗服务可及和日常照料中介效应不显著，这说明养老机构能够在物质方面能够给予老年人较好的支持，但在精神支持方面有所欠缺。以上结果与数据的描述性统计部分结论一致。

二、中介效应稳健性检验

考虑到机制分析中仍可能存在尺度统一的问题，进一步对中介效应是否显著进行稳健性检验。根据亚科布奇（Iacobucci，2012）的建议，Zmediation 检验法同时考虑了不同回归方法之间、不同模型之间的尺度问题，适用于类别变量的中介效应检验。当样本容量超过30时，可构建 Z 统计量 $Z_\beta = \beta / se(\beta)$，$Z_\gamma = \gamma / se(\gamma)$，转换后的 Z_β 和 Z_γ 具有相同尺度，在此基础上进行 $Z_\beta \cdot Z_\gamma$ 乘积系数显著性检验。同时，相比用 Sobel 法检验，麦金农和科克斯（MacKinnon and Cox，2012）建议采用乘积分布法以克服 Sobel 正态性假设的局限性。在具体做法上，可直接调用 R 软件的 R - Mediation 软件包进行运算，得到 $Z_\beta \cdot Z_\gamma$ 的不对称置信区间。如果置信区间不包括 0，则说明通过检验，具有中介效应。

表 10 - 13 为中介效应稳健性检验结果。在 95% 置信水平下，精神慰藉、医疗服务可及、日常照料对独居高龄鳏寡老年人中介效应检验的置信区间分别为 [- 0.1447，- 0.0139]、[- 0.1890，- 0.0601]、[- 0.5594，- 0.0011]，即都存在显著的中介效应；对住在养老机构高龄鳏寡老年人中介效应检验的置信区间分别为 [- 0.2068，- 0.0190]、[- 0.0192，0.3090]、[- 0.5374，0.0704]，即仅精神慰藉路径作用显著。检验结果与实证部分结论一致。

表 10 - 13　　　　　　　　　中介效应稳健性检验结果

中介变量	独居		住在养老机构	
	95% 置信区间	中介效应是否显著	95% 置信区间	中介效应是否显著
精神慰藉	[-0.1447, -0.0139]	是	[-0.2068, -0.0190]	是
医疗服务可及	[-0.1890, -0.0601]	是	[-0.0192, 0.3090]	否
日常照料	[-0.5594, -0.0011]	是	[-0.5374, 0.0704]	否

第六节　结论与政策建议

本章在论证不同居住安排对高龄鳏寡老年人生活满意度的影响及其作用机制的同时，利用 2014 年和 2017 ~ 2018 年全国老龄健康影响因素跟踪调查数据进行基准回归、调节效应检验、中介效应检验以及异质性分析。有序 Logistic 回归结果表明，和与子女同住的高龄鳏寡老年人相比，独居和住在养老机构会显著降低老年人对生活感到满意的概率，该结果在采用二元 Logit 模型和线性模型进行稳健性检验后同样成立；进一步加入社区养老服务与居住安排交互项，发现社区养老服务能提高住在养老机构老年人对生活感到满意的概率，但对独居老年人生活满意度并无显著积极作用。

异质性分析结果表明，对于存在城乡、区域、经济状况、健康状况、子女数量差异的高龄鳏寡老年人而言，居住安排对其生活满意度的影响呈现异质性。具体表现在：①独居和住在养老机构对农村老年人生活满意度的负向影响要强于城镇老年人。②独居和机构养老对中部地区老年人的负向影响最大、东部次之、西部最小。并且对于西部地区老年人而言，机构养老与子代同住没有显著差异。③在独居和住在养老机构中选择时，经济状况较好的老年人更倾向于独居，经济状况较差的老年人更倾向于住在养老机构。④独居对健康状况较差老年人生活满意度的负向影响最大，健康状况一般，次之，健康状况较好，最小。相比于独居，健康状况较差的老年人更倾向于住在养老机构。⑤独居和住在养老机构对无子女老年人的生活满意度无显著差异，且对仅有 1 个子女老年人生活满意度的负向影响要大于有 2 个及以上子女的老年人。此外，社区养老服务的调节作用主要表现在削弱了居住在养老机构对农村地区、中部地区、经济状况一般及较差、健康状况较差、仅有 1 个子女老年人生活满意度的负向作用。

机制分析结果表明，独居对高龄鳏寡老年人生活满意度的负面影响主要源于老年人在精神慰藉、医疗服务可及、日常照料方面的不足；而对于住在养老机构的高龄鳏寡老年人而言，其生活满意度的降低主要源于精神支持缺失。基于此，为提高高龄鳏寡老年人的生活满意度，本书认为应该从以下几个方面进行改进：

第一，有效发挥社区支持对养老的依托作用。目前，针对老年人提供的社区养老服务数量较少，且已有的社区养老服务对提高独居老年人生活满意度的作用有限。因此，首先要提高社区养老服务质量，真正发挥其养老助老的作用。不能使社区养老服务流于表面、流于形式，而应真正了解老年人缺乏什么、需要什么、喜欢什么。其次，逐渐增加养老服务数量，从各方面对老年人提供支持。既要在物质上为老年人提供更多的日常照料服务、医疗服务，也要开展更多的社区老年活动，为老年人提供精神慰藉，让老年人也能从社会集体中获得满足感、幸福感。

第二，鼓励养老机构开展助老文娱活动，倡导关注老年群体。对于住在养老机构的老年人，他们虽然获得了较好的医疗支持和日常照料支持，但情感上十分空虚、精神上较为脆弱。因此，养老机构可以通过开展文娱活动，使老年人之间融洽相处，彼此提供情感支撑。同时，积极倡导社会各方开展助老活动，时常邀请学校、社会组织等来养老院陪伴老年人，让老年人感受到来自社会各界的关心。

参 考 文 献

[1] 白景明. 健全我国养老服务体系的财税政策思路 [J]. 中国财政, 2014 (3): 5 - 17.

[2] 蔡吉梅, 马佳, 张忆雄, 杨晓苏, 宋曦玲, 邹焰, 李小平. 不同养老模式下老年人生活质量现状及影响因素 [J]. 中国老年学杂志, 2014 (21): 6157 - 6159.

[3] 陈皆明, 陈奇. 代际社会经济地位与同住安排——中国老年人居住方式分析 [J]. 社会学研究, 2016 (1): 73 - 97.

[4] 陈雷. 民办养老机构优惠扶持政策实施评估研究——基于公平性与有效性视角 [J]. 改革与开放, 2015 (9): 94 - 95.

[5] 陈英姿, 邓俊虎. 长春市老年人口生活质量评价 [J]. 人口学刊, 2011 (6): 27 - 34.

[6] 陈志勇, 张薇. 我国养老服务市场化的财政补贴方式及标准测度 [J]. 求索, 2017 (1): 144 - 148.

[7] 程启智, 罗飞. 中国公办养老机构改革改制路径选择 [J]. 河北经贸大学学报, 2016 (2): 48 - 52.

[8] 程翔宇. 居住安排与老年人生活质量——基于 CLHLS 数据的实证研究 [J]. 社会保障研究, 2016 (1): 31 - 37.

[9] 戴常, 余康. 农村老年人养老居住安排的同群效应——基于与子女居住安排的研究 [J]. 中国集体经济, 2018 (17): 166 - 168.

[10] 党俊武, 李晶, 张秋霞, 罗晓晖. 中国老年人生活质量发展报告 (2019) [M]. 北京: 社会科学文献出版社, 2019.

[11] 董晓芳, 刘茜. 高堂在, 不宜远居吗?——基于 CHARLS 数

据研究子女居住安排对父母健康的影响 [J]. 中国经济问题，2018 (5)：38 - 54.

[12] 杜本峰，王旋. 老年人健康不平等的演化、区域差异与影响因素分析 [J]. 人口研究，2013 (5)：81 - 90.

[13] 杜鹏，曲嘉瑶. 中国老年人对子女孝顺评价的变化及影响因素 [J]. 人口研究，2013 (5)：30 - 41.

[14] 范西莹. 政策性支持对于我国民办养老机构发展的推助作用分析 [J]. 甘肃理论学刊，2013 (6)：188 - 192.

[15] 费孝通. 家庭结构变动中的老年赡养问题——再论中国家庭结构的变动 [J]. 北京大学学报（哲学社会科学版），1983 (3)：6 - 15.

[16] 风笑天. 生活质量研究：近三十年回顾及相关问题探讨 [J]. 社会科学研究，2007 (6)：1 - 8.

[17] 封铁英，高鑫. 家庭特征、居住安排与赡养行为——基于陕西省1061份老年样本的实证分析 [J]. 求索，2017 (9)：105 - 114.

[18] 冯立天. 中国人口生活质量研究 [M]. 北京：北京经济学院出版社，1992：4.

[19] 顾永红. 农村老年人养老模式选择意愿的影响因素分析 [J]. 华中师范大学学报（人文社会科学版），2014 (3)：9 - 15.

[20] 郭志刚. 中国高龄老人的居住方式及其影响因素 [J]. 人口研究，2002 (1)：37 - 42.

[21] 韩晓庆. 基于 Leslie 模型中国未来人口策略模拟研究 [D]. 东北财经大学，2012：13.

[22] 侯岩. 中国城市社区服务体系建设研究报告 [M]. 北京：中国经济出版社，2009：10.

[23] 胡宏伟，李延宇，张澜. 中国老年长期护理服务需求评估与预测 [J]. 中国人口科学，2015 (3)：79 - 90.

[24] 黄枫，吴纯杰. 基于转移概率模型的老年人长期护理需求预测分析 [J]. 经济研究，2012 (2)：119 - 130.

[25] 黄建宏，邱幼云. "同在一个屋檐下"：居住安排、居住观念

与农村老年人幸福感研究 [J]. 社科纵横, 2021 (1): 89 – 96.

[26] 黄匡时, 陆杰华. 中国老年人平均预期照料时间研究——基于生命表的考察 [J]. 中国人口科学, 2014 (4): 92 – 102.

[27] 吉鹏, 李放. 政府购买城市社区养老服务效率评价——基于江苏省三市数据的分析 [J]. 城市问题, 2016 (10): 84 – 88.

[28] 纪竞垚. 我国家庭养老观念的现状及变化趋势 [J]. 老龄科学研究, 2016 (1): 60 – 66.

[29] 江克忠, 裴育, 邓继光, 许艳红. 亲子共同居住可以改善老年家庭的福利水平吗? ——基于 CHARLS 数据的证据 [J]. 劳动经济研究, 2014 (2): 134 – 152.

[30] 姜玉, 刘鸿雁, 庄亚儿. 东北地区流动人口特征研究 [J]. 人口学刊, 2016 (6): 37 – 45.

[31] 蒋承, 顾大男, 柳玉芝, 曾毅. 中国老年人照料成本研究——多状态生命表方法 [J]. 人口研究, 2009 (3): 81 – 88.

[32] 蒋志学, 刘丽, 赵艳霞. 老年人生活质量指标体系探析 [J]. 市场与人口分析, 2003 (3): 61 – 65.

[33] 焦开山. 中国老年人的居住方式与其婚姻状况的关系分析 [J]. 人口学刊, 2013 (1): 78 – 86.

[34] 景跃军, 李涵, 李元. 我国失能老人数量及其结构的定量预测分析 [J]. 人口学刊, 2017 (6): 85 – 86.

[35] 景跃军, 李元. 中国失能老年人构成及长期护理需求分析 [J]. 人口学刊, 2014 (2): 55 – 63.

[36] 孔泽宇. 社会参与对老年人生活质量的影响 [J]. 调研世界, 2021 (4): 72 – 80.

[37] 乐章, 刘轶锋. 民营养老机构政府扶持: 研究进展与若干问题 [J]. 学习与实践, 2016 (4): 17 – 23.

[38] 乐章, 马珺. 居住安排对农村老年人心理健康的影响研究 – 基于社会支持为中介变量的考察 [J]. 湖南农业大学学报 (社会科学版), 2017 (6): 74 – 81.

[39] 冷熙媛, 张莉琴. "新农保" 对传统合住模式的冲击效应 [J]. 人口研究, 2018 (4): 66 – 77.

[40] 李安琪, 吴瑞君. 老年再婚可以改善心理健康吗? ——基于 CLHLS 的实证分析 [J]. 南方人口, 2019 (4), 70 – 80.

[41] 李放, 樊禹彤, 赵光. 农村老人居家养老服务需求影响因素的实证分析 [J]. 河北大学学报 (哲学社会科学版), 2013 (5): 68 – 72.

[42] 李焕, 张小曼, 吴晓璐, 王素冬, 纪桂英, 邢凤梅. 社区老年人居家养老服务需求调查 [J]. 中国老年学杂志, 2016 (5): 1171 – 1173.

[43] 李建新, 冯莹莹, 杨鹏. 农村空巢老人生活质量研究 [J]. 老龄科学研究, 2014 (5): 3 – 13.

[44] 李萌. 支持我国养老服务体系发展的财税政策研究 [D]. 财政部财政科学研究所, 2015.

[45] 李明锋, 张立龙, 熊文靓. 中国丧偶老年人居住方式及影响因素分析——基于 2015 年第四次中国城乡老年人生活状况抽样调查数据 [J]. 调研世界, 2019 (2): 24 – 28.

[46] 李文娟, 陈瑞, 薛佳殷. 泰兴市养老机构模式下老年人生活质量及相关因素 [J]. 中国老年学杂志, 2021 (10): 2204 – 2209.

[47] 联合国开发计划署 (UNDP)《促进中国养老服务体系发展的财税政策研究》课题组. 促进中国养老服务体系发展的财税政策研究 [J]. 财政研究, 2012 (4): 10 – 13.

[48] 刘红云, 骆方, 张玉, 张丹慧. 因变量为等级变量的中介效应分析 [J]. 心理学报, 2013 (12): 1431 – 1442.

[49] 刘欢. 社会经济地位差异下的老年人口居住安排——基于家庭代际支持视角的研究 [J]. 北京社会科学, 2017 (9): 102 – 111.

[50] 刘西国. 社交活动如何影响农村老年人生活满意度? [J]. 人口与经济, 2016 (2): 40 – 47.

[51] 刘艺容, 彭宇. 湖南省社区居家养老的需求分析——以对部分老年人口的调研数据为基础 [J]. 消费经济, 2012 (2): 63 – 66.

［52］罗娅，刘承亮，石修权，杨晓苏，张忆雄，李小平．东部地区不同养老模式下老年人生活质量现状调查分析［J］．现代预防医学，2015（5）：855－857．

［53］马珺．公共品概念的价值［J］．财贸经济，2005（11）：23－29．

［54］马跃如，易丹，黄尧．我国各地区养老服务机构服务效率及时空演变研究［J］．中国软科学，2017（12）：1－10．

［55］穆光宗．我国机构养老发展的困境与对策［J］．华中师范大学学报，2012（2）：31－38．

［56］穆滢潭，原新．代际支持的家庭主义基础：独生子女改变了什么？——基于内蒙古调查数据的实证研究［J］．西北人口，2016（1）：32－37．

［57］倪东生，张艳芳．养老服务供求失衡背景下中国政府购买养老服务政策研究［J］．中央财经大学学报，2015（11）：3－13．

［58］裴先波，高莹，张青，Tracey McDonald．武汉市养老院老年人生活质量及其影响因素［J］．中国老年学杂志，2016（17）：4318－4319．

［59］任洁．机构养老服务效率研究——以厦门市为例［J］．人口与经济，2016（2）：58－68．

［60］任强，侯大道．人口预测的随机方法：基于 Leslie 矩阵和 ARMA 模型［J］．人口研究，2011（2）：28－42．

［61］任强，唐启明．中国老年人的居住安排与情感健康研究［J］．中国人口科学，2014（4）：82－91，128．

［62］沈可，程令国，魏星．居住模式如何影响老年人的幸福感？［J］．世界经济文汇，2013（6）：89－100．

［63］沈可．养老保险的普及是否导致城镇独居老人的增加？［J］．南方经济，2010（6）：17－26．

［64］石金群．转型期家庭代际关系流变：机制、逻辑与张力［J］．社会学研究，2016（6）：191－214．

［65］孙鹃娟．中国老年热的居住方式现状与变动特点——基于

"六普"和"五普"数据的分析 [J]. 人口研究, 2013 (6): 35-42.

[66] 孙涛, 王素素, 梁超. 一碗汤的距离: 代际养老中合意居住安排的实证分析 [J]. 中国经济问题, 2018 (4): 62-75.

[67] 童星, 高钏翔. 社区养老服务: 社会化养老的末梢神经 [J]. 中共浙江省委党校学报, 2017, (1): 59-65.

[68] 王德文, 良地. 社区老年人口养老照护现状与发展对策 [M]. 厦门: 厦门大学出版社, 2013: 119.

[69] 王化波, 董文静. 珠海市老年人生活质量研究 [J]. 人口学刊, 2012 (4): 60-65.

[70] 王建平, 叶锦涛. 大都市低龄老年人居住安排现状及其影响因素研究 [J]. 华中科技大学学报, 2019 (5): 39-48.

[71] 王金水, 许琪. 居住安排、代际支持与老年人的主观福祉 [J]. 社会发展研究, 2020 (3): 193-208, 245.

[72] 王立剑, 凤言, 王程. 养老机构服务质量评价研究 [J]. 人口与发展, 2017 (6): 96-102.

[73] 王一笑. 老年人"养儿防老"观念的影响因素分析——基于中国老年社会追踪调查数据 [J]. 调研世界, 2017 (1): 11-17.

[74] 王跃生. 中国城乡老年人居住的家庭类型研究——基于第六次人口普查数据的分析 [J]. 中国人口科学, 2014 (1): 20-32, 126.

[75] 威廉·J. 古德. 家庭 [M]. 魏章玲译. 北京: 社会科学文献出版社, 1986.

[76] 韦艳, 张本波. "依亲而居": 补齐家庭养老短板的国际经验与借鉴 [J]. 宏观经济研究, 2019 (12): 160-166.

[77] 邬沧萍. 提高对老年人生活质量的科学认识 [J]. 人口研究, 2002 (5): 1-5.

[78] 吴帆. 老年人照料负担比: 一个基于宏观视角的指数构建及对中国的分析 [J]. 人口研究, 2016 (4): 66-75.

[79] 吴伟, 周钦. 房价与中老年人居住安排——基于CHARLS两期面板数据的实证分析 [J]. 财经科学, 2019 (12): 40-52.

[80] 肖云, 温华凤, 邓睿. 高龄失能老人居住方式及影响因素的实证研究 [J]. 南方人口, 2016 (3): 46 - 56.

[81] 谢立黎, 汪斌. 积极老龄化视野下中国老年人社会参与模式及影响因素 [J]. 人口研究, 2019 (3): 17 - 30.

[82] 徐俊, 风笑天. 独生子女家庭养老责任与风险研究 [J]. 人口与发展, 2012 (5): 2 - 10.

[83] 徐勤. 我国老年人口的正式与非正式社会支持 [J]. 人口研究, 1995 (5): 23 - 27.

[84] 许琳, 唐丽娜. 残障老年人居家养老服务需求影响因素的实证分析——基于西部六省区的调查分析 [J]. 甘肃社会科学, 2013 (1): 32 - 37.

[85] 许琳. 老年残疾人居家养老的困境——基于西安市老年残疾人个案访谈 [J]. 西北大学学报 (哲学社会科学版), 2014 (3): 153 - 161.

[86] 许琪. 探索从妻居 - 现代化、人口转变和现实需求的影响 [J]. 人口与经济, 2013 (6): 47 - 55.

[87] 阎志强, 钟英莲, 张璐. 广东老年人居住安排状况的影响因素分析——基于地级市和县域数据的实证 [J]. 南方人口, 2019 (6): 40 - 49.

[88] 杨舸. 社会转型视角下的家庭结构和代际居住模式—以上海、浙江、福建的调查为例 [J]. 人口学刊, 2017 (2): 5 - 17.

[89] 杨鞿鞿, 常超. 养老机构效率与选择偏好差异分析 [J]. 统计与决策, 2019 (8): 64 - 67.

[90] 杨晓彤. 中国养老服务业效率及其影响因素的实证分析 [D]. 浙江工商大学, 2018.

[91] 杨宜勇, 邢伟, 李璐, 关博, 韩鑫彤, 张志红. 我国养老服务提质增效研究 [J]. 宏观经济研究, 2017 (9): 137 - 151.

[92] 叶欣. 中国丧偶老年人居住安排对心理健康的影响研究——基于 CHARLS 2015 全国追踪调查数据的分析 [J]. 人口与发展, 2018,

24 (5)：113 –121.

[93] 叶徐婧子等. 老年人居住安排与主观幸福感关联研究——以北京市为例 [J]. 老龄科学研究，2017，5 (4)：63 –71.

[94] 易成栋，任建宇. 中国老年人居住意愿满足程度及其影响因素 [J]. 中国人口科学，2019 (1)：113 –125，128.

[95] 于凌云. 推进养老机构市场化的财政补贴机制研究 [J]. 财经研究，2015 (3)：75 –78.

[96] 于潇. 公共机构养老发展分析 [J]. 人口学刊，2001 (6)：28 –31.

[97] 于作义，单长英. 沈阳民营养老院运营成本分析 [EB/OL]. http：//www. docin. com/p –1489756912. html，2013.

[98] 余央央，陈杰. 子女近邻而居，胜于同一屋檐？[J]. 财经研究，2020 (8)：49 –63.

[99] 余泽梁. 代际支持对老年人生活满意度的影响及其城乡差异——基于 CHARLS 数据 7669 个样本的分析 [J]. 湖南农业大学学报（社会科学版），2017 (1)：62 –69.

[100] 曾毅，陈华帅，王正联. 21 世纪上半叶老年家庭照料需求成本变动趋势分析 [J]. 经济研究，2012 (10)：134 –149.

[101] 张国平. 农村老年人居家养老服务的需求及其影响因素分析——基于江苏省的社会调查 [J]. 人口与发展，2014 (2)：95 –101.

[102] 张莉. 对我国高龄老人居住方式影响因素的分析 [J]. 华中科技大学学报（社会科学版），2016 (1)：92 –102.

[103] 张莉. 中国高龄老人的居住安排、代际关系和主观幸福感——基于对 CLHLS 数据的分析 [J]. 国家行政学院学报，2015 (5)：68 –73.

[104] 张丽萍. 老年人口居住安排与居住意愿研究 [J]. 人口学刊，2012 (6)：25 –33.

[105] 张瑞玲. 农村老人主观幸福感的豫省例证 [J]. 重庆社会科学，2016 (12)：68 –75.

［106］张淑芳．城乡老年人居住安排的健康差异研究——基于CHARLS 2013年基线追踪调查数据的分析［J］．老龄科学研究，2016（5）：61－68．

［107］张苏，王婕．养老保险、养孝伦理与家庭福利代际帕累托改进［J］．经济研究，2015（10）：147－162．

［108］张文娟，魏蒙．中国老年人的失能水平和时间估计－基于合并数据的分析［J］．人口研究，2015（5）：3－14．

［109］张玉银，郑军，范平．居住方法对老年人生活质量的影响［J］．中国疗养医学，2007（4）：222－223．

［110］张云月，谢宇．低生育率背景下儿童的兄弟姐妹数、教育资源获得与学业成绩［J］．人口研究，2015（4）：19－34．

［111］赵芳，许芸．城市空巢老人生活状况和社会支持体系分析［J］．南京师大学报（社会科学版），2003（3）：61－67．

［112］赵蒙蒙，罗楚亮．预期生活照料的可获得性与生活满意度——基于CHARLS数据的经验分析［J］．劳动经济研究，2017（5）：63－81．

［113］赵迎旭，王德文．老年人非家庭赡养方式态度及影响因素分析［J］．中国公共卫生，2007（3）：261－262．

［114］郑志丹，郑研辉．社会支持对老年人身体健康和生活满意度的影响——基于代际经济支持内生性视角的再检验［J］．人口与经济，2017（4）：63－76．

［115］中国老龄科学研究中心课题组．全国城乡失能老年人状况研究［J］．残疾人研究，2011（2）：11－16．

［116］周长城，刘红霞．生活质量指标建构及其前沿述评［J］．山东社会科学，2011（1）：26－29．

［117］周慧．居住安排对老年人生活质量的影响－基于CHRALS实证研究［J］．就业与保障，2020（8）：180－181．

［118］周清．促进民办养老机构发展的财税政策研究［J］．税务与经济，2011（3）：100－104．

［119］周晓蒙，周越．"数量－质量"权衡对老年人居住安排的影

响［J］. 劳动经济评论, 2021（2）: 110 - 124.

［120］周晓蒙. 老年人长期照护与劳动力需求研究［D］. 东北财经大学, 2018: 65.

［121］左冬梅, 李树茁, 宋璐. 中国农村老年人养老院居住意愿的影响因素研究［J］. 人口学刊, 2011（1）: 24 - 31.

［122］Andersen, P. , & Petersen, N. C. （1993）. A procedure for ranking efficient units in data envelopment analysis. *Management science*, 39 （10）, 1261 - 1264.

［123］Baldwin, C. Y. , Bishop, C. E. （1984）. Return to Nursing Home Investment: Issues for Public Policy. *Health Care Financing Review*, 5 （5）, 43 - 52.

［124］Bales, R. F. （1955）. Family, socialization and interaction process. *Social Research*, 22 （4）, 487 - 491.

［125］Barney, J. L. （1974）. Community presence as a key to quality of life in nursing homes. *American Journal of Public Health*, 64 （3）, 265 - 268.

［126］Beck, T. , Levine, R. , & Levkov, A. （2010）. Big bad banks? The winners and losers from bank deregulation in the United States. *The Journal of Finance*, 65 （5）, 1637 - 1667.

［127］Becker, G. S. （1976）. The Economic Approach to Human Behavior. Chicago: The University of Chicago Press.

［128］Becker, G. S. （1991）. A Treatise on the Family （enlarged edition）. Cambridge: Harvard University.

［129］Becker, G. S. , Murphy, K. M. , & Tamura, R. , （1990）. Human capital, fertility, and economic growth. *Journal of political economy*, 98 （3）, 12 - 37.

［130］Becker, G. S. . （1960）. An economic analysis of fertility. *NBER Chapters*, 135 （1）, 94 - 111.

［131］Brajković, L. , Godan, A. , & Godan, L. （2009）. Quality of life after stroke in old age: comparison of persons living in nursing home and those living in their own home. *Croatian Medical Journal*, 50 (2), 182 – 188.

［132］Buchanan, J. M. (1999). The Collected Woks of James M. Buchanan, Vol. 5. (The Demand and Supply of public Goods). Indianapolis: Liberty Fund Inc.

［133］Burack, O. R., Weiner, A. S., Reinhardt, J. P., & Annunziato, R. A. (2012). What matters most to nursing home elders: quality of life in the nursing home. *Journal of the American Medical Directors Association*, 13 (1), 48 – 53.

［134］Burgess, E. W. (1916). The function of socialization in social evolution. University of Chicago Press.

［135］Caldwell, J. C. (1976). Toward a restatement of demographic transition theory. *Population and development review*, 2 (3/4), 321 – 366.

［136］Caldwell, J. C. (1982). Theory of Fertility Decline. New York: Academic Press.

［137］Chen, F., & Short, S. E. (2008). Household context and subjective well-being among the oldest old in China. *Journal of family issues*, 29 (10), 1379 – 1403.

［138］Chen, T. (2019). Living arrangement preferences and realities for elderly Chinese: implications for subjective wellbeing. *Ageing & Society*, 39 (8), 1557 – 1581.

［139］Colombo, F. et al. (2011). Help Wanted? Providing and Paying for Long – Term Care, OECD Health Policy Studies, OECD Publishing.

［140］Comas – Herrera, A., Wittenberg, R., Pickard, L., & Knapp, M. (2007). Cognitive impairment in older people: future demand for long-term care services and the associated costs. *International Journal of Geriatric Psychiatry: A journal of the psychiatry of late life and allied sciences*, 22 (10), 1037 – 1045.

［141］DeLellis, N. O., & Ozcan, Y. A. (2013). Quality outcomes among efficient and inefficient nursing homes. *Health care management review*, 38 (2), 156 – 165.

[142] Diamond, P. A. , & Mirrlees, J. A. (1971). Optimal taxation and public production I: Production efficiency. *The American economic review*, 61 (1), 8 – 27.

[143] Diener, E. , Oishi, S. , & Lucas, R. E. (2003). Personality, culture, and subjective well-being: Emotional and cognitive evaluations of life. *Annual review of psychology*, 54 (1), 403 – 425.

[144] Even – Zohar, A. (2014). Quality of life of older people in Israel: a comparison between older people living at home who are members of a 'supportive community' and nursing home residents. *European Journal of Social Work*, 17 (5), 737 – 753.

[145] Galbraith, J. K. (1998). The affluent society. Houghton Mifflin Harcourt.

[146] Garavaglia, G. , Lettieri, E. , Agasisti, T. , & Lopez, S. (2011). Efficiency and quality of care in nursing homes: an italian case study. *Health Care Managementence*, 14 (1), 22 – 35.

[147] Gerritsen D. L. , Steverink N. , & Ribbe M. (2004). Finding a useful conceptual basis for enhancing the quality of life of nursing home resident. *Quality of Life Research*, 13 (3): 611 – 624.

[148] Goode W J. (1963). World Revolution and Family Patterns. New York Free Press.

[149] Han, W. , Li, Y. , & Whetung, C. (2021). Who We Live With and How We Are Feeling: A Study of Household Living Arrangements and Subjective Well – Being Among Older Adults in China. *Research on Aging*, 43 (9 – 10): 388 – 402.

[150] Harrington, C. , Woolhandler, S. , Mullan, J. , Carrillo, H. , & Himmelstein, D. U. (2001). Does investor ownership of nursing homes compromise the quality of care? *American journal of public health*, 91

(9): 1452 – 1455.

[151] Iacobucci, D. (2012). Mediation analysis and categorical varia-bles: The final frontier. *Journal of Consumer Psychology*, 22 (4): 582 – 594.

[152] Jeffrey, G. W. (1965). Regional Inequality and the Process of National Development: A Description of the Patterns. *Economic Development and Cultural Change*, 13 (4): 1 – 84.

[153] Kahneman, D. , Diener, E. , & Schwarz, N. (Eds.) . (1999). Well-being: Foundations of hedonic psychology. Russell Sage Foun-dation.

[154] Karakaya, M. G. , Bilgin, S. Ç. , Ekici, G. , Köse, N. , & Otman, A. S. (2009). Functional mobility, depressive symptoms, level of independence, and quality of life of the elderly living at home and in the nursing home. *Journal of the American Medical Directors Association*, 10 (9), 662 – 666.

[155] Katz S, Downs T D, & Cash H R, et al. (1970). Progress in Development of the Index of ADL. *Gerontologist*, 10 (1): 20 – 30.

[156] Kinney, J. M. (1998). Home care and caregiving. San Diego: Academic Press.

[157] Lang, G. , Löger, B. , & Amann, A. (2007). Well-being in the nursing home-a methodological approach towards the quality of life. *Journal of Public Health*, 15 (2): 109 – 120.

[158] Laslett, P. (1972) . The Household and Family in Past Time. Cambridge: Cambridge University Press.

[159] LEE, Y. J. , PARISH, W. L. , & WILLIS R J. Sons, daugh-ters, and intergenerational support in Taiwan. *American Journal of Sociology*, 99 (4): 1010 – 1041.

[160] Lei, X. , Strauss, J. , Tian, M. , & Zhao, Y. (2015) . Living arrangements of the elderly in China: evidence from the CHARLS na-tional baseline. *China economic journal*, 8 (3), 191 – 214.

［161］Li, Z. (2015). Determinants of Living Arrangements among the Chinese Elderly: New Evidence from the CLHLS 2011 Wave. *Chinese Studies*, 4 (1): 32 – 43.

［162］Ma, S. , & Wen, F. (2016). Who core sides with parents? an analysis based on sibling comparative advantage. *Demography*, 53 (3), 623 – 647.

［163］Mackinnon, D. P. , & Cox, M. C. (2012). Commentary on "Mediation Analysis and Categorical Variables: The Final Frontier" by Dawn Iacobucci. *Journal of Consumer Psychology*, 22 (4): 600 – 602.

［164］Mackinnon, D. P. , Lockwood, C. M. , & Williams, J. (2004). Confidence Limits for the Indirect Effect: Distribution of the Product and Resampling Methods. *Multivariate Behavioral Research*, 39 (1), 99 – 128.

［165］MacKinnon, D. P. , Lockwood, C. M. , Brown, C. H. , Wang W. , & Hoffman, J. M. (2007). The intermediate endpoint effect in logistic and probit regression. *Clinical Trials*, 4 (5), 499 – 513.

［166］Malatesta, V. J. (2007). Introduction: The Need to Address Older Women's Mental Health Issues. *Journal of Women & Aging*, 19 (1 – 2): 1 – 12.

［167］Mayhew, L. D. (2000). Health and elderly care expenditure in an aging world. IIASA, Laxenburg, Austria.

［168］McFarland, A. (1986). Marriage and Love in England, 1300 – 1840. Oxford: Basil Blackwell Inc.

［169］McFarland, A. (1987). The Culture of Capitalism. Oxford: Basil Blackwell Inc.

［170］Meinow, B. , Parker, M. G. , & Thorslund, M. (2010). Complex health problems and mortality among the oldest old in Sweden: decreased risk for men between 1992 and 2002. European Journal of Ageing, 7 (2): 81 – 90.

[171] Modigliani F, & Brumberg, R. (1954). Utility Analysis and the Consumption Function: An Interpretation of Cross Section Data [A]. Kenneth K. Post Keynesian Economics. New Jersey: Rutgers University Press.

[172] Muramatsu, N. , Yin, H. , & Hedeker, D. (2010). Functional declines, social support, and mental health in the elderly: Does living in a state supportive of home and community-based services make a difference? *Social Science & Medicine*, 70 (7): 1050 – 1058.

[173] Parsons, T. (1943). The Kinship System of the Contemporary United States. American Anthropologist, 45 (1), 22 – 38.

[174] Perroux, F. & Space, E. (1950). Economic Space: Theory and Applications, *The Quarterly Journal of Economics*, 64 (1), 89 – 104,

[175] Raschke H. J. (1978). The role of social participation in postseparation and postdivorce adjustment. Journal of Divorce, 1 (2): 129 – 140.

[176] Raymond V. (1966). International Investment and International Trade in the Product Cycle. *The Quarterly Journal of Economics*, 80 (2): 190 – 207.

[177] Schmid, H. (2005). The Israeli long-term care insurance law: Selected issues in providing home care services to the frail elderly. *Health & Social Care in the Community*, 13 (3), 191 – 200.

[178] Schweiger, J. F. , & Hamilton, M. L. (1978). The communication gap between general hospitals and nursing home facilities; between long-term patients and care providers. *Nursing Forum*, 17 (2): 210 – 224.

[179] Shiovan, N. , Declan, D. & Marta, Z. . (2018). Technical and scale efficiency in public and private Irish nursing homes-a bootstrap DEA approach. *Health Care Management Science*, 21, 326 – 347.

[180] Shorter, E. (1975). The making of the modern family (pp. 255 – 68). New York: Basic Books.

[181] Stone, L. (1979). The family, sex and marriage in England 1500 – 1800 (Vol. 43). Harmondsworth: Penguin.

[182] Teston, E. F. , & Marcon, S. S. (2015). Comparative study of quality of life of elderly living in condominiums versus community dwellers. *Investigación y Educación en Enfermería*, 33 (1), 53 –62.

[183] Thoits, P. A. (1982). Conceptual, Methodological, and Theoretical Problems in Studying Social Support as a Buffer Against Life Stress. *Journal of Health and Social Behavior*, 23 (2), 145 –59.

[184] Tokunaga, M. , Hashimoto, H. , & Tamiya, N. (2015). A gap in formal long-term care use related to characteristics of caregivers and households [J]. under the public universal system in Japan: 2001 – 2010. *Health Policy*, 119 (6): 840 –849.

[185] United Nations. World Population Aging. New York: United Nations, 2015.

[186] Xu, D. , Kane, R. L. , & Shamliyan, T, A. (2013). Effect of nursing home characteristics on residents' quality of life: A systematic review. *Archives of Gerontology and Geriatrics*, 57 (2), 127 –142.

[187] Xu, Q. , Wang, J. & Qi, J. (2019). Intergenerational coresidence and the subjective well-being of older adults in China. *Demographic Research*, 41, 1347 –1372.

[188] Zhang, N. J. , Unruh, L. , & Wan, T. T. H. (2010). Has the medicare prospective payment system led to increased nursing home efficiency? . *Health Services Research*, 43 (3), 1043 –1061.